REABILITAÇÃO CARDÍACA

Guia Prático

Hans-Dieter Kempf

Peter Reuß

REABILITAÇÃO CARDÍACA

Guia Prático

Revisão Científica

Prof. Drd. Francisco Luciano Pontes Júnior

Especialista em Condicionamento Físico Aplicado à Prevenção Cardiológica Primária e Secundária - INCOR/FMU-SP
Professor coordenador da Pós-Graduação Lato Sensu em Exercício Físico Aplicado à Reabilitação Cardíaca e Grupos Especiais - UGF
Coordenador do Instituto Brasileiro de Pesquisa em Fisiologia do Exercício - IBPFEx®

Prof. Dr. Francisco Navarro

Professor e Coordenador da Pós-Graduação
Lato Sensu em Fisiologia do Exercício, Nutrição Esportiva e Obesidade e Emagracimento da Universidade Gama Filho
Coordenador do Instituto Brasileiro de Pesquisa em Fisiologia do Exercício - IBPFEx®

Prof. Dr. Reury Frank Bacurau

Professor e Coordenador da Pós-Graduação
Lato Sensu em Fisiologia do Exercício, Nutrição Esportiva e Obesidade e Emagracimento da Universidade Gama Filho
Coordenador do Instituto Brasileiro de Pesquisa em Fisiologia do Exercício - IBPFEx®

Phorte editora

Reabilitação cardíaca guia prático

Rua 13 de Maio, 598 – Bela Vista – São Paulo – SP
CEP: 01327-000 – Brasil
Tel/Fax: (11) 3141-1033
Site: www.phorte.com E-mail: phorte@terra.com.br

Produção e Supervisão Editorial: Fábio Mazzonetto
Gerente Editorial: Sérgio Roberto Ferreira Batista
Gerente de Arte: Fabio Valério
Assistente Editorial: Marcela Mitie de Souza Magari
Preparação: Talita Gnidarchichi
Revisão: Inara Ferro Vaz
Capa, Projeto Gráfico e Editoração Eletrônica: Vinícius Mazzonetto
Impressão: Prol

Este livro foi catalogado no SNEL

ISBN: 85-7655-084-9

Impresso no Brasil – Printed in Brazil

SOBRE OS AUTORES

Hans-Dieter Kempf estudou Física e Ciência Desportiva na Universidade de Karlsruhe, na Alemanha. Em 1986, desenvolveu o conteúdo programático de Coluna e tornou-se co-fundador e membro da diretoria do Fórum Gesunder Ruecken (Colunas Saudáveis). Engajou-se na formação e pós-desenvolvimento das Escolas para Correção Postural (RPG) na Alemanha. Desde 1993, atua de forma autônoma como coordenador, gerente de projeto, consultor e autor técnico (possui mais de 20 livros publicados), e também é assessor e professor de diversas instituições. Na prática, ele monitora, em Karlsruhe, diversos grupos de prevenção e reabilitação, e entre esses os Grupos de Reabilitação Cardíaca.

Prof. Dr. Peter Reuß, em conjunto com os médicos Von Frankenberg e Katz, fundou, em 1977, o primeiro Grupo de Reabilitação Cardíaca de Karlsruhe e, em 1980, um grupo de prevenção para pacientes com fatores de risco circulatórios/coração. A forma como foi ministrado este curso modelo compôs a base preventiva para mais medidas de prevenção em Baden-Wuerttemberg. Suas experiências didáticas e metódicas do grupo de apoio advém de sua experiência adquirida como assessor na formação e aperfeiçoamento de terapeutas. Além disso, esteve envolvido no desenvolvimento de um conceito preventivo de RPG. Após ter-se afastado do serviço universitário em 1997, dedicou-se à atividades *outdoor* (esqui de longas distâncias e caminhadas em montanhas) para pacientes que possuem maior resistência.

APRESENTAÇÃO

Em nossos 35 anos de história, os grupos ambulatoriais desenvolveram-se para uma maior relevância na estrutura da reabilitação de pacientes cardíacos crônicos. Reabilitação cardíaca abrangente deve ser entendida como uma aplicação e exigência completa, requerendo uma estreita cooperação de diversas disciplinas na equipe terapêutica.

Na reabilitação cardíaca ambulatorial, a equipe principal que compõe-se de médico, professor e paciente, o qual, neste exclusivo estágio, transforma-se em parceiro.

Este intercâmbio de paradigmas apresenta o professor como acompanhante e assessor contínuo da reabilitação cardíaca diante de grandes atividades, o qual, paralelamente à competência técnica e alto poder de comunicação, promove uma condução e informação ao paciente sensível com o objetivo educacional, ajudando-o na superação de seus limites decorrentes da doença crônica e no desenvolvimento de sua auto-responsabilidade.

O objetivo desta obra é prestar auxílio ao professor nesta exigente e diversificada tarefa, que conduz às bases científicas desenvolvidas no decorrer de muitos anos, através de experiências práticas obtidas junto a especialistas. Em uma visão ampla, a equipe interdisciplinar de autores trata dos pontos-chave somáticos, psicossociais e educacionais da reabilitação cardíaca, de grande relevância para a prevenção secundária próxima à prática e com relação à prática.

Desta forma, este *Reabilitação Cardíaca Guia Prático* preenche uma lacuna na formação de professores de reabilitação cardíaca na já abrangente literatura para o assunto, provendo, desta forma, uma importante contribuição para a garantia do processo de qualidade neste setor de reabilitação.

Desejamos ao *Reabilitação Cardíaca Guia Prático* uma ampla divulgação – não somente entre os terapeutas, mas também entre todos os outros elementos que se engajam nas reabilitações cardíacas ambulatoriais.

Prof. Dr. K. Held
Membro diretivo da Empresa Alemã de Prevenção e Reabilitação e.V. (DGPR)
Goettingen, Abril 2000.

PREFÁCIO DO EDITOR

Há mais de dois anos, durante uma especialização para a formação de terapeutas para reabilitação cardíaca, na cidade de Koenigsfeld, nasceu a idéia para o presente livro. Para o abrangente *Reabilitação Cardíaca Guia Prático,* que contêm inúmeras informações detalhadas e teóricas, deveria ser elaborado um manual que fornecesse ao iniciante, bem como ao catedrático de reabilitação cardíaca, vários exemplos de exercícios e informações para a tarefa prática. Essa prática de aplicação em Reabilitação Cardíaca foi, e será, para nós uma medida importante, onde as contribuições literárias deverão ser embasadas.

No decorrer dos conteúdos práticos do *Reabilitação Cardíaca Guia Prático*, do treinamento de resistência, da ginástica, dos jogos e do relaxamento, obviamente sua solução é mais fácil do que no caso de conteúdos teóricos. Aqui, nosso raciocínio tem por objetivo preparar os conteúdos pragmáticos de tal forma que tanto o médico como o professor possam utilizar este trabalho de forma resumida, como um programa de seminário com duração aproximada de uma hora ou até como folha informativa.

Também os conteúdos psicológicos estão arraigados com estes exercícios, que servem ao professor, entre outros, como análise de seu próprio comportamento comunicativo. Os simples testes motor-esportivos propiciam uma visão elucidativa sobre a situação efetiva dos participantes da Reabilitação Cardíaca.

O terapeuta, por meio de inúmeras horas de práticas terapêuticas, obtém estímulos para proceder à seleção de grupos mediante a aplicação de critérios como: "Grupos de exercícios", "Grupos de treinamento", "Fases de treinamento diferenciadas", e que foram programados para serem praticados ao ar livre ou em salas fechadas.

As folhas para exercícios a serem feitos em casa e as recomendações de atividades adicionais, especialmente férias com atividades, fecham assim o círculo deste Guia.

Os conteúdos e os exemplos práticos foram compilados criteriosamente baseados em décadas de experiências dos autores nos trabalhos com Reabilitação Cardíaca. A esses queremos aqui externar o nosso especial agradecimento, enumerando: Dr. Otto A Brusis, Dr. Johann Bauersachs, Prof. Dr. Klaus Boes, Michael Eisele, Dr. Hans von Frankenberg, Dr. Frank Haensel, Prof. Dr. Udo Hanke, Dr. Olaf Roessler, Profa. Anita Rudolf, Dr. Ruediger Schwenke e aos Terapeutas do Grupo Coração (AG) de Karlsruhe Marlies, Borcherdin, Gudrun Ganzhorn, Sylvia Kleineberg e Heidi Mueller.

Queremos igualmente mostrar nossos agradecimentos a Horst Lichte, pela excelente qualidade de suas fotos, a Klaus Becker (na foto à esquerda), a Eberhard Gross (na foto à direita) e a alguns membros da Reabilitação Cardíaca (SVK) de Beiertheim pelo seu trabalho como modelos fotográficos, a LVPR de Baden-Wuerttemberg por sua cooperação e às senhoras Rosi Haarer-Becker e Dorothee Richard da Editora Thieme, pela excelente colaboração para a realização deste livro.

Esperamos que o presente livro ofereça subsídios a muitos Professor de Reabilitação Cardíaca, assim como aos médios que os acompanham, em seus trabalhos práticos.

Hans-Dieter Kempf e Pit Reuß
Karlsruhe, Maio de 2000

REABILITAÇÃO CARDÍACA
GUIA PRÁTICO

Editado por:

Hans-Dieter Kempf
Peter Reuß

Prefácios de :
K. Held

Sob colaboração de
Otto A. Brusis
Johann Bauersachs
Marlies Borcherding
Klaus Bös
Gudrun Diefenbacher-Ganzhorn
Michael Eisele
Udo Hanke
Hans von Frankenberg
Frank Hansel
Sylvia Kleineberg
Heidi Mueller
Olaf Rößler
Anita Rudolf
Ruediger Schwenke

Observação Importante:
Como toda ciência, a Medicina está sujeita a constantes desenvolvimentos. Pesquisas e experiências clínicas ampliam nossos conhecimentos, principalmente, no que se refere a tratamentos e terapias medicamentosos. Tão logo nesta obra tenha sido citada uma dosagem ou aplicação, o leitor pode confiar que autores, publicação e editora preocuparam-se em especial e de forma criteriosa para que esta indicação **corresponda à situação de conhecimento mais atualizada por ocasião do término dessa obra.**

Para as informações sobre indicações de dosagens e formas de aplicação, a Editora não assume quaisquer responsabilidades. **Todo o usuário é solicitado**, através de criteriosa avaliação da bula dos medicamentos a serem utilizados e, dado o caso, após consulta de um especialista, confirmar se a indicação de dosagem ou a observância de contra indicações e se apresentam variações em relação às indicações constantes neste livro. Esta análise se faz necessária, principalmente, em produtos de raro emprego ou naqueles que foram introduzidos recentemente no mercado. **Toda e qualquer dosagem e aplicação ocorre sob próprio e único risco do usuário.** Tanto os Autores como a Editora solicitam a todos os usuários que lhes comuniquem quaisquer irregularidades constatadas.

Nota de tradução para a edição brasileira

Por ser uma tradução, a presente obra apresenta exemplos de instituições e orgãos públicos alemães. Portanto, o ideal seria a transposição destes exemplos para a realidade brasileira.

SUMÁRIO

1. INTRODUÇÃO

Brusis O. A.

Doenças cardiocirculatórias continuam ocupando o primeiro lugar nas estatísticas de óbitos dos países industrializados. Entre essas encontram-se a cardiopatia coronariana com o infarto do miocárdio e a morte súbita, que correspondem ao maior índice dos casos de morte. O desenvolvimento do diagnóstico, aliado à medicina da mais alta tecnologia, realizou nos últimos 25 anos, principalmente na cardiologia, verdadeiras maravilhas, feitos realmente incríveis. Mas também na terapia foram percorridos novos caminhos, principalmente a melhora da situação aguda após um infarto do miocárdio conseguiu reduzir a mortalidade hospitalar de forma significativa.

Apesar dessas conquistas e avanços, a mortalidade provocada pela coronariopatia mal se alterou nos últimos vinte anos. Nos EUA, sob apoio do estado e da sociedade, surgiu um novo comportamento fadado ao sucesso, obeservando-se, de forma estatisticamente mensurável, uma redução da mortalidade por cardiopatias coronarianas. Na Alemanha, a mortalidade por Colapso das Vias Vasculares, sob um aspecto geral, quase não teve alterações, mesmo tendo se elevado para faixas etárias mais avançadas. Notório e preocupante é o fato de em mulheres ocorrerem, mesmo em grupos etários mais jovens, infartos e morte súbita em alta escala. Observando-se a mortalidade aguda, ou seja, os casos de morte, que ocorrem nos primeiros 28 dias após surgimento dos sintomas de um infarto, os dados do Projeto Monica-Augsburg demonstram que nos homens abaixo de 75 anos 52% morrem, enquanto que nas mulheres esse índice chega a 63%. Se incluirmos os acima de 75 anos, esses números tornam-se ainda mais assustadores.

Baseando-nos na mortalidade, a doença cardiovascular apresenta-se como altamente letal, perigosa e prejudicial. Para nós, todas as medidas que venham a impedir a ocorrência de um infarto são justificadas e imprescindíveis.

Com a situação de dados apresentada, é tranqüilizante saber que pesquisas efetuadas nas últimas décadas mostraram que, com os esforços aliados, a alta mortalidade e a alta incidência de doenças associadas poderão ser modificadas. No início do ano 2000 tínhamos, na Alemanha, mais de 5.000 Grupos de Reabilitação Cardíaca. Há 35 anos, foi fundado o primeiro Grupo em Schorndorf, Baden-Wuerttemberg, pelo Dr. Hartmann. O desenvolvimento mostra o quão atual e importante são a reabilitação e a prevenção, ou seja, medidas preventivas contra outros infartos no âmbito dos Grupos do Reabilitação Cardíaca. Estudos comprovam que a constante participação em Grupos de Reabilitação Cardíaca conduzem a uma melhora da qualidade de vida e a uma redução da mortalidade. Desta forma, demonstrou-se na pesquisa de Berlim que tanto nos homens como nas mulheres, a mortalidade entre os participantes dos Grupos situou-se notadamente abaixo, em comparação à pacientes similares que não participaram destes grupos.

Outros estudos forneceram, nos últimos 10 anos, comprovantes inequívocos que, através da mudança do modo de vida, a evolução da calcificação dos vasos sangüíneos podem ser retardados, interrompidos, e até ocasionar sua regressão. A participação em grupo ambulatorial do coração, com enfoque na terapia de movimento e treinamento de resistência é uma mudança no estilo de vida. Estudos recentes mostram que é possível, através do treinamento de resistência bem-realizado, que pacientes com doenças cardiovasculares e angina peitoral estabilizadas podem objetivar, igualmente, bons resultados, como a dilatação dos vasos coronários e o implante de um Stent. Agora, esporte e atividade física são somente parte de um estilo de vida modificado, no sentido de prevenção de doenças cardiovasculares. Outros fatores, como mudança dos hábitos nutricionais para uma alimentação pobre em gorduras (com, aproximadamente, 40g/dia) e a ingestão de frutas, verduras, saladas, grãos e cereais integrais seriam outros aspectos de integração importante. O cigarro é o mais importante e perigoso fator de risco para a saúde, e também o agente principal para doenças coronarianas. Um paciente com doença coronariana, que fuma, é comparável a um bombeiro que lança combustível sobre o fogo enquanto seus colegas tentam extingui-lo. Seria importante observar também uma melhor superação de fatores de estresse, sendo relevante uma abrangente mudança de estilo de vida para evitar posteriores infartos e uma piora da doença principal. O último fator de risco saliente, também condicionado ao nosso modo de vida e que pode ser eliminado, é o constante e contínuo solitarismo e isolamento, apesar dos pacientes viverem em sociedade. Ornisch e outros puderam demonstrar que, por meio de uma mudança do estilo de vida, considerando-se os fatores mencionados, o desenvolvimento das doenças cardiovasculares pode ser barrado, e a utilização menos freqüente e em menor quantidade de medicamentos e uma mudança significante das internações por doenças cardíacas devem ser objetivadas. Além disso, e como demonstram nossas observações e pesquisas, a qualidade de vida foi consideravelmente melhorada.

O objetivo do Grupo de Reabilitação Cardíaca restringia-se à terapia de movimentos, aos esportes e aos jogos. Atualmente, o espectro de oferta nos grupos, no sentido de uma abrangente mudança de estilo de vida, ampliar-se-á e terá outros fatores-chave, resultantes quase que obrigatoriamente da atual situação de dados. Mas o programa de movimento básico necessita de um direcionamento claro aprofundado, por exemplo, definir objetivos parciais nos grupos, precisando ser discutido e aplicado impreterivelmente nos próximos anos.

A presente obra é um complemento prático ao guia de assessoramento aos Grupos de Reabilitação Cardíaca, e servirá a todos os experientes e rotineiros professores, que há anos assistem grupos, como confirmação de seu trabalho e motivação para novas variantes e estruturação de novos grupos de trabalho. Principalmente para terapeutas mais jovens, esta obra será de auxílio no planejamento de aulas em grupo e do conceito anual, oferencendo muita ajuda didática e pedagógica.

A necessidade de garantia de qualidade também foi alcançada pelos Grupos Ambulatoriais de Reabilitação Cardíaca. A DGPR[1] definiu critérios de qualidade cujas implementações e intenso engajamento serão premissas de todos os envolvidos. Este livro servirá, certamente, a todos os envolvidos, no sentido de auxiliar, estimular e elevar o nível de qualidade dos grupos.

[1] DGPR – Sociedade Alemã para Prevenção e Reabilitação de Doenças Cardíacas e de Circulação.

2. PLANEJAMENTO E REALIZAÇÃO DE AULAS PARA INICIANTES E AVANÇADOS

Kempf H.D. e Reuß P.

2.1 Modelo para Estruturação de uma Terapia de Atividade Física para Reabilitação Cardíaca

A realização de aulas de exercícios requer um planejamento cauteloso. Uma análise dos fatores internos e externos do grupo a ser assistido é fator determinante para a seleção e determinação de objetivos, conteúdos, métodos de ensino, treinamento e formas de organização.

O controle e a análise fornecem, em seqüência às medidas realizadas (conteúdo, hora, fase), a todas as pessoas envolvidas, um retorno sobre seus feitos. Na reanálise, todos os resultados têm, novamente, influência sobre o planejamento e a realização das medidas subseqüentes (FIGURA 2.1).

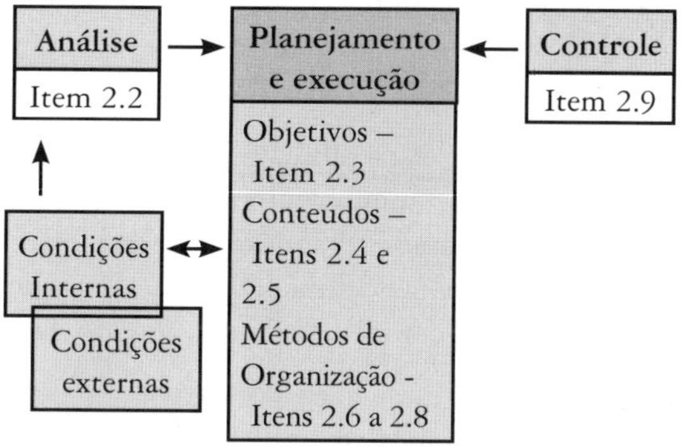

FIGURA 2.1 Modelo para estruturação de uma terapia de atividade física em reabilitação cardíaca.

2.2 Participantes dos Grupos de Reabilitação Cardíaca

O Grupo do Reabilitação Cardíaca no local da residência (Grupo de Reabilitação Cardíaca ambulante) é um grupo de pacientes com doença coronária ou qualquer outra doença cardíaca (DGPR, 1995), (vide indicações).

Participantes de Grupos de Reabilitação Cardíaca diferem entre si, em decorrência de seus quadros de doenças, medicação, evolução da doença, constituição, capacidade individual, experiência esportiva prévia, motivação, personalidade, assim como genêro e idade. A cardiopatia detecta, neste caso, o menor indicador comum que está, freqüentemente, acompanhado de outras doenças, como problemas de circulação arterial, doenças venosas, artroses (principalmente no quadril e no joelho), doenças na coluna vertebral, reumatismo, osteoporose, asma ou diabetes. Muitos membros do Grupo de Reabilitação Cardíaca são identificados por sua restrita experiência em atividades físicas, assim como sua insegurança (até medo) relacionados ao seu corpo e a esforços físicos.

2.2.1 Indicações e Contra-Indicações

O espectro indicativo para a terapia cardíaca de atividade física é mostrado na TABELA 2.1.

A premissa para a participação em um grupo de reabilitação cardíaca é um exame de capacidade aeróbia em bicicleta ergométrica. Esse tem por finalidade a avaliação da capacidade e a exclusão de contra-indicações para a

TABELA 2.1 Espectro indicador para participação em reabilitação cardíaca (DGPR,1995)

Pacientes com doença coronária	Pacientes com doenças específicas do músculo cardíaco e da válvula
▪ Com angina peitoral estabilizada ▪ Após infarto do miocárdio ou re-infarto ▪ Após cirurgia de ponte de safena ▪ Após dilatação por balão, denominada Angioplastia Percutânia Transluminal Coronária (APTC) ▪ Após mectomia de aneurisma	▪ Principalmente após correção cirúrgica ▪ Pacientes após transplante cardíaco ▪ Pacientes após miocardite ▪ Pacientes com cardiomiopatias (CM) ▪ Pacientes após implante de marca-passo ▪ Pacientes com desfibrilador implantado ▪ Pacientes com problemas cardiovasculares pulmonares

atividade física. Para tanto, precisa ser alcançado um padrão mínimo em capacidade sem fadiga e apresentados diagnósticos patológicos objetivos. Além da documentação médica, que não deverá exceder três meses de validade, faz-se necessário:

- diagnóstico médico;
- determinação da função ventricular esquerda;
- relatório da clínica de reabilitação (em cardiopatias após tratamento regular); e
- indicação para participação em grupos de reabilitação cardíaca por 6 meses (DGPR, 1995).

Na reabilitação cardíaca, é efetuada uma separação por grupos entre avançados e iniciantes. Para a participação nestes grupos, são necessários diferentes pré-requisitos (TABELA 2.2).

Para cada caso, o médico deverá decidir com qual intensidade e de que forma a atividade física será permitida (Rost,1998a). Através do avanço na cardiologia em geral e da crescente experiência no âmbito da terapia pela atividade física, cada vez menos os cardiopatas são excluídos de programas de atividade física controladas. Mesmo porque a insuficiência e o aneurisma cardíaco não representam mais motivos absolutos para contra-indicações pela atividade física (Rost, 1998b) (TABELA 2.3).

2.2.2 Grupo de Iniciantes e Avançados

Pacientes com capacidade inferior a 75watt, ou seja, 1watt por quilograma de peso corporal, podem participar de um grupo de exercícios, por exercitar-se entende-se "repetição sistemática de movimentos com objetivo de aumentar a capacidade física sem modificações morfologicamente captáveis" (Hollmann, 1990. p.129).

De acordo com o grau de capacitação do cardiopata, serão diferenciados (DGPR, 1987):
Grupo de exercícios: capacidade física menor que 75watt, ou seja, menos que 1watt por quilograma de peso corporal.
Grupo de treinamento: capacidade física no mínimo de 75watt, ou seja, 1watt por quilograma de peso corporal.

Mais do que nos grupos de treinamento, o grupo de treinamento ambulatorial do coração compõe-se de pacientes com diferentes quadros de doenças, por exemplo, coronariopatas e/ou pacientes de valvopatias, bem como pacientes com marca-passo. A média da capacidade aeróbia está situada entre 50 e 70 watt (Seibert,1992). Testes ergométricos demonstraram que quanto menor a capacidade aeróbia de um paciente, mais alta é a participação deles, que tinham que interromper os testes devido a problemas de falta de irrigação sanguínea ou a problemas do miocárdio (Weide-

TABELA 2.2 Premissas para participação em reabilitação cardíaca (Rost,1987)

Grupo de avançados	Grupo de iniciantes
▪ Concordância do médico clínico ▪ Um ECG de esforço aeróbio de no mínimo 75 watts, ou seja, de 1 watt por kg de peso corporal, durante três minutos em bicicleta ergométrica – sem dores de angina peitoral e sem alterações no ECG ▪ Sem arritmias cardíacas ▪ Condições mínimas de resistência do corpo em relação a danos ortopédicos ou idade	▪ Concordância de médico clínico ▪ Um ECG de esforço abaixo de 75 watts, ou seja, de 1 watt por quilo de peso corporal durante três minutos de bicicleta ergométrica – sem dores de angina do peitoral em repouso e sem insuficiência em repouso ▪ Quem, com utilização de medicamentos e sem queixas relevantes de angina do peito ou falta de ar, pode caminhar durante uma hora (exigência de resistência na carga do percurso)

TABELA 2.3 Contra-indicações absolutas e relativas para a terapia pela atividade física (Haskell, 1989; Roskamp, 1987; Rost, 1987, 1990)

Contra-indicações absolutas	Contra-indicações relativas
▪ Infarto agudo ▪ Insuficiência cardíaca descompensada ▪ Angina acentuada decorrente do esforço (angina do peito forte) ▪ Aneurisma cardíaco com apresentação de decomposição cardíaca ou arritmias perigosas ▪ Cardiomiopatia hipertrófica obstrutiva grave ▪ Taquicardia das câmaras ▪ Estenose grave das válvulas da aorta ▪ Miocardite aguda ▪ Embolia pulmonar e periférica recente ▪ Tromboflebite aguda ▪ Hipertonia grave, apesar de tratamento medicamentoso ▪ Doença infecciosa aguda	▪ Extra-sístoles ventriculares repetitivas e freqüentes ▪ Arritmias supraventriculares não-tratadas ou de alta freqüência ▪ Aneurisma da parede do coração ▪ Estenose da válvula da aorta de médio grau ▪ Hipertonia pulmonar não-tratada, ostensiva ou sistêmica ▪ Anemia grave ▪ Distúrbios no metabolismo tratados insatisfatoriamente

mann, 1989), ou seja, os quais tinham propensão a uma sobrecarga do mesmo.

Em pacientes com substituição de válvulas cardíacas deverá ser observado, especialmente no que concerne a uma realização da terapia de atividade física de forma "não traumática", o fato que esses são tratados com medicamentos anticoagulantes, correndo riscos de hemorragia (Rost,1998).

No Grupo de Iniciantes, devido à reduzida capacidade de circulação sanguínea, é eliminado o treinamento de *endurance*. Jogos com maior intensidade, por esse motivo, devem ser aplicados de modo restrito. Conseqüentemente, o programa de dosagem relativamente mais baixa deverá melhorar, além da capacidade de *endurance* local, principalmente a capacidade coordenativa, obtendo uma influência psicológica positiva (Rost, 987) (ver CAPÍTULO 7.1).

Cardiopatas com uma capacidade de sobrecarga acima de 75watt, ou seja, 1watt por quilograma de peso corporal, podem participar do Grupo Avançado. A capacidade aeróbia corresponde, aproximadamente, à capacidade de correr suavemente de forma solta. Para delimitação dos exercícios fica definido: "treinamento com repetição sistemática de contrações dos músculos em situações de adaptações morfológicas e funcionais" (Hollmann, 1990. p.124).

Todo e qualquer Grupo de Reabilitação Cardíaca ambulante iniciante aloca-se na fase de adaptação (ver ITEM 2.4), primeiramente no estágio de um grupo avançado (Seibert,1992). No grupo avançado, a partir da fase de estruturação, também é executado um treinamento de *endurance*. O treinamento, neste grupo, tem por objetivo a melhora das condições gerais aeróbias. Nestes casos, podem ser comprovados, como sinal de adaptação, os aspectos periféricos e hemodinâmicos, bem como metabólicos.

A carga mínima aplicada aos participantes do Grupo de Reabilitação Cardíaca, inicialmente fixada em 75watt, devido à introdução dos grupos avançados, ficará abaixo do nível. Uma continuação conseqüente do modelo é a terapia de atividade física com pacientes de baixa capacidade física decorrente de insuficiência cardíaca ou outras doenças cardiovasculares graves (vide Rost, 1998b).

2.2.3 Tamanho dos Grupos

No Grupo do Reabilitação Cardíaca, é importante, especialmente no Grupo de Avançados, o atendimento individual e o controle visual dos participantes. Vantagens se apresentam na formação de grupos com 15 a 20 participantes. Desta forma, cada participante do grupo pode obter um contato pessoal com os outros, o que vem a promover uma integração social e comunicação. Este tamanho de grupo possibilita também a execução de jogos de pequenos e grandes portes. Se a realização deste tipo de grupo não for possível, podem ser agrupados pacientes de grupos de avançados e iniciantes, formando um grupo misto. As exigências ao professor devido a essa diferenciação e individualização são especialmente altas.

TABELA 2.4 Efeitos gerais no processo de envelhecimento (Haskell,1989)

Sintomas do envelhecimento
▪ Redução da massa óssea e muscular com conseqüente perda de capacidade física.
▪ Diminuição da quantidade de neurônios e velocidade de comando dos nervos, e assim diminuição do controle de movimentos, velocidade de execução e capacidade de aprendizado.
▪ Perda de elasticidade da cartilagem, dos tendões e dos ligamentos.
▪ Aumento do tecido conjuntivo, diminuição da elasticidade do tecido, aumento de resistência vascular periférica e da pressão arterial, o que exige mais trabalho do coração para o mesmo volume de bombeamento.
▪ Limitação da capacidade respiratória faz-se presente em caso de maior carga.

2.2.4 Faixa Etária

Os grupos de reabilitação cardíaca são bastante heterogêneos quanto à faixa etária. Pessoas na faixa etária média (de 30 a 60 anos) interagem com pessoas mais velhas (maiores de 60 anos). As alterações oriundas do envelhecimento podem vir acompanhadas de limitações na movimentação e do maior risco de acidentes (TABELA 2.4). Fatores de limitação de capacidade, muitas vezes, não são do tipo específico danoso (doenças cardíacas). Especialmente, no caso de pessoas mais velhas ocorrem sobrecargas do aparelho locomotor, durante o treinamento: nos músculos, articulações e ligamentos. Mesmo assim, são possíveis adaptações positivas no treinamento até idades mais avançadas. Mediante uma seleção específica de exercícios e aparelhos (ginástica para coluna vertebral), o professor deverá levar em consideração individualidades e evitar, desta maneira, sobrecargas no aparelho motor.

2.3 Objetivos da Terapia de Atividade Física para Grupos de Reabilitação Cardíaca

Os objetivos da terapia de atividades físicas na reabilitação cardíaca são múltiplos e ocorrem, muitas vezes, mutuamente. Eles pretendem complementar os componentes físicos com aspectos psíquicos e sociais. Os objetivos principais da estruturação de programas de aprendizado e de exercícios são:

- restauração, manutenção e melhora do estado de saúde (dentro das possibilidades);
- melhora da qualidade de vida;
- melhora da capacidade física e psíquica individual (estabilização psico-física);
- desenvolvimento e estimulação da percepção física, vivência e experiência corporal;
- desenvolvimento de uma avaliação própria realística, ou seja, aprender a avaliar, quais cargas são aceitáveis, sem incorrer em exageros;
- desenvolvimento de comportamento individual adequado à doença e, ao mesmo tempo, comportamentos saudáveis conscientes (principalmente atividade física e esporte);
- estruturação de um comportamento estável em relação à saúde (estabilidade nos movimentos e treinamento, integração no conceito de estilo de vida) obtendo, desta forma, uma redução de reincidências;
- desenvolvimento da personalidade e do reforço da autoconsciência, ou seja, desenvolver a coragem para novas atividades e tomadas de decisão próprias;
- promover a auto-ajuda, ou seja, colocar o participante na situação de, com auto-responsabilidade e competência, realizar um estilo de vida condizente com sua doença e motivar a desenvolver uma melhora no seu estado de saúde;
- desenvolver a disponibilidade para fazer o bem a si mesmo, ao corpo e à alma; e
- transmitir vivência, emoções positivas, alegrias e satisfações, bem como eliminar medos, desgostos e ceticismo (Rieder,1996; Lagerstrom,1996; Rost,1987; Treutlein,1996; Maurus, 1998; Jeschke,1998).

Os objetivos principais, por motivos didáticos, podem ser classificados nas seguintes áreas de objetivos de ensino:

Objetivos físicos/motores (melhora da capacidade motora)

Em primeiro plano, está a administração das atividades cardiovasculares, bem como uma influência positiva no metabolismo, na circulação sangüínea e na pressão arterial mediante atividade física adequada. Paralelamente a uma melhora objetiva das características motoras: *endurance*, força, coordenação e flexibilidade, junto com os participantes, são elaboradas e aprendidas diversas experiências com movimentos. Em geral, são melhoradas, então, a postura, a segurança nos movimentos motores diários, bem como a redução dos picos de carga diários.

Objetivos emocionais afetivos e psíquicos (satisfação pelos movimentos)

Dentro do grupo, deverá ser prestada ajuda emocional aos pacientes para reduzidir seus medos. O respectivo paciente deverá assumir sua doença e estar consciente de sua auto-responsabilidade. Para tanto, deverá reconhecer a sua própria capacidade e melhorar subjetivamente sua auto-avaliação mediante diversos exercícios psíquicos e físicos. Os pacientes vivenciam alegria e divertimento nos movimentos e jogos. São transmitidas vivências de sucesso, ao mesmo tempo que acontece o fortalecimento da personalidade e da autoconfiança. O bem-estar, a alegria de viver e a qualidade de vida são as recompensas.

Objetivos sociais (melhora da competência social)

O intercâmbio entre pessoas de interesses comuns e a estruturação de novos conhecimentos e amizades têm por finalidade o esclarecimento de muitas perguntas para a re-introdução ao cotidiano e à integração social. O paciente aprende a observar o ambiente social de forma crítica e a discutir as possibilidades de melhorá-lo. As conversas antes, durante e após as aulas possibilitam, a cada um, externar suas próprias preocupações, ao mesmo tempo em que ele fica sensibilizado com problemas dos outros membros.

Objetivos cognitivos (transmissão de conhecimentos)

A transmissão de conhecimentos sobre a doença, das medidas terapêuticas e as bases para um estilo de vida saudável tem por finalidade modificar a própria atitude do paciente. Para tanto, poderá, possivelmente, desenvolver um entendimento modificado quanto ao esporte e o desempenho. (Maurus,1998; Kapustin,1992; Kempf,1992; Frankenberg; Reuss).

2.4 Fases e Conteúdos da Terapia pela Atividade Física para Reabilitação Cardíaca

O planejamento, em longo, médio e curto prazo, de unidades de exercício e treinamento é a medida mais importante para o professor. O ponto de orientação é a premissa para os objetivos selecionados, conteúdos e métodos (resistência à carga, fase do processo de reabilitação, experiências anteriores, idade) e as necessidades do participante, bem como fatores os externos de espaço e tempo.

A estruturação de um programa de Reabilitação Cardíaca em diversas fases, no qual a questão do tempo e do conteúdo interagem de forma contínua, ficou comprovada ("Modelo Colônia", Lagerstrom,1992, 1996, Frankenberg e Reuss s/d).

2.4.1 Fase de Adaptação e de Ambientação

A fase de adaptação ou ambientação demora algumas semanas (entre 4 e 10) e tem por finalidade a adaptação lenta às atividades físicas, a avaliação da capacidade individual e a conseqüente preparação para o treinamento posterior. Participantes e professor aprendem a se conhecer como grupo (TABELA 2.5).

TABELA 2.5 Principais objetivos das atividades motoras e conteúdos da fase de adaptação

Atividades principais	Conteúdos
▪ Adaptação ao esforço físico ▪ Consciência corporal e relaxamento ▪ Análise da situação efetiva das características motoras ▪ Preparativos para exercícios e treinamentos	▪ Caminhar (aulas de caminhada e corrida) ▪ Pequenos jogos (jogos de aquecimento, sensitivos e de conhecimento) ▪ Exercícios de relaxamento ▪ Coordenação, exercícios de alongamento e descontração ▪ Conversas em grupo

TABELA 2.6 Principais atividades da região alvo e conteúdos da fase de preparação

Atividades principais	Conteúdos
▪ Estruturação sistemática do treinamento e da resistência (ambientação à carga contínua) ▪ Aprimoramento da coordenação e agilidade ▪ Consciência corporal e relaxamento	▪ Caminhar, correr (treinamento *endurance*) ▪ Pequenos jogos (jogos de aquecimento, jogos sensitivos) ▪ Exercícios de consciência corporal e descontração ▪ Exercícios de coordenação, alongamento e soltura ▪ Exercícios de fortalecimento ▪ Conversas em grupo e unidades teóricas (dentro do grupo de treinamento)

2.4.2 Fase de Estruturação

A fase de estruturação demora alguns meses, e tem por objetivo principal uma melhora geral da capacidade cardio-pulmonar, bem como a economia nos movimentos. A capacidade de percepção é melhorada e as dinâmicas em grupo são estimuladas. (TABELA 2.6).

2.4.3 Fase de Estabilização

O período da fase de estabilização calcula-se em anos e tem por objetivo determinar exercícios e treinamentos em longo prazo, além de estabelecer atividades de lazer, físicas e sociais. Visto que a integração social dentro do grupo para a maioria dos integrantes representa uma motivação importante, são oferecidas, em ritmo crescente, atividades de lazer. Além disso, o objetivos é integrar novos participantes e os cônjuges ao grupo (TABELA 2.7).

2.5 Estruturação e Conteúdos das Aulas de Iniciantes e Avançados

Dentro da estruturação de treinamento, a menor unidade é o planejamento das aulas. A tarefa do professor consiste em determinar os objetivos do desenvolvimento das aulas levando em consideração os seus princípios (ITEM 2.6) e a forma de previsão.

Aulas avançadas não podem ser preparadas em longo prazo, visto que os objetivos da aula se baseiam na posição capacitacional atual dos participantes. O progresso de treinamento é comparado aos objetivos planejados do Planejamento de Fases e, a seguir, projetados em aula.

TABELA 2.7 Atividades principais da área de objetivo motora e conteúdos da fase de estabilização

Atividades principais	Conteúdos
▪ Estabilização da capacidade física ▪ Controle e documentação do progresso de treinamento e dos exercícios ▪ Introdução aos grandes jogos e atividades de lazer	▪ Treinamento de aeróbio(*) ▪ Pequenos e grandes jogos ▪ Métodos de relaxamento ▪ Jogos de conscientização, coordenação alongamento, fortalecimento e soltura, ▪ Jogos de lazer ▪ Tipos de esportes de lazer (esqui, tênis, golfe etc.) ▪ Conversas e unidades teóricas ▪ Excursões, lazer, noitadas agradáveis(* dentro do grupo de treinamento)

O professor pode estabelecer as seguintes questões:

- Quais objetivos específicos deverão ser alcançados?
- Com quais conteúdos estes objetivos podem ser alcançados?
- Quais métodos (comunicativos) e formas organizacionais são indicados? (Reuss,1992)

2.5.1 Esquema da Hora/Aula

O planejamento das aulas pode ser complementado por um planejamento de hora, o qual contém rubrica, tempo, objetivo, conteúdo (exercícios), organização, aparelhos e observações (CAPÍTULO 10). Após conclusão das considerações prévias, ficou comprovada, como estrutura auxiliar para o planejamento das aulas, a seguinte distribuição (TABELA 2.8): Saudação, Aquecimento, Parte Principal e Finalização.

Dependendo do objetivo do grupo, as aulas do cronograma poderão ser modificadas. Desta maneira, no grupo de iniciantes, poderá ser eliminado o treinamento de *endurance* geral e substituído pela melhora de *endurance* aeróbio local, ou seja, por caminhadas. Se o programa de treinamento de *endurance* for associado ao programa de aquecimento, seguem exercícios de ginástica. Se os participantes durante o treinamento de *endurance* sofrerem de alta transpiração, será dado preferência à ginástica devido aos riscos de constipação. O mesmo é válido quando aulas de coordenação apresentarem um epicentro importante na aula.

Geralmente, as unidades de exercícios têm duração *de 60 a 90 minutos* e ocorrem *uma ou duas vezes por semana*. Tendo em vista que um treinamento de duas a três vezes por semana é recomendável, deve ser indicado aos participantes um treinamento adicional em sua residência (CAPÍTULO 11).

TABELA 2.8 Planejamento de aulas

Elementos de aula	Duração (min) Grupo de Exercícios	Grupo de Treinamento	Conteúdos
Saudação	5-10	5-10	Conversação, explanação
Aquecimento	10-15	5-15	Caminhar,exercícios em forma de jogos
Parte principal:	20-25	15-20	Ginástica funcional
▪ Ginástica	5-10	15-20	Caminhar, caminhar rápido
▪ *Endurance* aeróbico	10-15	10-15	Forçada, correr, relaxar
▪ Jogos	10-15	10-20	Grandes e pequenos jogos
Término da aula/despedida			Soltar, caminhar, relaxar, conversar
Duração total	60-75	60-90	

2.5.2 Elementos de Hora/Aula

Os objetivos e conteúdos dos elementos individuais de aulas estão contidos na TABELA 2.9.

TABELA 2.9 Objetivos e conteúdos dos elementos de aula

Objetivos:	Conteúdos:
Conversação, explanações informativas e conversa final (CAPÍTULOS 3 e 4)	
▪ Troca de idéias entre os participantes sobre o seu estado de saúde. ▪ Discussão dos problemas individuais. ▪ Resposta a perguntas (eventualmente a pedido, mais tempo). ▪ Reflexão sobre a aula dada. ▪ Determinação da capacidade física atual. ▪ Resumo da aula e explanação sobre o próximo tema da aula. ▪ Repetição da estrutura de tarefas (em casa). ▪ Distribuição de folhas informativas.	▪ Controle da freqüência cardíaca (registrar). ▪ *Check-in* (questionário), conversa. ▪ Troca de experiências (solução para dificuldades surgidas). ▪ Conversa inicial (tema da aula). ▪ Conversa final (*feedback*). ▪ Bases anatômicas e fisiológicas, fatores de risco e de proteção. ▪ Doenças cardíacas, medidas de tratamento e medidas de emergência. ▪ Terapia de movimentação, efeitos do esporte sobre a saúde. ▪ Base e estruturação de um treinamento físico. ▪ Tipos de esporte de lazer. ▪ Modo de vida saudável, alimentação saudável. ▪ Aprender a conhecer as principais bases teóricas em reabilitação cardíaca.
Aquecimento (CAPÍTULO 6, 7 e 8)	
▪ Aquecimento físico e sintonia psíquica. ▪ Profilaxia de acidentes.	▪ Aulas de caminhada e corrida (medição da freqüência cardíaca), caminhar, caminhar rápido, corrida lenta (tudo em variantes). ▪ Exercícios de descontração. ▪ Jogos de aquecimento e comunicação. ▪ Jogos de corrida com/sem equipamentos móveis. ▪ Danças e folclore.
Aulas de *endurance* aeróbica (CAPÍTULO 6)	
▪ Melhora da capacidade de *endurance* geral e aeróbia.	▪ Aulas de caminhada e corrida (medida da freqüência cardíaca), caminhar, caminhar rápido. ▪ Corridas em triângulo, quadrado e círculo. ▪ Corrida contínua (corrida pendular). ▪ Corrida de obstáculos (terreno acidentado). ▪ Treinamento circular. ▪ Ginástica aeróbia. ▪ Jogos de corrida com/sem equipamentos móveis. ▪ Danças e folclore.

Ginástica (CAPÍTULOS 5 e 7)	
Objetivos: ▪ Conscientização da relação de capacidade e tempo de sobrecarga, por exemplo, em jogos e seqüências de exercícios com freqüente subestimativa subjetiva da carga. ▪ Auto-avaliação adequada na carga física. ▪ Consciência corporal do estado e das reações do corpo na sua totalidade, não somente da freqüência cardíaca. ▪ Aprender exercícios funcionais. ▪ Melhora da resistência local aeróbia, agilidade, coordenação e força.	**Conteúdos:** ▪ Exercícios de consciência corporal. ▪ Jogos sensitivos (sozinho, com parceiro, em grupo). ▪ Testes de função muscular e coordenação. ▪ Exercícios de alongamento. ▪ Exercícios de fortalecimento. ▪ Exercícios de coordenação. ▪ Exercícios de mobilização e soltura. ▪ Ginástica funcional (com, ou sem aparelho móvel, com música, sozinho e com parceiro). ▪ Treinamento em círculo. ▪ Exercícios especiais de compensação para o local de trabalho, pausas ativas. ▪ Programas em casa.
Jogos (CAPÍTULO 8)	
Objetivos: ▪ Adaptação para a aula, motivação para atividade física e produção de uma atmosfera descontraída. ▪ Contato com outros membros do grupo, melhoria da comunicação e cooperação. ▪ Alegria e divertimento nos movimentos. ▪ Fomento da criatividade e fantasia.	**Conteúdos:** ▪ Pequenos jogos. ▪ Grandes jogos.
Relaxamento/regulação psicofísica (CAPÍTULO 9)	
Objetivos: ▪ Melhora da consciência corporal e dos sintomas do corpo. ▪ Aprendizado de um relaxamento profundo, desenvolvimento da capacidade de relaxamento. ▪ Conhecimento de diversos procedimentos de relaxamento.	**Conteúdos:** ▪ Relaxamento progressivo. ▪ Relaxamento respiratório. ▪ Relaxamento com música. ▪ Viagem imaginária. ▪ Viagem através do corpo. ▪ Formas do treino autógeno. ▪ Formas do *Feldenkrais*, *Tai Chi*, *QiGon*, *Eutonia*. ▪ Exercícios de relaxamento com parceiros.

2.6 Princípios Didáticos e Metodológico no Planejamento e Execução de Aulas de Iniciantes e Avançados

Princípios são as premissas válidas, em geral, para a execução, estruturação e administração de trabalhos de treinamento e grupos.

2.6.1 Diferenciação e Individualização

A maior relevância na reabilitação cardíaca é dada pelo princípio da diferenciação e individualização, já que principalmente para cardiopatas é imprescindível evitar sobrecargas (ITEM 2.7).

Deste modo, cada participante[1] determina seu próprio tempo e ritmo de exercício, podendo realizar pausas pelo período e na freqüência que achar necessário. A fim de detectar sobrecarga e sentir o estado de saúde do participante, o professor deverá, a qualquer momento, observar, de forma minunciosa, cada um de seus participantes. Somente assim poderá intervir de forma auxiliar e corretiva.

Programas de treinamento individuais domiciliares podem complementar o programa normal de exercícios. Na seleção de exercícios (conteúdos), o professor poderá valer-se dos seguintes princípios didáticos:

- Do fácil ao difícil.
- Do simples ao complexo.
- Do conhecido ao desconhecido.

Princípio: Ajustar-se ao participante, oferecendo ajuda individual, mas não se esquecendo do grupo.

2.6.2 Visualização

Os conteúdos deverão ser entendidos e implementados pelo participante, ou seja, devem ser de fácil entendimento. Para a transferência do saber e do conhecimento são, por exemplo, selecionados os conteúdos teóricos mais importantes (redução didática), preparados de forma metódica (CAPÍTULO 3) e apresentados com auxílio de retro-projetores, tabelas, slides ou *flipcharts*. Os conteúdos práticos, em sua maioria, são apresentados ou praticados com o participante (ver atividade própria). O método de aprendizado dedutivo se baseia no princípio da demonstração do comportamento (demonstrar, apresentar), o qual deverá ser observado que seja visível por todos os participantes. Os esclarecimentos seguintes, referentes aos movimentos e exercícios, deverão ser apresentados de forma resumida e de fácil entendimento. Instruções de ajuda, correções de movimentos, visualizações, por exemplo, onde deveria surgir o alongamento; na conclusão, o exercício seguinte deverá conter um *feedback* e ser acompanhado de elogios, troca de experiências ou similares.

Princípio: sempre associar a algo conhecido.

2.6.3 Consciência Corporal

A consciência corporal é o princípio básico para a modificação de atitude.

Aprender, em todos os sentidos, com a cabeça, o coração e a mão. O aprendizado de movimentos e relaxamentos são condições básicas para a formação da consciência corporal. A observação da sensação de tensão durante os exercícios ou a consciência do aumento de frequência cardíaca em jogos, em geral, são medidas de controle às quais os professores sempre deverão chamar a atenção.

Princípio: melhorar a visão interior dos participantes de reabilitação cardíaca.

2.6.4 Planejamento

A um planejamento cuidadoso das terapias pela atividade física, corresponde ao estabelecimento de metas, medidas executadas (aulas, programas de treinamento) e dos respectivos controles (análise, conversa, valores de frequência cardíaca, peso, resultados de testes). Sugerimos, portanto, fixar os quadros individuais de aula por escrito, com anotações complementares resumidas quanto a experiências práticas e arquivá-las. Nenhuma idéia, desta maneira, ficará perdida e formas organizacionais favoráveis serão mantidas. Mesmo assim, o professor não deverá ficar restrito ao seu conceito, dependendo da situação (tempo, pedidos etc.), deverá proceder modificações espontâneas.

Princípio: planejamento consciente, porém flexibilidade quando a situação exigir.

[1] Faremos uso da forma masculina para melhor compreensão do texto, mas, evidentemente, estão incluídas aqui todas as participantes, professoras, médicas etc.

2.6.5. Atividade Própria

Transferência de experiências significa, também, permitir sob responsabilidade própria, discussões com tarefas (de atividades físicas) abertas.

A elaboração de soluções individuais tem, em contrapartida ao consumo passivo, uma qualidade especial de experiência e memorização. Com a integração dos participantes, a criatividade e a fantasia são estimuladas, e sugerem a comunicação na solução comum de tarefas. Os participantes, mediante a simples solução de tarefas, são levados de forma lenta a esse método de aprendizado indutivo. A transferência da capacidade motora pode ser estruturada nas seguintes etapas (Groessing,1991):

- Tarefa de movimentos.
- Procurar e experimentar.
- Comparação das diversas soluções.
- Seleção de boas soluções.
- Exercitar com correção.

Princípio: não conduzir o grupo, permitir também iniciativas próprias.

2.6.6 Pluralidade

Descrições de tarefas estimulantes, aparelhos chamativos e conteúdos que despertem a curiosidade apoiam o princípio da pluralidade, um possível motivo para uma participação freqüente de pessoas de baixa motivação. No entanto, a seleção e variação de exercícios qualitativos e quantitativos adequados representam muito mais do que a simples apresentação de uma provável e ampliada gama de exercícios. Os participantes reconhecem exercícios, sentem-se seguros, necessitam de menos correção e obtém, desta maneira, experiências de sucesso. "Menos, muitas vezes é mais".

Princípio: ensinar de forma variada significa também realizar muito, com poucos meios.

2.7 Princípios de Treinamento para Grupos de Reabilitação Cardíaca

"*O que se utiliza se desenvolve, o que não se utiliza, atrofia*" (Hipócrates, em torno de 460 a C).

Para o exercício/treinamento com grupos de reabilitação cardíaca são válidas as mesmas premissas, levando em consideração os danos específicos tanto do treinamento como dos exercícios com pessoas saudáveis. As bases biológicas são moldadas pela interelação natural entre forma e função orgânicas. (FIGURA 2.2.)

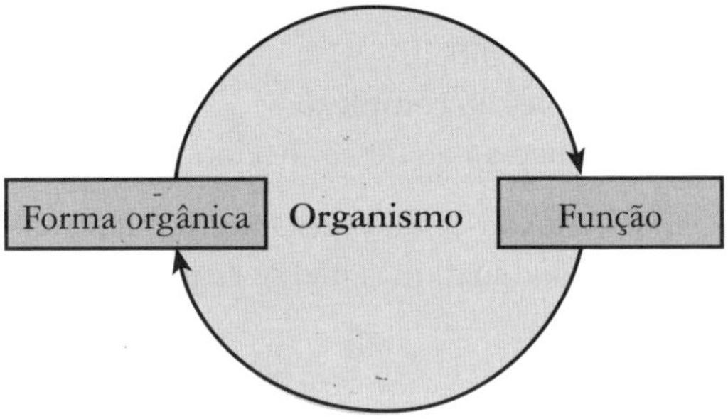

FIGURA 2.2 A forma orgânica determina a função, que, por sua vez, possui influência de forma informativa sobre a forma orgânica. O formato do coração determina a função de bombeamento, enquanto um treinamento do coração efetua uma alteração de seu formato com aumento de função (Mellerowicz; Meller, 1980).

2.7.1 Relação Otimizada entre Resistência e Recuperação

Cada treinamento (estímulo) conduz a uma interrupção do equilíbrio dinâmico interno (homeostase). Desta forma, após um esforço devido ao gasto energético, ocorre a redução da capacidade física (cansaço). Na fase de recuperação, o organismo se regenera e o nível inicial é novamente obtido. Se a fase de recuperação for otimizada, obtém-se um aumento da capacidade, ultrapassando o nível inicial. O organismo reage com esta adaptação, a fim de poder suportar futuras e semelhantes exigências (FIGURA 2.3).

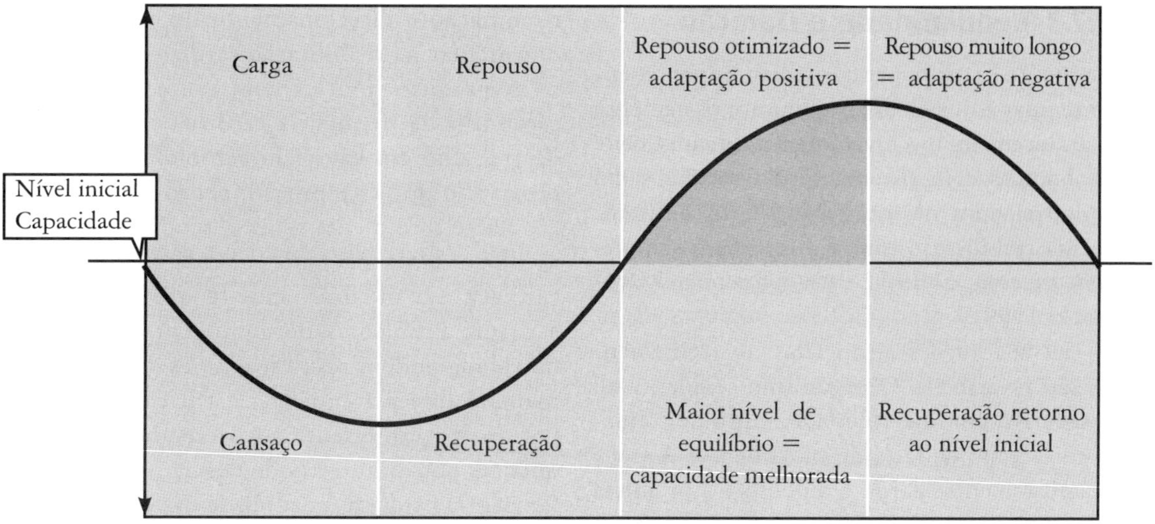

FIGURA 2.3 Aumento da capacidade mediante adaptação biológica. O princípio básico de cada treinamento é: esforço – cansaço – repouso – aumento da capacidade ("supercompensação" - apresentação esquemática).

2.7.2 Repetição e Aumento Gradativo da Carga

"*Inatividade enfraquece, exercício fortalece, excesso prejudica*" (Sebastian Kneipp).

Cada carga específica leva o organismo humano a um efeito específico (exigência). Os sintomas, da adaptação ocorrem em etapas. Primeiro, o organismo reage com adaptações funcionais e obtém um aumento da capacidade. Somente o aumento de carga leva a processos de crescimento e, conseqüentemente, a modificações estruturais (Kindermann e Rost,1991). A fim de alcançar o surgimento de adaptações positivas, são necessárias cargas repetidas e suficientemente grandes para estimular o organismo, mas não se deve sobrecarregá-lo. Se os estímulos forem fracos, possuem essas, antes função de manutenção e estabilizadora. Se estiverem abaixo do mínimo de intensidade (pequenos estímulos), ficam sem efeitos e possuem, portanto, caráter de desestruturação. Se forem muito fortes (acima do limite superior), a capacidade de adaptação do organismo não acompanha o estímulo exigido e, conseqüentemente, ocorre a sobrecarga.

As exigências de carga deverão, principalmente na terapia de atividade física para reabilitação cardíaca, estar sempre na correta relação com a respectiva e individual capacidade (física). Deverão ser dosadas de tal forma, caso seja possível, devido aos danos apresentados pelo paciente, para que sejam estimuladores sem, contudo, tornarem-se perigosos (Rost,1991). Em todo o caso, sobrecargas no sistema cardiovascular precisam ser evitadas. As cargas podem ser aumentadas progressivamente, de acordo com o aumento do nível da aptidão física. Desta forma, o organismo tem tempo suficiente para se adaptar a cada nível de carga. (FIGURA 2.4).

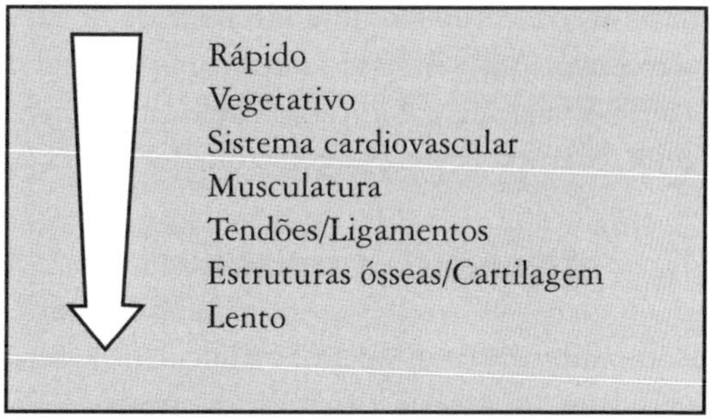

FIGURA 2.4 Velocidade de adaptação variada dos diversos sistemas orgânicos.

2.7.3 Regularidade e Duração

Enquanto os cardiopatas, mediante treinamento regular e duradouro, melhoram fisicamente e se alocam em um nível inferior de capacidade de homens com sistema cardiovascular sadio e destreinados na mesma idade, os desistentes da reabilitação cardíaca retornam sempre, sem exceção, ao nível patológico inicial (Nowacki,1999).

As adaptações alcançadas no treinamento são reversíveis. O organismo se adapta ao respectivo grau de atividade, tanto de treinamento como de falta de movimento. A troca otimizada entre carga e repouso é a premissa para um aumento de capacidade do organismo e para um treinamento de sucesso. Se a fase de repouso é muito longa, a capacidade se reduz novamente de forma gradativa até o nível inicial. Caso os estímulos de treinamento sigam na fase do repouso incompleto e de forma muito rápida, ocorre a redução da capacidade física.

2.7.4 Direcionamento de Carga e Sobrecarga

Para o direcionamento de carga e dosagem individual de treinamento de Reabilitação Cardíaca, o professor e o participante da reabilitação utilizam-se de diversos parâmetros subjetivos e objetivos. Critérios de carga objetivos são, por exemplo, freqüência cardíaca, pressão arterial, respiração e carga (como a intensidade de treinamento). Aos critérios subjetivos pertencem a auto-avaliação, coloração da pele e bem-estar geral (Stemper,1986; Lagerstrom,1992).

Freqüência Cardíaca

A medida da freqüência cardíaca na artéria radial ou na artéria carotída do pescoço é o procedimento mais usual (objetivo) para determinação e direcionamento da carga cardiovascular na reabilitação cardíaca.

A premissa prática para tanto é a relação linear da freqüência cardíaca e da carga de trabalho em exercício aeróbio. Deve ser observado que este procedimento na aplicação não é totalmente seguro, tendo em vista as dificuldades na percepção da freqüência cardíaca e a medição após (e não durante) a carga. Problemas de contagem ou desonestidade podem resultar em desvios, de tal maneira que a freqüência cardíaca contada por apalpação (quantidade de ondas de freqüência por minuto) pode desviar da efetiva freqüência cardíaca (quantidade das contrações ventriculares por minuto) ou da freqüência cardíaca sob a carga a ser levantada. Ocorre, também, no caso de pacientes que já participam por muitos anos de reabilitações cardíacas (Beitat et al.;1999). Recomenda-se a utilização de medidores de freqüência cardíaca telemétrica (observar a certificação, exemplo, Polar Electro).

A fim de determinar a frequência cardíaca de treinamento mediante apalpação, de forma mais aproximada possível, essa medição deverá ser efetuada imediatamente após o esforço, se possível durante caminhada lenta. Afora isso, no procedimento descrito, deverá ser calculada uma margem média de erro de +/– entre 10 e 12 batimentos/minuto (na maioria dos casos, uma subavaliação da carga efetiva). Mediante a medição regular da freqüencia cardíaca (ou perguntas sobre a freqüência cardíaca, quando houver medidores de freqüência cardíaca) durante a aula, os pacientes e o professor sempre são lembrados de que não se trata de um grupo esportivo comum, mas de um grupo terapêutico com elevado risco (Rost, 1991).

A medida padrão mais importante para o treinamento é a freqüência cardíaca de treinamento, determinada individualmente e fixada através do diagnóstico de avaliação. Quanto maior for a limitação dos sintomas de capacidade máxima e, desta forma, a intensidade de carga, tanto maior, em regra geral, também se encontra a freqüência cardíaca de treinamento absoluto. Na média, estes valores estão alocados entre 75 e 90% da freqüência cardíaca máxima e leva em consideração a situação individual e cardíaca, bem como resistência a cargas do paciente (Meyer e Weidemann, 1989; Schuler, 1991). A fim de evitar sobrecargas cardíacas, o limite máximo desse valor não deverá ser ultrapassado.

Na literatura, são recomendadas diversas formas de cálculo para a elaboração da freqüência cardíaca de treinamento. Uma comparação das freqüências cardíacas de treinamento individuais com as calculadas mostra, em parte, diferenças relevantes (Meyer e Weidemann, 1989. p.140).

Caso a regulação da freqüência cardíaca seja alterada devido a distúrbios patológicos de regulação ou medicamentos (como os betabloqueadores), a medição da carga poderá ser direcionada através da medição de pressão arterial, da sensação de fadiga (de leve até um pouco pesada) ou pela respiração (Rosot,1990).

Outrossim, deverá ser observado que uma participação estática elevada da atividade física pode conduzir a um aumento de pressão arterial, o qual, com a mesma freqüência cardíaca, traz consigo maior atividade cardíaca (necessidade de oxigênio para o miocárdio). Quanto maior a parte estática do trabalho muscular, tanto menor é a validade da medição de freqüência da situação atual de pressão arterial (Zerzawy, 1987). Por este motivo, para a dosagem e controle de carga no treinamento à carga, deverá ser utilizado antes o resultado da pressão arterial (especialmente para determinação de uma limitação superior clinicamente justificável), ou sugere-se a aplicação da Escala Borg (TABELA 2.11).

Correm risco de sobrecargas, em sua maioria, novos membros do grupo, participantes que ainda não fazem uso muito cuidadoso de seu corpo, pessoas que participam somente de vez em quando ou pessoas que possuem alto grau de exigência de desempenho ou, por exemplo, que negam suas sensações de esforço. A freqüência cardíaca é influenciada, também, por diversos fatores externos e internos.

FC diminue em situação melhorada de treinamento e carga adequada.
FC diminue com a ingestão de digitálicos e betabloqueadores.
FC aumenta em temperaturas elevadas, maior umidade do ar, mas também no frio.
FC aumenta desde a manhã até a noite.
FC aumenta com tensão emocional e nervosismo (situações de jogos).
FC aumenta com a idade, visto que o volume de sistólico cai (cai também a capacidade para o aumento da freqüência cardíaca).
FC = Freqüência cardíaca.

Outros Critérios de Avaliação da Intensidade

A medição da freqüência cardíaca é um instrumento importante para o autocontrole e para a avaliação das cargas físicas no esporte e no cotidiano, através da consciência corporal.

Um outro critério de julgamento é a respiração, já que ela também é direcionada através dos acontecimentos do metabolismo. "Correr e não ofegar" é a recomendação mais conhecida. Outrossim, durante o esforço, as pessoas deveriam ainda poder conversar (ITEM.6.2.3).

TABELA 2.10 Características para as diversas cargas e para o cansaço (conf. Harre em Meusel, 1998, p. 299). O sombreado em cinza sinaliza a carga em reabilitação cardíaca.

Características	Carga reduzida	Carga média	Carga alta	Sinais de sobrecarga
Coloração da pele	Levemente avermelhada	Fortemente avermelhada	Extremamente avermelhada ou palidez acentuada	Palidez constante, coloração azulada no rosto
Eliminação de suor	Leve a moderado	Moderado a forte	Muito forte em todo corpo	Excessivo em todo corpo
Respiração	Levemente acelerada e regular	Acelerada, parcialmente, pela boca	Fortemente acelerada, pela boca	Respiração superficial pela boca, dispnéia
Comportamento de movimentos	Execução exata da técnica	Distúrbios irrelevantes nos movimentos de velocidade média	Aumento gradativo relevantes de erros, redução da exatidão, piora da reação	Distúrbios na execução de movimentos, precisão visivelmente reduzida
Concentração	Concentração total, demonstração de boa receptividade às instruções	Execução inexata das instruções, receptividade de correções	Desatento durante instruções	Incapacidade para concentração dasesclarecimentos execução retardada
Bem-estar/Disposição	Nenhuma reclamação, alta disposição	Cansaço moderado, ademais bem-estar	Reclamação sobre cansaço,início de mal-estar	Sensação de fraqueza, dores constantes em músculos e articulações, dores no coração, distúrbios no sono noturno

Outras indicações subjetivas para sobrecargas ocorridas são o avermelhamento excessivo da pele, triângulo de palidez boca-nariz, suor excessivo, suor frio, freqüência respiratória muito elevada, execução irregurar de movimentos, queimação dos músculos, sensação de esgotamento e dores em geral – especialmente no coração (Lagerstrom, 1992) (TABELA 2.10).

Para a avaliação subjetiva da carga de treinamento, o paciente poderá fazer uso da escala de PSE desenvolvida por Borg (percepção subjetiva de esforço), a qual caracteriza o grau de esforços de maneira subjetiva. (TABELA 2.11).

TABELA 2.11 Escala de Borg para a avaliação da Percepção Subjetiva de Esforço (Borg, 1962)

Sensação de carga	Grau do esforço
06	Nenhum esforço
07	Extremamente leve
08	Muito leve
09	
10	
11	Leve
12	Um pouco pesado (um pouco cansativo)
13	
14	
15	Pesado
16	
17	Muito pesado
18	
19	Extremamente pesado
20	Esforço máximo

Os números constantes da escala correspondem a, aproximadamente, a freqüência cardíaca em cargas contínuas, divididas por dez. Uma carga que eleva a freqüência cardíaca até 130 bpm é considerada relativamente pesada. Os valores de 11–14 na escala Borg (de leve até relativamente pesado) sinalizam, em geral, a área de treinamento otimizada. No caso de pessoas cautelosas ou exigentes no desempenho, podem ocorrer avaliações falsas (exageradas ou comedidas).

Em pessoas com problemas cardíacos, a sensação subjetiva representa, geralmente, uma medida incorreta para a capacidade de carga física, visto que, por longo tempo, não há quaisquer sintomas de mal-estar antes de ocorrer uma parada cardíaca repentina devido a ultrapassagem de um limite crítico (Rost, 1998).

Indicadores de Carga

O montante da carga de treinamento (quantidade de treinamento) é descrito mediante uma norma de carga como intensidade, duração e freqüência do treinamento.

TABELA 2.12 Comparação da escala de Borg com valores da intensidade relativa (Bös Banzer, 1998)

Percepção Subjetiva de Esforço (Escala Borg)	Avaliação, julgamento da carga	Intensidade relativa (VO_2 máx.)
<10	Muito leve	<30%
10-11	Leve	30-49%
12-13	Um pouco pesado	50-74%
14-16	Pesado	75-84
>16	Muito pesado	>85%

Indicadores de carga em esportes

- Volume (indicar quantidade, em quilôletros ou horas).
- Intensidade (quantidade de carga, geralmente, em relação à capacidade máxima).
- Duração (quantidade de uma unidade de treinamento).
- Densidade (relação sobrecarga e descanso).
- Ritmo do movimento (por exemplo, freqüência de passos).

A intensidade de treinamento indica a intensidade percentual da carga em relação ao máximo e, conseqüentemente, torna-se, desta forma, uma medida individual. Para cargas em cardiopatas (sem contra-indicação) com capacidade entre 60% e 70%, também são consideradas como capacidade otimizada; no caso de iniciantes sem experiência ou pacientes cuja capacidade de carga está relativamente abaixo de seu limite de capacidade, fica aproximadamente em 50% (Haskell, 1989) (TABELA 2.12). O direcionamento ocorre em regulagem de freqüência cardíaca normal através da freqüência de pulso (ver acima). No caso de exercícios de ginástica, o direcionamento de intensidade ocorre através de repetições (freqüência de estímulo) ou do tempo parado (duração do estímulo) (CAPITULO 7).

A freqüência de treinamento está caracterizada pelas unidades de treinamento efetuadas, por dia, semana, mês ou ano. A duração do treinamento fornece o volume de horas.

Uma redução na incidência de infarto do miocárdio e de morte por infarto mostrou um gasto em calorias diárias de 300 a 400kcal pela atividade física, por exemplo, subir escadas, caminhar, correr etc. (Paffenbarger et al. 1978, apud Rost 1998).

Pacientes coronariopatas, que devido a atividades esportivas intensas (em conexão com uma dieta pobre em gorduras) queimaram durante um ano 2.200kcal por semana (≈ 5 a 6 horas diárias de exercícios físicos), apresentaram sinais de involução da aterosclerose, enquanto que, com experimentos, utilizando um gasto energético de 1.500kcal, não se obteve nem melhoras nem evolução. A fim de manter-se o efeito por anos, parece-nos que um gasto energético reduzido quando comparado ao de 2200kcal também é suficiente: 4 horas de treinamento aeróbio moderado por semana com uma média de gasto energético de 1.800kcal (Hambrecht et al., 1993, Niebauer 1997, Ornish et al. 1990).

Aproximadamente 60% de um grupo de pacientes de reabilitação cardíaca obtiveram um rendimento de atividade semanal de mais de 2.000 kcal (Berg,1998).

Para a manutenção da saúde em geral, para a manutenção preventiva de males e como estratégia contra o processo de envelhecimento, recomenda-se movimentação moderada, que abrange semanalmente 3x30 minutos de treinamento aeróbio, bem como 3x20 minutos de treinamento de força dos principais grupos musculares. Em quantidade de treinamento idêntica, uma maior freqüência influi positivamente no aumento da capacidade. Também números baixos de carga (8 – 10 minutos), parecem-nos fazer sentido (Cooper, 1997; Mellerrowicz, 1980; Hollmann, 1990; Haskell, 1999).

No paciente de risco cardíaco, é mais eficaz elevar o esforço mediante aumento da duração de carga e freqüência ao invés de fazer uso da intensidade (Haskell,1989).

Uma das primeiras recomendações para a realização de esportes em reabilitação cardíaca é uma frase ainda em vigor que diz: "Para pacientes em fase de pós-infarto, deverão ocorrer maiores cargas no sistema circulatório somente durante o treinamento de *endurance*, porém dosadas individualmente. Todos os demais conteúdos deverão ser selecionados de tal forma que não produzam maiores reações circulatórias e sobrecarga". (Lagerstrom,1987 p.141).

2.8. Formação e Organização de um Programa de Reabilitação Cardíaca

Qualquer profissional pode desenvolver um programa de reabilitação cardíaca. As condições básicas a serem consideradas são apresentadas na TABELA 2.13.

TABELA 2.13 Constituição de um Grupo de Reabilitação Cardíaca

Etapas para formação de um Grupo de Reabilitação Cardíaca (Composição: M. Eisele, Badischer Behindertensport-Verband)		
Etapas	**Procedimento**	**Meios de apoio**
1. **Criar condições básicas pessoais para obter:**		
▪ professor com licença de reabilitação esportiva válida para "Esporte nos Grupos de Reabilitação Cardíaca"	**Existem as seguintes possibilidades:** ▪ colaborador da entidade que já se encontra à disposição; ou ▪ clube ou médico entra em contato regional com pessoa qualificada; ou ▪ formação de uma pessoa interessada e devidamente qualificada (professor de educação física, fisioterapeuta, terapeuta etc); ou ▪ eventualmente firmar contratos com colaboradores	▪ Junto a entidades de deficientes/esporte de reabilitação pode ser obtida uma listagem de terapeutas ▪ O programa de atividades atualizado pode ser junto a entidades de deficientes/ esporte de reabilitação
▪ Médicos atendentes de grupos com experiência no atendimento de pacientes cardíacos	▪ Contato direto com médicos ou clínicos estabelecidos; contato com clínica local e/ou associação médica local	▪ Informação junto à Organização Estadual da Empresa Alemã para Prevenção e Reabilitação (DGPR). A DGPR oferece treinamento para médicos
▪ Eventualmente outras pessoas para funções administrativas e prestação de contas	▪ Convenientes seriam, por exemplo, outros membros do clube, parentes ou participantes	

Continuação

Etapas para formação de um Grupo de Reabilitação Cardíaca (Composição: M. Eisele, Badischer Behindertensport-Verband)

Etapas	Procedimento	Meios de apoio
2. Estabelecer premissas básicas organizacionais		
Selecionar tipo de organização ▪ Clube esportivo autônomo/ Grupo de Reabilitação Cardíaca ▪ Setor de um clube esportivo	**Importante** ▪ Considerar desejos dos participantes ▪ Incluir clubes existentes e grupos de apoio mútuo com reconhecida utilidade pública	▪ Assessoria pela Associação de Deficientes/Reabilitação Esportiva e DGPR de seu Estado. Documentação para a criação de um setor/clube pode ser adquirida lá ou junto á associação esportiva competente
▪ Locais adequados de exercícios com telefone de emergência ou celular	▪ Contato com detentores de galpões públicos ▪ Alternativas: Clínicas, centros de Reabilitação etc.	▪ Indicações ou dicas podem ser obtidas, principalmente de parceiros de contatos locais
▪ Seguros esportivos e outros	▪ Verificar o volume do seguro ▪ O registro ao "Seguro Esportivo" ocorre automaticamente quando da entrada no quadro da Associação de Deficientes/ Reabilitação	▪ Solicitação de um folheto informativo junto à Associação de Deficientes/ Reabilitação Esportiva
▪ Colocação à disposição de material complementar e equipamentos de exercícios	▪ Ativo da associação ▪ Novas aquisições ▪ Verificação de possibilidades de empréstimo	▪ Aquisição de equipamentos esportivos através de subsídios das associações esportivas
▪ Solicitar possibilidades de financiamento através das caixas de previdência, através do reconhecimento de esportes de reabilitação= na qualidade de membro junto a Associação de Deficientes/ Reabilitação Esportiva	▪ Solicitação da documentação de registro ▪ Envio da documentação de registro bem como dos comprovantes necessários junto à Associação de Deficientes/Reabilitação Esportiva	
▪ Solicitar marca institucional junto a "Marca Institucional de Grupos de Trabalho"	▪ Requisição para concessão de uma marca institucional	▪ Requisitar junto às caixas de previdência os registros concernentes

Continuação

Etapas para formação de um Grupo de Reabilitação Cardíaca (Composição: M. Eisele, Badischer Behindertensport-Verband)		
Etapas	**Procedimento**	**Meios de apoio**
3. Obtenção de participantes		
▪ Trabalho geral de informação ao público	1. Eventos informativos/ seminários com pacientes 2. Publicidade em jornais, folhetos informativos, boletins de associações, rádio local etc. 3. Eventos incentivadores	▪ Contatar médicos e clínicas para obtenção de assessores ▪ Obter patrocínio das caixas previdenciárias ▪ Comunicados de Imprensa (*Press-Releases*)
▪ Informações das clínicas, médicos estabelecidos, bem como dos demais multiplicadores ▪ Registro de associações esportivas ▪ Prescrição médica	▪ Prospectos em consultórios médicos, farmácias etc. ▪ Correspondência direta com indicação de local e horário da proposta e informações sobre prescrições	
4. Financiamento (Posição: Janeiro 2000)		
▪ Fomento através da Caixa de Previdência (ver anexo)	▪ Médico prescreve "Esporte de Reabilitação" ▪ Associação solicita autorização da prescrição junto à Caixa Previdenciária (plano de saúde) do membro ▪ Membros confirmam participação mediante assinatura ▪ Após conclusão do período de prescrição a associação presta contas à caixa previdenciária	▪ Formulário da prescrição (tipo 56)
▪ Adicional para o terapeuta	▪ Através da "Associação de Deficientes/ Reabilitação Esportiva", os terapeutas são automaticamente registrados na Associação Desportiva Estadual. O adicional para os terapeutas é concedido conforme as diretrizes gerais das Associações Desportivas Estaduais e das Associações Estaduais do DBS.	▪ Formulário para prestação de contas da respectiva Associação Desportiva Estadual
▪ Contribuição dos participantes como associados ▪ Eventualmente por fomento público ▪ Patrocinadores	▪ Contribuição associativa ou de repartição ▪ Em muitos casos com destino específico, por exemplo, aquisição de equipamentos ▪ Bom trabalho de relações públicas ▪ Contato pessoal	

2.8.1 Local dos Exercícios/Local de Esportes

Para o Grupo de Reabilitação Cardíaca, deve ser disponibilizado um local apropriado para execução dos exercícios. Este local poderia ser uma sala ou um ginásio de esportes, ou também ocorrer a céu aberto no gramado, no campo de esportes ou em caminhadas no bosque.

As salas podem ser alugadas na comunidade (ginásios esportivos), clubes, municípios, academias, Caixas de Previdência, hotéis ou escolas. O ideal seria uma sala porque possibilita o trabalho aeróbio, mas não deve ser muito espaçosa para os participantes não se "perderem." As pessoas devem se sentir bem e ter prazer em ir até lá. As salas adequadas têm entre 150 a 300m^2 e, de preferência, com janelas para entrada de ar fresco. Em salas menores (de 60 a 100m^2) o número de participantes deveria ser reduzido e o programa modificado.

As dependências deverão ser verificadas antes do início dos exercícios para previnir riscos de acidentes. Nos horários de aula, muitas vezes, não se encontram dependências adequadas, de modo que cada vez mais tem se utilizado a opção de treinamento ao ar livre. É importante que essas dependências cobertas existam, principalmente no outono e no inverno, quando ocorre possibilidades de chuva. Quando o tempo está bom, pode-se facilmente executar os exercícios ao ar livre. Esse local deverá ser protegido contra vento e incidência direta de raios solares; em atividades em decúbito dorsal, o solo deverá estar preferencialmente quente e seco (utilizar toalhas, colchonetes). A roupa dos participantes deverá ser leve e funcional (intercâmbio de calor, transporte de suor, proteção), os calçados deverão possuir bom amortecimento e serem firmes. Principalmente quando o tempo estiver úmido e frio deverão ser observados estes itens.

As conversas dos grupos, apresentações e reuniões (eventualmente com parentes) poderão ser efetuadas em salas adequadas nas proximidades, por exemplo, em salas anexas de restaurantes.

2.8.2 Requisitos, Materiais de Trabalho, Equipamento Emergencial

Diversos meios, como livros, material de ensino e aprendizado (*flipcharts*, quadros, cartazes, cartões-aviso, folhas de trabalho ou de instruções, transparências), modelos anatômicos, equipamentos manuais e meios audio-visuais (retro-projetor, slides, projeção de vídeos) são utilizados como meios auxiliares (TABELA 2.14). Esses meios possuem função instrutiva ou de apoio às tarefas. No primeiro caso, objetivam a visualização para a aplicação prática; no segundo, são direcionados aos processos de aprendizados orientado para os participantes, nos quais os meios são utilizados de tal forma que os participantes possam realizar as atividades sem o auxílio do professor. Equipamentos manuais ajudam os exercícios por suas características estimulativas especiais, dificultando ou

TABELA 2.14 Exemplos de meios a serem utilizados em Reabilitação Cardíaca

Meios audiovisuais e outros	Equipamentos manuais/Equipamentos de jogos e esportivos
Slides e retroprojetores, tela, telas-aviso, *flipcharts*, material de apresentação (marcadores, cartões, indicador a laser etc.), toca-fitas, vídeo e aparelho de TV, quadros, modelos anatômicos, bancos ou cadeiras, colchonetes, tatames ou toalhas.	Bexigas, jornais, pesos, pneus, bastões, cordas, bolas de espuma, bolas flutuantes, tapetes, pára-queda, bola de massagem, bolas de ginástica, medicinebol, pinos ou badalos duplos, toalhas, tábuas de balanço, pião terapêutico e pedalos, extensor, bola de vôlei, bola de basquete

facilitando sua execução. Muitos equipamentos são de preço baixo e fáceis de transportar. Para a aquisição de equipamentos mais dispendiosos, muitas vezes, pode ser solicitado auxílios junto a patrocinadores como companhias de seguros, bancos ou empresas farmacêuticas ou, ainda, podem ser financiados posteriormente através dos recebimentos.

Colchonetes leves de ginástica podem ser trazidos pelos próprios participantes, assim como freqüêncimetro, os quais, muitas vezes, podem ser adquiridos de forma mais econômica, fazendo o pedido em grupo.

Paralelamente aos meios auxiliares pedagógicos, em cada Grupo de Reabilitação Cardíaca fazem parte integrante equipamentos de emergência como, por exemplo, mala de primeiros socorros com respirador, medicamentos emergenciais e possibilidades de infusão, um desfribilidador independente da rede, pronto para uso, com tela de ECG, e um telefone disponível ou celular (testar número de emergência antes). Os equipamentos médicos deverão ser verificados periodicamente. A ambulância precisará de acesso direto à ala ou dirigir-se às instalações externas.

2.8.3 Emprego de Música

A música pode produzir os mais diversos efeitos. Ela pode estimular, acalmar, relaxar, libertar barreiras e tensões, como pode ocasionar nervosismo, manter acordado e produzir melancolia. As próprias expectativas, experiências obtidas, situação física e emocional, ambiente e muitos outros casos causam o efeito da música sobre a pessoa individualmente e, conseqüentemente, são responsáveis pelas decorrentes alterações psicofísicas.

Na área de relaxamento, pode ser aplicada como fundo musical para apoiar outros métodos de relaxamento (viagens imaginárias, relaxamento com parceiro, relaxamento por respiração) ou como procedimento para o processo de relaxamento inidividuais. No primeiro caso, a música isola influências externas, reforça a introspecção e ajuda a introdução ao relaxamento. Uma vantagem especial do relaxamento com música é que qualquer pessoa pode utilizá-la sem grandes dispêndios.

Nos demais conteúdos de aulas, a música tem por finalidade ajudar no ritmo. Com a ajuda da música, a execução dos exercícios pode ser facilitada, tensões devido a fortes concentrações relativas aos exercícios podem ser eliminadas. Devido às inúmeras vantagens, não devemos esquecer que a música possui alto poder estimulante. Pacientes adaptam seus movimentos ao ritmo da música, com o perigo de exceder seus limites. Isso é válido também para participantes sem senso musical.

Recomendações na prática:

- Nem sempre utilizar música, nem para todas as aulas.
- Alternar a música entre estimulante e repousante.
- As formas dos movimentos deveriam ser executadas baseadas tanto na música lenta como na mais rápida.
- A música não deverá ser muito alta, de forma que as instruções ainda possam ser ouvidas.

Quando houver utilização de música, deverá ser paga uma taxa à GEMA (Abraham Lincoln-Strasse, Wiesbaden, http:\\www.gema.de). Ligas esportivas pagam um valor global à sua associação de classe.

2.8.4 Finanças e Contabilidade dos Grupos de Reabilitação Cardíaca

As finanças são cobertas por valores próprios dos participantes (contribuições associativas), através de meios públicos (Associação Esportiva), bem como por contribuições da caixa

TABELA 2.15 Taxas de reembolso das Caixas de Previdência para a realização de "Esportes para a reabilitação cardíaca" (Baden-Württemberg)

Caixa de Previdência	Taxa de Reembolso
Caixas substitutivas	DM 7,50
Caixas de assistência médica e hospitalar de empresa	DM 7,60 + DM 2,30 adicional Médico
AOK, Caixas de assistência médica e hospitalar agrícola	DM 6,90 + DM 6,50 adicional Médico, no máximo
Institutos de Seguridade Estadual	DM 100,– / tarde de exercícios DM 7,50

Resumo: M. Eisele, Badischer Behinderter Sportverband /Associação Esportiva de Deficientes de Baden

previdenciária. Desses recebimentos, são pagos: professor, médico e custos de ginásio, bem como equipamentos manuais e aquisição de meios.

Com o pagamento de contribuições associativas, é fornecido um seguro ao membro do clube esportivo. Em paralelo, uma participação própria indica a responsabilidade própria do paciente.

Os adicionais destinados ao professor são efetuados pelas associações esportivas, em conformidade com as diretrizes gerais das Associações Desportivas Estaduais e Associações de Classe Estaduais da DSB.

Mediante apresentação de prescrição médica (diagnóstico, motivos para recomendação, duração da participação, quantidade de exercícios semanais), a participação em Grupos de Reabilitação Cardíaca pode, em princípio, ser fomentada financeiramente com acordos estabelecidos com a seguridade social. De acordo com estes acordos, os parceiros contratuais participam dos dispêndios do Grupo de Reabilitação Cardíaca com uma quantia a ser acordada previamente entre as Caixas de Previdência, seguridade social (seguro-velhice/aposentadoria) e associações de classe estaduais do DBS. Para a prestação de contas com as caixas de previdência, é imprescindível uma marca institucional. Esta marca institucional é fornecida gratuitamente pelo Grupo de Trabalho. A regulamentação de custos não abrange, até o momento, atendimento/contribuição de caixas previdenciárias particulares (TABELA 2.15 e 2.16).

TABELA 2.16 Caixas de Previdência e Caixas substitutivas

Caixas dos membros de associações de classe dos empregados e.V (VDAK)	Caixas dos membros dos trabalhadores e associações de classe substitutivas e.V. (AEV)
▪ Caixa substitutiva de Barmen ▪ Caixa de previdência alemã dos empregados ▪ Caixa de previdência dos técnicos ▪ Caixa de previdência dos comerciários (KKH) Caixa substitutiva Hamburgo-Munique ▪ Caixa substitutiva Hanseática ▪ Caixa de previdência dos comerciários	▪ Caixa substitutiva de Schwaebisch Gmuend ▪ Caixa de previdência dos jardineiros ▪ Caixa de Braunschweig ▪ Caixa de previdência dos carpinteiros de Hamburg ▪ Caixa substitutiva Netuno ▪ Caixa de previdência dos editores ▪ Caixa de previdência "Eintracht"

Resumo: M. Eisele, Badischer Behinderter Sportverband/Associação Esportiva de Deficientes de Baden

2.8.5 Professor e Médico

Paralelamente às condições organizacionais, a qualidade de uma aula de reabilitação cardíaca depende de forma relevante da assessoria médica e pedagógica. Essas aulas são ministradas pelo professor detentor da Licença Específica *para Esportes de Reabilitação* da Área, órgãos internos com o adicional *Esporte para reabilitação cardíaca.*

Um alto padrão de qualidade das aulas depende, em primeira instância, de sua qualidade específica e pedagógica (uma terapia nunca é melhor do que um terapeuta). A competência relativa à competência metodológica e específica é adquirida à base da formação profissional e nas respectivas medidas de desenvolvimento. Ao lado dessas qualidades específicas, são imprescindíveis de forma relevante, competências sociais (postura, confiabilidade, flexibilidade, capacidade de comunicação, intuição e engajamento). O professor precisa estar ciente que, pelo seu modo, seu comportamento e sua concepção de aulas, ele denota sobremaneira a orientação, o comportamento dos cardiopatas e o alcance dos objetivos terapêuticos. Ele deveria não só verificar seu próprio meio de ação mas, especialmente, os conteúdos também sob a visão do paciente, por exemplo, como o paciente vivencia os exercícios e quais as vantagens decorrentes? (Fischer,1989).

Em uma terapia de atividade física para uma limitação resultante do estado de saúde, é necessário o acompanhamento médico. Sem a presença médica, o professor não deve dar início às aulas oficialmente e não pode efetuar exercícios práticos. A função do médico na reabilitação cardíaca não se restringe somente à sua função como fator de segurança. Ele é parceiro de contato para os membros do grupo e parceiro para o professor. Ele deveria participar das conversas do grupo, apresentar informações condizentes ao paciente, assessorar os pacientes e participar ativamente nos esportes, servindo de exemplo.

Tanto o médico como o professor deveriam estar familiarizados com o boletim médico, as medidas de tratamento e a medicação de cada participante.

2.9 Controle e Análise dos Conteúdos da Terapia pela Atividade Física

No conceito ambulatorial dos Grupos de Reabilitação Cardíaca estão previstos exames médicos de controles regulares por parte do médico responsável. Os objetivos da terapia pela atividade física são verificados, em paralelo, na aula por outros instrumentos de controle. No entanto, nesta descrição, trata-se menos da verificação científica e mais da questão da forma com que o terapeuta pode alcançar os objetivos de seus próprios trabalhos em nível representativo, sem incorrer em riscos de colocar seus pacientes em perigo. Para tanto, encontram-se à disposição do professor as seguintes possibilidades:

- Conversas periódicas para perguntar sobre conhecimento, comportamento, periodicidade da execução, surgimento de problemas, apoio necessário e os sentimentos dos participantes (durante determinados conteúdos de aula, em casa).
- Testes de capacidade aeróbia (CAPÍTULO 5).
- Teste de função muscular ou motora para verificação da agilidade e capacidade de alongamento, força e resistência à carga, capacidade de coordenação e postura (CAPÍTULO 5).
- Observações de atitude e movimento para verificar até onde os participantes estão em condições de implementar os conteúdos.
- Questionários e formulários de auto-avaliação para perguntar sobre o que sente (bem-estar), satisfação, atitude, intenção de ação e motivação, da avaliação subjetiva do aprendizado, bem como impedimentos

na implementação de determinados modos posturais.

- Questionar um item para um rápido e informativo *feedback* a determinadas questões.

Literatura

BEITAT H, SCHOTT N, BÖS K. *Trainingssteuerung in der Herzsportgruppe* – ein Verleich von palpatorisch und telemetrisch gemessener Herzfrequenz. Abstract. Deutsche Zeitschrift für Sportmedizin, 50, Sonderhelft. 1999; 89: 10-17.

BERG A. *Grundlagen von gesundheitsorientierter physicher Belastung und körperlicher Adaptionen*. In: BÖS K, BREHM W. (Hrsg.) *Schondorf*: Gesundheitssport; 1998, 137-146.

BÖS K, BANZER W. *Asdauer und Widerstandsfähigkeit*. In: Bös K, Brehm W. (Hrsg.) Schondorf: Gesundheitssport; 1998, 147-159.

BORG GAV. *Physical performance and perceived exertion*. Lund: Gleerup; 1962, 39-41.

BRUSIS OA, WEBER-FALKENSAMMER H (Hrsg.) *Handbuch der Herzgruppenbetreuung*. Nürnberg: perimed Verlag; 1992. Cooper KH. *It's better to believe*. Nelson; 1997.

DGPR (Hrsg.). Wegweiser. Daten, *Informationen und Hilfen zur Gründung einer Herzgruppe*. 4. Auflage. Monheim: Schwars Pharma; 1995.

FISCHER WD. *Zur psychologischen Bedeutung der Bewegungstherapie* – Aus der Schit eines Sportpädagogen. In: *Halhuber MJ, Krasemmann* EO, Mücke F. (Hrsg.) Ratgeber zur Breteuung von Herzgruppen. Köln: Echo Verlag; 1989, 153-158.

FRANKENBERG H, REUß P. *Präventionstraning mit Risikopatienten*. Broschüre Teil 1+2. Königsfield; 1987.

FROBÖSE I, NELLESEN G. *Trainig in der Therapie*.Wiesbaden: Ullstein Medical; 1998.

GERMONPREZ R. Die *Aurswirkungen eines Kraftausdauertainings auf das kardiopulmonale System bei Patentien mit koronarer Herzkrankheit*. Dissertation. Köln 1998.

GRÖSSING S. *Einführung in die Sportdidaktik*. Homburg: Limbert; 1981.

HALHUBER MJ, KRASEMANN EO, MÜCKE F. (Hrsg.) *Ratgeber zur Breteuung Von Herzgruppen*. Köln: Echo Verlag, 1989.

HAMBRECHT et al. *Various intensities of leisure time physical activity in patients with coronary artery desease*: Effects on cardiorespiratory fitness and progression of coronary artherosclerotic lesions. American College of Cardiology. Vol. 22. 1993; 2: 468-477.

HARRE D. *Trainingslehre*. Berlin: Spotverlag; 1982.

HASKELL WL. *KoronareHerzkrankheit*. In: SKINNER J. S (Hrsg.). *Rezepte für Sport und Bewegungstherapie*. Köln: Ärzte Verlag; 1989, 247-270.

HASKELL WL. *Current guidelines for the use of exercises in the prevention of coronary herat desease*: The scientific rationale. Abstract. Deutsche Zeitschrift für Sportmedizin. 1999;Sonderheft 95: 50.

HOLLMANN W, HETTINGER T. *Spotmedizin*: Arbeits – und Trainingsgrundlagen. Stuttgar: Schattauer; 1990.

JESCHKE D. *Ambulante Reahabilitation*: Kosten/Nutzen-Relation der Herztherapie. Deutsche Zeitschrift für Sportmedizin. 1998;1; 17-20.

KASPUTIN P. *Pädagogisch-psychologische Gruppenaspekte*. In: BRUSIS AO, WEBER-FALKENSAMMER H (Hrsg.). *Handbuch der Herzgruppenbetreuung*. Nürnberg: perimed Verlag;1992, 191-199.

KEMPF HD. *Die Karlshuer Rückenschule* – ein preventives Modell. Krankengymnastik. 1992;44: 568-578.

KEMPF HD (Hrsg.). *Rükenschule*: Grundlagen, Konzepte und Übungen. Müchen: Urban & Fischer;1999.

KINDERMANN W, ROST R. *Hipertonie und Sport*. Müchen: Höchst; 1991.

LANGERSTRØM D. *Grundlagen der Sporttherapie bei koronarer Herzkrankheit*. Teil 1. Köln; 1991.

LANGERSTRØM D. *Programmaufbau in der ambulanten Herzgruppe*. In: BRUSIS AO, WEBER-FALKENSAMMER H (Hrsg.). *Handbuch der Herzgruppenbetreuung*. Nürnberg: perimed Verlag;1992, 228-234.

LANGERSTRØM D. *Sport mit Herzpatienten*. In: RIEDER H.HUDER G, WEHRLE J (Hrsg.). *Sport mit Sondergruppen*. Schorndorf: 1996; 265-283.

MAURUS P. *HERZGRUPPE*: ein therapeutscher Erlebnisraum. München: Pflaum Verlag; 1998.

Mellerowicz H, Meller W. *Training*: Biologische und medizinische Grundlagen und Prinzipien des Trainings. Berlin: Springer; 1980.

Meusel H. *Sport für Altere*. Stuttgart: Schattauer; 1999.

Meyer K, Weidemann H. *Dosierunskriterien für die Bewegungstherapie mit Koronarpatienten*. In: Halhuber MJ, Krasemann EO, Mücke F (Hrsg.). *Ratgeber zur Breteuung Von Herzgruppen*. Köln: Echo; 1989, 138-141.

Niebauer J et al. *Attenuated progression of coronary artery disease after 6 years of multifactorial risk invertion*. Circulation, Vol. 96, 1997;8: 2534-2540.

Nowacki PE, Zillikens AT, Kreller H. *Langzeitrehabilitation von Herzinfartpatienten unter besonderer Berücksichtigung der "Drop-out"-Problematik*. Abstract. Deutsch Zeitschrift für Sportmedizin. 1999; Sonderhelft 89.

Ornish D et al. Can *lifestyle changes reverse coronary heart disease*. Lancet. 1990; 336: 129-133.

Paffenbager R, Wing A, W, Hyde R. *Physical activity as na index of heart risk in college alumni*. Am. J. Epidemiol. 1978;108: 161.

Reuss P. *Programmaufbau in der ambulanten* Herzgruppe. In: Brusis AO, Weber-Falkensammer H (Hrsg.). *Handbuch der Herzgruppenbettreuung*. Nürnberg: perimed Verlag;1992, 219-227.

Rieder H. Koordination. In: Rieder H, Huber G, Wehrle J. *Sport mit Sondergruppen*. Schorndorf: Hoffmann;1996, 185-196.

Roskamm H., Samek L. *Bewegungstherapie bei Patienten mit koronarer Herzkrankheit*. In: Rosta R, Webering F (Hrsg.). *Kardiologie im Sport*. Köln: 1987; 55-64.

Rost R. *Entwicklung*. Chancen um Risiken der ambulanten Herzgruppen in der Bundesrepublik Deutschland. In: Rost R,Webering F (Hrsg.). *Kardiologie im Sport*. Köln: Ärtze Verlag;1987, 65-77.

Rost R. *Empfehlungfen zur Leitung ambulanter Herzgruppen* (AHG). Deutsche Zeitschrift für Sportmedizin. 1987; 8: 337-346.

Rosta R. *Herz und Sport*. 2. Aufl. Erlangen: perimed Verlag;1990.

Rost R. *Sport- und Bewegungstherapie bei inneren Erkrankungen*. Köln: Ärtze Verlag;1991.

Rost R. Herz-Kreislauf-Probleme. In: Bös K, Brehm W (Hrsg). *Gesundheitssport. Schorndorf*: Hofmann;1998, 243-255.

Rost R. *Kardiale Bewegungstherapie* – auf zu neuen Grenzen. Deutsche Zeitschrift für Sportmedizin. 1998;1: 23-27.

Seibert H. *Programmaufbau in der ambulanten Herzgruppe*. In: Brusis OA., Weber-Falkensammer H (Hrsg.). *Handbuch der Herzgruppenbetreuung*. Nürnberg: perimed Verlag;1992, 235-238.

Schuler G et al. *Regular physical exercise an low-fat diet*. Circulation. 1992;11:1-11.

Schuler G et al. *Intensives körperliches Training: Ein wichtiges ergänzendes therapeutisches Prinzip*. Deutsches Ärzteblatt.1991;88: 2473-2477.

Stemper T, Schöttler B, Langerstrøm D. *Fit durch Bewegungsspiele*. Erlagen: perimed Verlag;1993.

Zerzawy R. *Hämodynamische Reaktionen unter verschiedenen Belastungsformen*. In: Rosta R, Webering F (Hrsg.). *Kardiologie im Sport*. Köln: Ärtze Verlag;1987,29-41.

3. DIVULGAÇÃO DE INFORMAÇÕES EM REABILITAÇÃO CARDÍACA

Kempf H.D. e Reuß P.

A divulgação de informações é um componente importante no conteúdo do programa de reabilitação cardíaca. Temas em conexão com as doenças cardiovasculares e a atividade física são explanados de forma ampla ou elaborados em conjunto com os participantes. Eles têm por finalidade fazer que o participante reconheça os perigos de uma postura de risco e distingue as possibilidades de ação para a sua modificação. Os trabalhos em grupo podem, portanto, ser muito eficazes, visto que agir e vivenciar são seus pontos básicos.

TABELA 3.1 Temas para as aulas

Exemplos dos temas médicos	Exemplos para temas da ciência esportiva
▪ Perfil de risco próprio. ▪ Fatores de risco para doença coronária (alterações no metabolismo lipoprotéico, obesidade). ▪ O coração. ▪ O sistema cardiovascular. ▪ O paciente cardiopata (paciente coronário, paciente de válvulas cardíacas, pacientes de marca-passo). ▪ Terapia não-medicamentosa. ▪ Particularidades da terapia com atividade física nos diversos quadros clínicos. ▪ Medicamentos e atividade física. ▪ Efeitos de atividade física sobre o coração, sistema circulatório e metabolismo. ▪ Sintomas de sobrecarga e medidas emergenciais. ▪ Tempo, camada de ozônio, raios ultravioletas e esportes. ▪ Sexualidade e infarto.	▪ Quem pára, enferruja! O treinamento correto ▪ Aptidão física: *endurance*, coordenação, flexibilidade e fortalecimento dos músculos. Atenção à correta sobrecarga! ▪ Caminhar é suficiente? Atividades esportivas adequadas. ▪ Agora efetuo treinamento planejado! Treinamento em casa. ▪ O a,b,c do treinamento! Aquecimento e alongamento. ▪ Sem calçado adequado, não se consegue nada! Calçados e roupas esportivas. ▪ Gerenciamento do estresse e relaxamento. ▪ Atividade física nas férias. ▪ Na estabilização, alimentação e bebidas adequadas. ▪ Questões relacionadas à alimentação. ▪ Mais atividade física no dia-a-dia.

3.1 Indicações Metódico-Didáticas

H.D. Kempf

Existem muitos temas que, no decorrer das aulas, podem ser levados ao conhecimento dos participantes. Aqui, o médico e o professor podem se complementar no assunto ou separar as tarefas em forma específica por tópico (TABELA 3.1).

A seguir, exemplificamos alguns assuntos em forma de apresentação, como sinopse, método de seminário ou carta informativa.

A sinopse possibilita a divulgação da informação dentro de grupos inciantes e avançados. O método de seminário possibilita a elaboração adicionalmente a uma aula de exercícios, e a carta informativa tem por intuito o estudo em casa. A fim de possibilitar aos participantes o conhecimento dos conteúdos mais relevantes, podem ser distribuídos, adicionalmente, folhas de trabalho, cartões de aprendizado ou documentação a eles.

3.1.1 Informações são Recebidas de Formas Diferentes

Para o sucesso de uma apresentação, o tipo de divulgação da informação é muito importante. Não só a pergunta "O quê?" deveria ser objeto de preparativos mas, especialmente, a pergunta "Como?".

O homem absorve informações através de diversos canais (audição, olfato, paladar, tato, equilíbrio, sensação de temperatura etc.). Somente uma parte das informações recebidas alcança a consciência, independente do grau de conhecimento, da postura perante a situação mundial, da situação psíquica e da apresentação de uma informação.

Na transferência de informação, é importante direcionar a atenção de tal maneira a obter-se o máximo de impressões a alcançarem os sentidos ("aprender com a cabeça, o coração e a mão"). Conforme o tipo de transferência informativa, o grau de memorização é relevantemente alto. Nós memorizamos aproximadamente:

- 10% do que lemos;
- 20% do que ouvimos;
- 30% do que vemos;
- 50% do que vemos e ouvimos; e
- 80% do que nós processamos, apresentamos e obtemos utilizando todos os nossos sentidos (Koeck, 1979).

A seguir indicamos algumas regras de aprendizagem e memorização:

- O simples é mais fácil de memorizar do que o complexo.
- Se diversos sentidos são acessados, a impressão é mais segura.
- Impressões do ver e do ouvir são processadas melhor.
- Reconhecimento de relações fortalece a duração na memória.
- Apresentações em cores são registradas com mais efeitos do que as de uma só cor.
- Emoções positivas e de humor são mais concisas.
- Divergência da norma eleva a atenção e o valor da memorização.

O mesmo valor informativo também é registrado por diversos receptadores de forma diferenciada. Diferenciam-se por modos de receptividade ou canais de percepção quatro tipos de aprendizado:

- Tipo abstrato/ou verbal (ouvir).
- Tipo visual/óptico (ver).
- Tipo tático (tocar, sentir).
- Tipo auditivo (ouvir e falar).

Se durante uma aula é utilizado somente um método de ensino, os participantes que utilizam outros canais de percepção ficam em desvantagem. Quanto maior a gama de tipos de esclarecimentos apresentados, tanto mais canais de percepção são utilizados (como no caso de uma aula de multimídia associada à teoria e à prática) e quanto mais fortemente o conhecimento é armazenado, tanto maior é sua diversificada ancoragem e compreensão (Vester,1975).

3.1.2 "Uma Foto diz mais do que Milhares de Palavras "

O homem absorve aproximadamente 80% de todas as suas informações pelos olhos (Seifert e Pattay, 1989). Desta maneira, a apresentação esquematizada de números, dados e fatos (visualização) são especialmente importantes. A visualização possui, adicionalmente, a vantagem de facilitar, a todos que visualizam a apresentação, o mesmo grau de interpretação, forçando a seleção dos principais temas de discussão a um denominador comum, possibilitando que o apresentador mantenha o fio da meada.

A fim de visualizar uma matéria, deverão, primeiramente, ser coletadas todas as informações que possam vir a ser utilizadas, expô-las e selecionar os conteúdos mais relevantes (Brainstorming).

Este método de ação é facilitado através das seguintes questões:

- O que deverá ser apresentado? (conteúdo)
- Qual a finalidade desta apresentação? (objetivo)
- Quem deverá ser informado (alcançado)? (grupo objetivo)
- Como e com que o conteúdo deverá ser apresentado? (método)
- De que forma o ambiente situacional deverá ser estruturado? (situação)

Os mais freqüentes meios de visualização em um reabilitação cardíaca são:

- filme de vídeo;
- projetor, *slides*, foto, *flipchart*, quadro, tela aviso, modelos;
- livros, documentos escritos, prospectos, revistas.

Aos elementos de estruturação para visualização pertencem textos, gráficos e diagramas. A fim de aumentar a eficácia das transparências, *flipcharts* ou *slides* próprios podem ser observados para a estruturação visual os seguintes itens:

- Tanto quanto possível, mas o mínimo necessário (um só assunto).
- Apresentação resumida e marcante (incluir título do quadro).
- Reconhecimento imediato de tudo (apresentação clara, simples e resumida, o principal no centro, poucas palavras por quadro, adaptar tamanho da letra à distância visual).
- Sem enfeites desnecessários (linhas de textos ou blocos de textos curtos, palavras-chaves e poucos números).
- Informação e meta têm que estar corretos.

Projeção com retroprojetor: A projeção com retroprojetor também se adapta para apresentação de grupos maiores (agrupamento de diversos grupos). Mediante o ligar e o desligar pode-se direcionar a atenção de maneira objetiva. Somente a informação necessária fica exposta, os itens mais importantes são indicados com ponteiro indicador sobre a transparência. A transparência somente é apresentada pelo período em que é comentada. Se não houver transparência, o aparelho ficará desligado.

Projeção por *slides*: Atende tanto as necessidades de grupos grandes como pequenos. Bons *slides* conferem à apresentação uma imagem profissional. Podem ser apresentadas situações do cotidiano com exemplos práticos. Durante a apresentação, o apresentador não deverá ficar de costas para os participantes.

***Flipchart*:** Especialmente indicado para trabalhos em pequenos grupos e grupos mínimos. A grande vantagem do *flipchart* consiste no desenvolvimento do pensamento que assim se torna mais transparente e pela fixação dos *charts* os pensamentos ficam documentados por mais tempo. Durante a apresentação, deverá ser observado que não serão feitas explanações relativas aos *flipcharts*. Para a escrita deverá ser usada letra de forma em maiúsculas e minúsculas, dois tipos de escrita, salientadas por cores.

Telas Aviso: Indicada para trabalhos em pequenos grupos (aproximadamente uma tela de aviso para 3 participantes). Os trabalhos com tela de aviso (técnica Metaplan) oferecem-se especialmente quando processos ou desenvolvimentos deverão ser visualizados. Em apresentações, este método oferece a possibilidade de ser interativo.

3.1.3 "A Primeira Impressão de um Pronunciamento é Decisiva, e a Última Permanece"

A estrutura de uma apresentação em forma de um referencial resumido ou apresentação tem, aproximadamente, a seguinte configuração:

Introdução

- Objetivos: despertar, provocar a curiosidade, surpreender.
- Conteúdos: cumprimentos para a apresentação (motivo, assunto, grupo-objetivo, duração).
- Desenvolvimento: teoria e prática, apresentação, discussão, resumo, objetivo.

Parte principal

- Objetivos: apresentação do problema ou descrição da situação, levantamento do problema, avaliação e seleção das soluções.
- Conteúdos: visão geral, direcionamento, vantagens e desvantagens, exemplificação, utilidades.

Conclusão

- Objetivos: transferir resultados de acontecimentos, fornecer perspectivas.
- Conteúdos: conclusão, recomendações, ações.

A conclusão de uma apresentação deverá ser o ponto de partida para discussões ou a motivação para ações. O apresentador deveria entusiasmar os ouvintes mediante um modo engajado e motivador. Para uma apresentação, a observção dos seguintes itens são importantes:

- Falar clara e pausadamente.
- Formar frases curtas (menos de 8 segundos) no final da frase (pensativo) diminuir o volume de voz.
- Introduzir pontuação objetiva, mediante pausas
- Falar vivamente e utilizar linguagem simples.
- Ser seguro e persuasivo (manter contato visual, postura ereta, movimentos com braços e mãos).
- Estruturar claramente a apresentação, se preparar minuciosamente e manter o período indicado.

Para a estruturação das folhas informativas, deverá ser observado que o texto seja estruturado de forma a fornecer uma visão geral mediante utilização de tópicos pequenos, maior número de parágrafos, frases marcantes salientando informações importantes.

Literatura

KOCK, P.; OTT, H. *Wörterbuch für Erziehung und Unterricht*. Donauwörth: Auer Verlag,1979.

SEIFERT, JW; PATTEY S. *Visualisieren* – Präsentieren - Moderieren. Speyer: Gabel,1989.

VESTER, F. *Denken, Lernen, Vergessen*. Sttutgart: Deutsche Verlag-Anstalt, 1975.

3.2 Carta Informativa: Aptidão Física

P. Reuß

Amor ....
A carta de treinamento de hoje abrange o tema aptidão física. Igualmente, apresenta conexões com a aptidão física e a saúde.

Fit for Fun, *Estimuladores*, *Loucuras de Fitness*, *Saúde através de Jogging Cerebral*, *Fitness até cair* – são títulos que levam a crer que o sentido de *fitness* abrange um largo espectro. O dicionário médico-esportivo entende como aptidão física uma boa disposição física e psíquica.

Limitamo-nos à aptidão física, visto que comprovadamente é a base para muitas terapias e da saúde. Cientistas denominam a aptidão física também como capacidade motora, que se compõe das seguintes características:

- Endurance
- Coordenação
- Força
- Flexibilidade
- Velocidade

Se treinarmos essas características motoras, o nosso corpo e os nossos órgãos se adaptam às exigências do treinamento, ou seja, tornamo-nos mais capazes. Um corpo com capacidade, e órgãos e músculos em perfeito funcionamento são as premissas para a saúde.

Através da visão geral, podem ser obtidos efeitos positivos sobre um treinamento de aptidão física orientada à saúde para o organismo.

E como estamos com a velocidade? O treinamento de velocidade deixamos para os jovens, visto que a utilidade sobre a saúde é mínima. Sim, para cardiopatas quaisquer exercícios com velocidade representam elevado risco de infarto.

Na próxima carta informativa, vou responder com detalhes às suas questões da metodologia de treinamento a fim de utilizar suas atividades cotidianas e tempo livre adicionalmente para sua saúde.

Tarefa

Observe na tabela acima os tipos de esportes, jogos e exercícios que, a seu ver, treinam sobretudo *endurance*, força, mobilidade e coordenação.

3.3 Coletânea de Cartas Informativas: Científicas/ Esportivas

P. Reuß

3.3.1 Agora eu treino de forma planejada

Por que todo ser humano necessita de exercícios?

- A fim de prevenir o fator de risco da *falta de movimento*.
- Somente mediante um treinamento físico planejado podemos enfrentar a falta de movimento.

Características Motoras	Conseqüências
Endurance	▪ Economizar trabalho cardíaco ▪ Melhora no consumo de oxigênio do miocárdio ▪ Redução da pressão arterial ▪ Redução das gorduras no sangue (colesterol) ▪ Melhora da glicemia ▪ Eliminação de hormônios do estresse ▪ Melhoria do sistema imunológico
Força e flexibilidade	▪ Compensação de déficits musculares ▪ Prevenção contra doenças da coluna e articulações ▪ Estruturação postural ▪ Aumento da densidade mineral óssea ▪ Aumento da capacidade de distensão muscular e mobilidade articular ▪ Profilaxia de acidentes
Coordenação	▪ Economia do processamento de movimentos e conseqüentemente das funções corpóreas ▪ Redução de riscos de acidentes

O que se entende por forma planejada?

- Três vezes por semana de 30 a 60 minutos.
- Diariamente 10 minutos de treinamento específico, dosado e controlado.

Com qual intensidade deve-se treinar?

A intensidade se baseia na frequência cardíaca de treinamento individual. Também a duração da carga e as repetições dos exercícios precisam ser dosadas.

O que pode ser feito adicionalmente à aula?

Treinamento em casa, natação, caminhadas, atividades cotidianas.

Como é possível alguém se motivar para treinar regularmente?

Encontros com membros do grupo, manter um diário.

Tarefa

Plano de treinamento e folha de protocolo para atividades em casa por um período de duas semanas. Os participantes do grupo treinam em casa, conforme especificações do professor e anotam valores de frequência cardíaca, estado em que se encontram, bem como dificuldades.

3.3.2 O ABC do treinamento – Por que o aquecimento e o alongamento são tão importantes?

Aquecimento

- Coração, circulação e respiração são ativados. O aumento do fluxo sanguíneo para a musculatura ativa e do consumo de oxigênio acionam o metabolismo. A temperatura corporal aumenta e seu efeito abrange músculos, tendões e articulações (profilaxia de acidentes).
- Concordância física, desligar do dia-a-dia.

Resfriamento

- Gradativamente, o sistema cárdio-circulatório se acalma e inicia-se o processo de regeneração por meio de movimentos leves. Substâncias tóxicas na musculatura são eliminados.
- Relaxamento físico e psíquico iniciam o processo de recuperação.

Tarefa

Cada membro do grupo elabora um programa de aquecimento e resfriamento para sua casa. O programa deveria conter os seguintes exercícios e informações:

- Diversos exercícios de caminhada, alongamento, descontração e relaxamento.
- Indicação do período, valores da frequência cardíaca.

TABELA 3.2 Meios auxiliares para levantamento das atividades pregressas do participante

Tipos de esporte: *Você pratica este tipo de esporte? Você tem interesse por este tipo de esporte ?*
Caminhar
Corrida (*Jogging*)
Passeios (a pé)
Alpinismo
Ciclismo
Natação
Esqui em longa distância
Alpinismo de Esqui
Tênis
Tênis de Mesa
Badminton
Surfe
Iatismo
Mergulho
Remo
Canoagem
Equitação
Bolão/Boliche
Squash
Minigolfe/Golfe

3.3.3 Caminhar é suficiente? – Atividades Esportivas Adequadas

- Mediante corridas constantes, o coração, o sistema circulatório e o metabolismo podem ser treinados de forma otimizada.
- Infelizmente correr não se adapta a todos os cardiopatas (participantes obesos, pacientes com artrose).
- Através de outros tipos de atividades como caminhada, passeios, natação e ciclismo podem ser obtidos iguais efeitos de treinamento para a saúde.
- Aptidão física relacionada à saúde não pode se limitar somente ao *endurance*, deve sim treinar força, flexibilidade e coordenação mediante exercícios e tipos de esportes.
- Um programa de treinamento bem delineado deveria – em paralelo aos tipos de atividades de *endurance* – oferecer uma abrangente ginástica, jogos de movimentação e lazer.

Tarefa

Os participantes deveriam assinalar na tabela 3.2, anexa, os tipos de atividades que praticam ou pelos quais se interessam. O professor avalia a tarefa, discute o resultado com os participantes e considera os interesses em sua concepção de treinamento.

3.4 Carta Informativa: Prática de Caminhada

K. Boes

Prezado Aluno!

Caminhada é um tipo *suave* de atividade, mas, mesmo assim, de extrema eficiência e eficácia no que concerne à saúde. A caminhada deve ser forçada com utilização dos braços, no entanto, sem o típico "balanço dos quadris" do tipo esportivo de competição "andar".

Você pode caminhar sozinho ou em grupo. Nós sugerimos fazer parte de um grupo; é mais divertido e também facilitará sua participação por mais tempo. A constância é o princípio mais importante para uma atividade física relacionada à saúde.

Aos principiantes, recomendamos um curso de Caminhada com duração de 12 semanas.

Nesta oportunidade, aprende-se os elementos básicos para uma carga de treinamento adequado.

O importante da caminhada está no fato de você fazer algo pela sua aptidão física diária bem como melhorar sua capacidade física.

Para melhorar sua aptidão física diária recomendamos uma dose de *movimentos de 10.000 passos diários*. Isso pode ser obtido evitando o uso de elevadores e escadas rolantes, com a chance de utilização de atividades cotidianas ou com de mesas sem cadeira no local de trabalho.

Para melhorar sua capacidade de *endurance*, você necessita, adicionalmente, de 1 a 4 x por semana de um treinamento de caminhada entre 30 e 60 minutos.

A freqüência e duração de sua caminhada se baseiam em como você se encontra atualmente. A fim de usufruir das motivações com a adaptabilidade de caminhada em sua plenitude, você precisa estar ciente do que pode realmente executar. Sua situação de saúde e de capacidade, portanto, são seu ponto de partida. De qualquer maneira, estabeleça com seu médico o seu treinamento de *endurance*.

Um treinamento de caminhada otimizado deverá ser executado 3 x por semana, tendo duração de 60 minutos, observando-se a freqüência cardíaca de treino e específico à idade individual. Você, como principiante, só alcança esse objetivo após treinamento regular de alguns meses.

Importante para a distribuição durante a semana é que você tenha tempo suficiente entre um exercício e outro para a regeneração. Os motivos estão no fato de que os procedimentos de adaptação específicos à saúde no seu corpo ocorram durante as pausas.

Para os caminhantes, o objetivo consiste em alcançar uma otimização individual e mantê-la de forma durável. A fórmula é começar suavemente e aumentar gradativamente.

> O *slogan* da caminhada é: começar suavemente, aumentar vagarosamente.
>
> Fase de introdução – 1 x por semana / 30 minutos
> Fase de adaptação – 2 x por semana / 30 a 45 minutos
> Fase de treinamento – 3 a 4 x por semana/ 45 a 60 minutos

Se você, durante anos, não executou quaisquer atividades físicas ou esportivas, é aconselhável, nas primeiras 4 a 5 semanas após inicio, caminhar uma vez por semana durante 30 minutos. Adicionalmente, deveria executar um programa de ginástica curto uma vez por semana. Somente após esta fase de adaptação e estruturação é aconselhável caminhar uma segunda vez por semana. Um período intermediário otimizado é dois dias entre um exercício e outro. Desta forma, sua aptidão física é aumentada suavemente e estabilizada. Somente após 3 a 6 meses de caminhada regular poderia ser aumentado o seu volume de exercícios para 3 x por semana, posteriormente aumentar até para 4 unidades de caminahda por semana.

A duração da caminhada por treinamento será adaptada, vagarosamente, à sua aptidão física. Após aproximadamente 12 horas, a duração do período de caminhada deveria ser elevado para 45 minutos, após 6 meses para 60 minutos.

Se, após isso, sua caminahda lhe for insuficiente como forma de treinamento, poderá variar o terreno ou fazer uso de pequenos pesos livres (*heavy-hands*) ou até começar a correr ou andar de bicicleta. No entanto, observe sempre quaisquer sintomas de sobrecarga.

Através de uma estruturação lenta, mas constante, a capacidade alcançada ficará estabilizada por muito mais tempo, ao invés de uma alta capacidade produzida em pouco tempo. Evidentemente, o nosso corpo percebe como agimos com ele. Ele agradecerá o aumento capacitacional de forma suave e cuidadosa.

3.5 Sinopse Sobre a Mensuração da Freqüência Cardíaca

H.D. Kempf

Assunto: Mensuração da Freqüência Cardíaca	Método: Resumo durante a aula	Duração: aproximadamente 30 minutos

Tempo	Conteúdo	Objetivo	Organização/ Material
5´	Pergunta: Como você reconhece com qual intensidade seu coração bate?	Verificar	Participantes sentados em círculo/quadrado *Flipchart*
	Qual é a freqüência cardíaca normal (quantidade de batimentos cardíacos por minuto) em descanso, por exemplo, de manhã após levantar?	Verificar	Flipchart
	Aproximadamente, entre 60 e 80 batimentos/min	Freqüência cardíaca	
	De que forma pode-se determinar pelo pulso a freqüência cardíaca? ▪ Em cada contração, jorra sangue pelo sistema cardiocirculatório e ocorre uma onda de pressão	Justificar	No caso de cardiopatas, dependendo do caso, não são idênticos (pulso deficitário periférico)
5´	**Onde e como podem medir a freqüência cardíaca?**	Perguntar sobre os conhecimentos como medir freqüência cardíaca	
	Com os dedos sobre o pulso, a artéria ou o coração		
	Com um freqüencímetro		
	Com dedo indicador, mediano e anelar posicionar sobre a artéria abaixo do dedão (pulso radial)	Sentir a freqüência cardíaca	Demonstrar mensuração da freqüência cardíaca
	Medir a freqüência cardíaca colocando dedão sobre a artéria (pulso carotídeo), região inguinal (pulso inguinal)	Conhecer alternativas para mensuração da freqüência cardíaca no pulso.	Demonstrar mensuração da freqüência cardíaca
15´	**Em quanto se encontra sua freqüência cardíaca neste momento?**	Medir freqüência cardíaca. A exatidão da mensuração da frequência cardíaca deverá ser enfatizada.	Freqüencímetro à disposição
	Determinar símbolo de contagem (importante para medição rápida após sobrecarga)		
	Freqüência cardíaca 60 segundos		

	Contar freqüência cardíaca durante 15 segundos e multiplicar por 4 Contar freqüência cardíaca durante 10 segundos e multiplicar por 6 Efetuar comparação de diversas medições. Perguntar aos participantes seus valores de frequência cardíaca		
	Registrar contagem de freqüência cardíaca em cartão próprio	Conhecer cartão de freqüência cardíaca	Distribuir cartão de freqüência cardíaca
	Tarefa: Anotar diversas sobrecargas do cotidiano até a próxima sobrecarga.		
	Como se comporta a freqüência cardíaca em movimentação e relaxamento?	Perguntar alterações	Gráfico: comportamento da freqüência cardíaca
	Participantes andam sem sair do lugar (na sala)	Conhecer freqüência cardíaca de sobrecarga	Freqüencímetro à disposição
	Participantes andam mais rápido (na sala)	Aumentar freqüência cardíaca	
	Mensuração da freqüência cardíaca imediatamente após a sobrecarga	Freqüência cardíaca em sobrecarga elevada	Freqüencímetro à disposição
	Após 1 minuto, após 3 minutos	Freqüência cardíaca em recuperação	
	Participantes andam soltos pela sala e se sentam	Interação com grupo	
	O que significa freqüência cardíaca de treinamento?	Conhecer freqüência cardíaca de treinamento	
	Em quanto está a sua freqüência cardíaca de treinamento?		
5´	Resumo da mensuração da freqüência cardíaca Mensuração da freqüência cardíaca no pulso durante 10 (15) segundos e multiplicar por 6 (4) Freqüência cardíaca em repouso (de manhã na cama) Freqüência cardíaca diurna Freqüência cardíaca de treinamento (imediatamente após sobrecarga) Freqüência cardíaca em recuperação (3 minutos após final da sobrecarga)		

3.6 Sinopse Sobre Sobrecarga

H.D. Kempf

Assunto: Quem pára, enferruja!	Treinamento: Importante é a sobrecarga certa!	Método: Método de Seminário	Duração: aproximadamente 40 a 60 minutos

Tempo	Conteúdo	Objetivo	Organização/Material
30"	Citação do Prof. Hollmann: "Não há nenhum medicamento ou medida que possua um efeito comparativo ao treinamento físico. Caso existisse um medicamento com tais benefícios e quase sem efeitos colaterais, todo médico seria compelido a emitir uma receita desta medicação"	Introdução ao assunto	
5´	**Pergunta: Qual a recompensa por se movimentar regularmente?** Colecionar respostas, por exemplo, *endurance* está melhorando", "agilidade está aumentando", "força para a alma", "bem-estar está melhorando", "redução das dores", "satisfação", "sobrecarga aumentada", "mais capacidade" Participantes afixam seu cartãozinho no quadro de aviso	Coleção de efeitos positivos	Cada participante recebe três cartõezinhos (caso não exista quadro de aviso utilizar *flipchart* ou colocar sobre o piso da sala)
5´	Selecionar os cartões, por exemplo, sob pontos de vista fisiológicos, psicológicos e sociais	Elaborar resumo	
3´	Pausa de movimentação "passeio de carro"		
	Trazer o carro até aqui (imitar dirigir), está começando a chover (imitar limpador de pára-brisa, depois imitar limpador de pára-brisa traseiro), na frente de repente pisca (braços para frente, estender dedos – fechar mão), pisca de alarme ligado (manter braços em forma de U, girar antebraço), sair do carro e olhar para esquerda e direita (alongamento de adutores) etc.	Movimentar participantes	Posicionamento em círculos

30"	Citação de um conhecido médico (Kindermann): "Treinamento de *endurance* ocasiona economia de oxigênio, reduz a pressão arterial, estabiliza o frequência cardíaca, estimula o metabolismo e impede a formação de coágulos e, utilizando-o de forma correta, não possui quaisquer efeitos colaterais" **Qual medicamento possui efeito similar e está isento de efeitos colaterais?**	Repetir o significado do movimento	Folha de *flipchart* já devidamente preparada (transparência)
10´	Para que movimentos (treinamento) possuam estes efeitos, deverão ser observadas algumas condições básicas (princípios) **De quais você se lembra?** Colecionar princípios e escrevê-los em *flipchart* ou cartõezinhos	Elaboração de princípios de treinamento	Canetas para *flipchart*
5 a 8´	**Princípio da sobrecarga e capacidade de carga** Corpo se adapta ao respectivo grau de atividade (princípio da adaptação biológica): Citação: "A forma determina a função, a função constitui a forma" (Roux, 1895) Carga muito fraca – sem efeito, com o tempo redução da capacidade de carga Carga fácil – motivação Carga de média a forte – adaptação física (aumento da disposição funcional) Carga muito forte – treinamento excessivo, causa de danos, redução da capacidade de cargas Conhece para tanto alguns exemplos? Qual o grau de intensidade da motivação (carga), a fim de produzir algo bom para seu corpo? Favorável é uma intensidade de motivação de leve a média	Conexão sobrecarga e capacidade de carga, forma e função Conexão intensidade de motivação e adaptação Determinação da carga para a atividade física relacionada	Transparência/quadro Cartõezinhos
8 a 10´	**Princípio do direcionamento de carga** **De que forma você pode direcionar sua carga?** Direcionamento de carga através da frequência cardíaca que não pode ser ultrapassada Respiração: ainda está igual (sem respiração forçada) Estado subjetivo: se você se sentir bem, a carga está sendo considerada como um pouco cansativa até muito cansativa e, durante a caminhada, ainda deverá ser capaz de conversar Uma outra regra:	Possibilidades do direcionamento de carga	Transparência/quadro/*flipchart*

	Para o treinamento ocorrem 3 estágios: Ofegar: somente ofegando de forma forçada treina-se o coração Transpirar: treinar por tanto tempo até ocorrer à transpiração Diversão: atividades físicas deverão ocasionar diversão Se a carga é muito elevada, o corpo envia sinais que deverão ser considerados Quais sinais de sobrecarga você conhece? Coleção das respostas Pouco, às vezes, é muito – o *slogan "no pain no gain"*, já está muito ultrapassado Começar cuidadosamente – aumentando devagar	Resumir sinais de sobrecarga	Cartõezinhos/ *flipchart*
3´	Pausa de movimentação Alongar-se, "morto-vivo" (levantar e sentar), teste de coordenação (parar em uma perna), boxear (dançando em um só ponto), tapas nas costas (um atrás do outro em pé dando tapas nas costas)	Ativação, diversão	
3´	Princípio – Continuidade Com pequenos passos o objetivo torna-se cada vez mais fácil Após algumas semanas já detectamos progressos, que são melhores em capacidade maiores Ganhar e perder Nunca comece de terminar; nunca pare de começar Melhor seria o treinamento aeróbio semanal de 3x30 minutos, bem como 3x20 minutos de treinamento de força nos principais grupos musculares	Resumo do princípio da continuidade – o princípio mais relevante para uma atividade relacionada à saúde	*Flipchart* / quadro
3´	Princípio variedade Continuidade advém dos componentes *endurance*, coordenação, agilidade e força Treinamento rico em variedade	Resumo do princípio variedade	
3´	Princípio atividade própria "Pedras que rolam não criam limo", conforme recomendações acima, um treinamento em casa é importante Sem ambição e capacidade forçada, não pressionar Observar como se sente	Apresentar princípio da atividade	
3´	Resumo		
8´	Relaxamento com música	Princípio sobrecarga e recuperação	Música, toca-fitas

3.7 Sinopse Sobre Calçado e Roupa

H.D. Kempf

Assunto: Sem calçado adequado não anda nada!	Método: Método Resumido	Duração: Aproximadamente 20 minutos	
Tempo	**Conteúdo**	**Objetivo**	**Organização / Material**
5´	Os participantes trazem roupa esportiva (vestimenta e calçado) para as diversas estações do ano	Coleção de roupa adequada	Antes da aula distribuir tarefas
7´	Como deve ser a roupa esportiva? Deve ser em primeiro lugar prática e funcional O que isso significa para a roupa? Tecido moderno é agradável e a pele respira, o suor é transportado para fora, chuva e vento no entanto, não passam para dentro O que isso significa para os calçados esportivos? Amortecem, suportam e transportam São suficientemente grandes (liberdade dos dedos) e leves Fornecem segurança, possuem solado firme anatômico e ajustado, sola intermediária amortecedora e sola para corrida perfilada Material superior: firme, seguro, respira, permite passagem do suor, firme contra rasgos	Coleção das características principais da roupa esportiva	*Flipchart* / quadro Distribuir folhas informativas e prospectos
4´	Vestir a roupa – quais itens podem ser observados? Favorável é o uso de diversas camadas (por exemplo em tempo frio e chuvoso) Primeiramente, tecido leve vestindo diretamente sobre a pele Depois uma camada mais quente (como para depois da ginástica para alongamento e relaxamento) Por último, protetor contra vento e chuva Em caso de frio eventualmente, também serão necessárias para as pernas duas camadas, respectivamente luvas e gorro Em caso de treinamento quando escuro, utilizar materiais refletivos para facilitar reconhecimento dos outros participantes	Explanar princípio da cebola	*Flipchart*/quadro
4´	Onde e como compro roupa esportiva? Lojas especializadas são a melhor opção Não se apressar quando comprar Roupa esportiva recomendável tem seu determinado preço sem que para isso tenha que ser excessivamente cara. Mas, não economizar no calçado		*Flipchart*/quadro

3.8 Sinopse Sobre Relaxamento e Gerenciamento do Estresse

H.D.Kempf

Assunto: Relaxamento e Gerenciamento do Estresse	Método: Método Resumido	Duração: Aproximadamente 30 minutos

Tempo	Conteúdo	Objetivo	Organização/Material
2´	Quais métodos de relaxamento você conhece, e, respectivamente, utiliza?	Coletar métodos de relaxamento	Colecionar respostas no *flipchart*
3´	De que forma podem ser selecionados os métodos? Exemplo: psíquico-físico, ativo-passivo	Organizar métodos de relaxamento	
10"	Quem utiliza relaxamento regular para regeneração? Por que você faz relaxamento? Quais são os efeitos sobre os procedimentos de relaxamento? Quantos participantes utilizam relaxamento?	Registrar os efeitos sobre os participantes	Colecionar respostas no *flipchart*
	Resumir os efeitos dos procedimentos dos relaxamentos Efeito orgânico-psicológico,por exemplo, redução da tensão muscular, redução da freqüência cardíaca e da pressão arterial, regulagem da respiração, dilatação dos vasos Efeitos psíquicos e emocionais, por exemplo, descontração física e psíquica, bem-estar e equilíbrio, direcionamento da atenção, sensibilização dos processos do corpo, percepção dos variados estados de tensão	Significância do relaxamento para cardiopatas	Transparência/cartõezinhos
4´	Quando você utiliza processos de relaxamento? Quando é viável utilizá-los?	Eliminar situações de estresse	Colecionar respostas no *flipchart*
7´	Situações de estresse são imprescindíveis ou propícias?	Explanar o princípio biológico de relaxamento como jogo	
	Você conhece exemplos de tensão e relaxamento? Quando estas sobrecargas se tornam prejudiciais? Cargas muito longas ou muito altas	Denominar alguns exemplos	Colecionar respostas no *flipchart*
	De que forma isso (pode) nos atinge(ir) Sintomas típicos do estresse Físico: insônia, cansaço fácil, tensão, dores articulares, dores de cabeça constantes Psicológico: dificuldades de concentração e tomadas de decisão Espiritual: falta de vontade, dúvidas sobre si Social: irritabilidade, sensibilidade perante crítica, impaciência, consumo elevado de tabacos e bebidas	Limitações e distúrbios de estado	

Assunto: Relaxamento e Gerenciamento do Estresse	Método: Método Resumido	Duração: Aproximadamente 30 minutos

Tempo	Conteúdo	Objetivo	Organização/ Material
4´	**"Mude a situação ou o seu posicionamento". Sobrecargas (negativas) advêm sempre da mesma situação? O reconhecimento da causa do estresse é o primeiro passo para sua eliminação**	Administrar sobrecargas reincidentes	
	"Não são os fatos em si que nos inquietam, mas a suposição das coisas". As preocupações e os medos podem ser encobertos com uma assim denominada estratégia anti-estresse. A seguir alguns exemplos: ▪ Fazer pausas ▪ Planejar as atividades diárias e à noite fazer um resumo ▪ Movimentação física (esporte) ▪ Relaxamento ▪ Ser realista ▪ Manter contatos (comunicação)	Estratégias anti-estresse	

3.9 Apresentação ao Tema: o Sistema Circulatório

J. Bauersachs

Organização/material: apresentação da base de quadros demonstrativos/transparências, respectivamente, cópias de figuras, as quais serão distribuídas entre os participantes, por exemplo, Silbernagel – Atlas da Fisiologia, Atlas da Fisiopatologia. Os participantes deverão ser incentivados a interromper com perguntas, o que produzirá repetição e, conseqüentemente, aprofundamento da matéria, respectivamente, é extremamente importante para a compreensão.

A tarefa do sistema circulatório consiste em transportar elementos nutritivos e oxigênio para os órgãos e transferir os produtos do metabolismo. A eles, pertence o coração como bomba para o sangue (ITEM 3.10 – Coração) e os vasos sanguíneos advindos da veia principal para passar por veias cada vez menores ramificando-se para todos os órgãos do corpo.

O sistema circulatório consiste da circulação pulmonar, na qual o sangue é enriquecido com oxigênio, e da circulação sistêmica.

Grande circulação

Sob alta pressão, é bombeado sangue rico em oxigênio da câmara esquerda até os vasos sanguíneos, atingindo, então, as artérias e suas ramificações até os minúsculos capilares de todos os órgãos (por exemplo, cérebro, coração em si, intestinos e musculatura). Aqui, o sangue deposita oxigênio e nutrientes e retorna através do sistema venoso até o lado direito do coração.

Pequena circulação

Da câmara direita do coração o sangue empobrecido de oxigênio alcança, sob baixa pressão, as artérias pulmonares até o pulmão, onde é enriquecido de oxigênio pela respiração; através das veias pulmonares o sangue jorra à câmara do coração esquerdo. A aferição da pressão arterial na circulação pulmonar somente é possível através de cateterismo cardíaco.

Pressão arterial

Valores normais de pressão são medidos em posição de repouso mediante medidor de pressão no braço esfigmomanômetro. Importante é uma medição múltipla após repouso suficiente, a fim de eliminar a possibilidade de valores errôneos ou altos.

Na sístole do ciclo cardíaco, a câmara esquerda bombeia o sangue até as artérias. O primeiro valor *sistólico de pressão* medido é maior que o diastólico que é medido quando o coração relaxa, e somente o fechamento da câmara impede o refluxo. A pressão arterial sistólica é considerada normal abaixo de 120mmHg e a pressão arterial diastólica é considerada normal com valores abaixo de 80mmHg.

Enquanto uma pessoa saudável, sem quaisquer outros fatores de risco (ITEM 3.11 – Fatores de Risco de Doenças Cardiovasculares) com a pressão arterial elevada, a tentativa de redução pode ser alcançada mediante modificação do modo de vida (atividade física, dieta etc.), no cardiopata uma pressão arterial elevada em sua maioria precisa ser tratada sempre com medicamentos. Para tanto, em muitos casos, é necessário um tratamento combinado com diversos medicamentos redutores de pressão. A pressão em repouso não pode ser superior a 140/90mmHg. Em pacientes diabéticos e/ou doentes renais, este valor deveria estar alocado abaixo de 130/85mmHg.

Regulagem da fluxo sanguíneo

Uma tarefa decisiva do sistema circulatório é a regulagem do fluxo sanguíneo nos diversos órgãos e a adaptação às respectivas necessidades. Por exemplo, o encéfalo mesmo com tarefas pensativas difíceis ou sobrecargas físicas se mantém no seu total inalterado. O fluxo da musculatura em uma atividade física pesada pode aumentar em cinco vezes.

Repouso – sobrecarga

Em repouso, o coração bombeia em torno de 5 litros de sangue/min. Aqui, com cada batimento cardíaco, são lançados aproximadamente 70ml de sangue, multiplicado pelos batimentos cardíacos de aproximadamente 70/min resultam de 5l/min. Em caso de sobrecarga, eleva-se de um lado a força de bombeamento do coração, de forma que, por batimento, seja lançado mais sangue. Ao mesmo, tempo também se eleva a freqüência cardíaca (batimentos cardíacos por minuto), de forma que, em caso de sobrecarga máxima, podem ser transportados até 25 litros de sangue/minuto. Mecanismos de regulagem extremamente complicados cuidam para que o sangue seja distribuído "corretamente" ou seja, o fluxo será aumentado onde necessário.

No cardiopata, a resistência à carga é limitada devido a um enfraquecimento do músculo cardíaco (por exemplo, após um infarto devido a transformação de parte do tecido cardíaco lesionado. Outrossim, no cardiopata crônico devido a um estreitamento dos vasos coronários pode conduzir a uma limitação do fluxo sanguíneo, de forma que o músculo cardíaco seja alimentado de forma reduzida com oxigênio não podendo mais se contrair fortemente.

Treinamento físico

Treinamento além dos efeitos da musculatura conhecidos paralelamente levam a uma maior elasticidade dos vasos e a um aumento do fluxo sanguíneo através de grandes e pequenos vasos. Isso leva a uma melhora do fluxo sanguíneo na musculatura e também no coração.

3.10 Seminário Relativo ao Assunto "O Coração – Função Normal e Principais Doenças"

J. Bauersachs

Organização/material: seminário interativo, com modelo de um coração, quadros ou reproduções de livro, por exemplo Silbernagl: Atlas da Fisiologia, Atlas da Fisiopatologia.

O coração é um músculo oco altamente especializado. Ele se compõe de um coração direito, que recebe o sangue do corpo pela ante-câmara direita e, através desta câmara direita bombeia o sangue ao circuito pulmonar. No pulmão, o sangue é enriquecido com oxigênio. Do pulmão, o então sangue enriquecido é transportado até o coração esquerdo, sendo então bombeado à circulação sistêmica. Visto que os corações direito e esquerdo são acionados paralelamente, os dois bombeiam a mesma quantidade de sangue (em repouso 5l/min).

A freqüência cardíaca principia já no ventre materno e bate ininterruptamente até a morte. *Organização/material*: à base de um ou mais modelos de coração, especialmente um que possa ser aberto, o qual os participantes do programa de reabilitação cardíaca podem pegar na mão, é exemplificada a estrutura anatômica do coração.

Ciclo cardíaco

O denominado ciclo cardíaco compõe-se sempre das mesmas decorrências, sendo o relaxamento das câmaras cardíacas com ejeção de sangue, desde as antecâmaras às câmaras do coração (diástole) e conseqüente tensionamento e contração das câmaras cardíacas com saída de sangue às artérias pulmonares da veia principal (aorta) na sístole. Válvulas cardíacas entre antecâmaras e câmaras cardíacas (válvulas mitral e tricúspide), bem como entre câmaras cardíacas e artérias (aorta, válvula pulmonar) providenciam, tal qual uma válvula de uma bomba, que o fluxo sanguíneo seja encaminhado à direção correta. Válvulas sem vedação providenciam o refluxo do sangue e, se em válvulas houver estreitamento, o fluxo fica impedido. Nos dois casos, isso pode conduzir a uma capacidade reduzida do coração e a um enfraquecimento do coração.

Organização/material: com base em um modelo, é esclarecido aos participantes como o sangue jorra através do coração, como é o formato das válvulas cardíacas e onde ocorrem o fluxo e o refluxo do sangue. Um dos participantes deveria repetir a base do modelo para todos os demais.

Auto-abastecimento do coração

O auto-abastecimento do coração ocorre através das artérias coronárias, as quais imediatamente após a válvula da aorta, que separa a câmara cardíaca da jugular do lado esquerdo, advém da aorta. A artéria coronária esquerda (denominada tronco principal) separa-se logo após a ramificação da aorta em dois grandes ramos (artéria circunflexa e ramos interventriculares anterior), os quais abastecem a maior parte da câmara cardíaca esquerda. A terceira grande válvula é a artéria coronária direita, que abastece principalmente a válvula cardíaca direita com sangue. *Organização/material*: no modelo, os próprios participantes deveriam detectar os vasos sangüíneos e reconhecer a origem das artérias coronárias na aorta.

Falta de circulação sanguínea/ doença cardíaca coronária

As causas de falta de irrigação sanguínea do coração originam-se do estreitamento dos vasos sanguíneos causado pelo depósito de cálcio e gorduras (doença coronária). Somente quando mais de ¾ da área de corte transversal do vaso sangüíneo forem obstruídos ocorrem os sintomas. Inicialmente, as reclamações ocorrem somente em caso de esforço, visto que, em repouso, a irrigação ainda pode ser mantida. Em caso de esforço, devido ao ponto de estreitamento, impede a alimentação do miocárdio que trabalha mais intensamente o que exige um aumento da irrigação. Portanto, se o músculo cardíaco não for irrigado suficientemente, ocorre a falta de oxigênio, a qual desencadeia as dores (angina do peito). No caso de fechamento agudo de um vaso sangüíneo (a maioria) ocorre o infarto com dores maciças e duradoras no peito. É imprescindível o imediato tratamento no hospital. Se dentro de (abaixo de) seis horas após início das dores o vaso fechado se abrir com a medicação ou distensão balonar, angioplastia, via catéter cardía-

Nota dos revisores: para o autor, os átrios são denominados de auticâmaras e os ventrículos de câmaras.

co, as condições de sobrevivência são visivelmente melhoradas. Adicionalmente, fica mais raro o desenvolvimento da insuficiência cardíaca.

Organização/material: com base em quadros/figuras, os participantes reconhecem o ponto de estreitamento de um vaso coronário. Muito importante também é a composição das placas de ateroma, os quais se compõem principalmente de gorduras. Rompimento de uma placa com depósito de plaquetas sanguíneas (reduzidas com uso de aspirina) e fechamento do vaso em caso de infarto.

Eventualmente, interromper neste ponto e continuar na próxima aula.

Ritmo cardíaco/ Eletrocardiograma (ECG)

Batimentos cardíacos regulares em repouso 60 a 80 x por minuto (ritmo sinusal), em caso de sobrecarga a freqüência cardíaca é elevada. Normalmente, o estímulo elétrico do coração advém de um assim denominado nó sinusal na área da antecâmara direita do coração e é transportado através de um sistema de condução especial às duas câmaras cardíacas. O estímulo elétrico das antecâmaras do coração e válvulas cardíacas pode ser observado através da superfície da pele à base de um eletrocardiograma ECG. Muitas doenças cardiovasculares apresentam alterações características do ECG, de forma que esse simples método possui grande significância para a diagnóstico de uma possível doença cardiovascular.

Organização/material: explanação breve do ritmo normal à base de um ECG normal e patológico, por exemplo, um ECG de infarto.

Distúrbios do ritmo cardíaco

No caso de irregularidades cardíacas, deveria sempre ser executado um ECG, eventualmente, também um ECG de longo período. Em muitos casos, trata-se de batimentos adicionais, normais e sem valores de doenças.

Se o nó sinusal estiver doente ou a transmissão dos estímulos para as válvulas cardíacas sofrerem distúrbios, podem ocorrer arritmias. Aqui podem ocorrer tontura, insuficiência cardíaca e, algumas vezes, até desmaios. Na maioria dos casos, o tratamento necessita da implantação de um marca-passo.

Uma freqüente arritmia em pessoas idosas é a taquicardia da antecâmara, quando não há mais um ritmo sinusal regular, mas uma total desregulação dos batimentos cardíacos que, em muitos casos, são mais rápidos que o normal. Visto que nestas arritimias as antecâmaras cardíacas não mais se contraem.

Organização/material: mensuração da freqüência cardíaca, quem tem freqüência cardíaca regular, respectivamente, irregular, quem tem a freqüência cardíaca mais rápido, mais lento (na terapia com betabloqueador, a freqüência cardíaca abaixo de 60/min pode ser considerada normal).

Principalmente no caso de pacientes após infarto e/ou insuficiência cardíaca, podem ocorrer arritmias malignas, parcialmente com risco de vida (taquicardia, fibrilação, parada cardíaca), que tem sua origem muitas vezes do tecido de cicatriz do infarto. Em casos de infartos recentes isso é muito freqüente, por isso a necessidade de observação na unidade intensiva. Em parte, esses pacientes são tratados com medicamentos, em parte, também ocorre a necessidade de implantação de um desfilibrador interno.

Parada cardíaca

A causa da parada cardíaca, em geral, é a interferência rítmica (fibrilação). Na parada cardíaca, não há mais bombeamento sanguíneo. Desta forma, ocorre a parada circulatória e falta de oxigenação dos órgãos. Após dois minutos ocorrem danos irreversíveis ao encéfalo, que reage mais sensitivamente à falta de oxigênio. Absolutamente importante é o reconhecimento imediato (desmaios, determinar frequência cardíaca) e iniciar imediatamente medidas de reanimação (reanimação respiratória, massagem cardíaca).

Organização/material: eventualmente repetição da técnica de reanimação ou indicação sobre um exercício correspondente no início de uma outra aula.

Insuficiência cardíaca

Na insuficiência cardíaca, a capacidade de bombeamento do coração é muito reduzida para produzir uma irrigação e alimentação de oxigênio aos tecidos.

A causa mais freqüente para uma insuficiência cardíaca é a doença cardíaca crônica com ocorrências de um ou mais infartos. Também o enfraquecimento das válvulas cardíacas e uma pressão alta de muitos anos podem levar à insuficiência cardíaca.

Os sintomas mais relevantes da insuficiência cardíaca são: falta de ar e/ou edema na perna. Muitas vezes, a falta de ar ocorre somente mediante esforço, enquanto a capacidade de bombeamento do coração em repouso ainda é suficiente. Pacientes com insuficiência cardíaca correm riscos com distúrbios do ritmo cardíaco, que podem ocasionar riscos à vida. O *perigo* dessa doença é subvalorizado, mas um grande enfraquecimento cardíaco está associado a uma sobrevida mais curta do que muitos cânceres.

É imprescindível para doentes com insuficiência cardíaca tomar regularmente medicação que podem prolongar sensivelmente a sobrevida e reduzir, em muitos casos de forma permanente, os sintomas. Cada paciente com insuficiência cardíaca grave deveria, continuamente, estar sob controle de médico.

Uma substituição duradoura para um coração doente em caso de extrema insuficiência cardíaca seria o transplante de coração. Sistemas artificiais substitutivos ao coração somente são apropriados como implante temporário antes de um transplante de coração.

3.11 Carta informativa: Fatores de Risco para Doença Arterial Coronariana

H. V. Frankenberg

Amor ....

A epidemiologia está ocupada com doenças largamente expandidas, que ocorrem com freqüência.

Analisam o caminho onde a doença se origina, desenvolve-se e termina. Ocupa-se com o andamento de um determinado grupo populacional, e não com o andamento de doenças de pessoas individualmente. O interesse aqui é a epidemiologia das doenças coronárias, respectivamente do infarto. No âmbito de estudos epidemiológicos são identificadas pessoas que apresentam um alto risco da doença, e que venham a fazer dessas pessoas doentes de risco.

Um grupo de médicos da pequena cidade de Framingham nos E.U.A. merece reconhecimentos históricos por terem iniciado pesquisas, desde 1949, para um estudo destinado especialmente à epidemiologia do infarto do miocárdio: *o Estudo Framingham.* No âmbito desse estudo, foi desenvolvido o conceito dos fatores de risco.

Fatores de risco para doença arterial coronariana

Fatores de risco para o infarto do miocárdio são fatores pré-existentes, cujos riscos elevados possivelmente levarão a um infarto do miocárdio.

Classificação dos fatores de risco

1. Fatores de risco não modificáveis:
- Idade
- Sexo
- Hereditariedade

2. Fatores de risco que demonstram doenças e significam elevadas possibilidades do surgimento de um infarto do coração:

- Pressão arterial elevada
- Dislipidemia
- Diabetes
- Obesidade

3. Fatores de risco marcados pelo nosso modo de vida. Nesses, a redução dos fatores de risco com certeza estão alocados nas mãos dos pacientes. Principalmente, na influência dos fatores de risco deste grupo, tanto o médico como o terapeuta têm importante serviço de convencimento a fazer:

- Ingestão alimentar excessiva e inadequada
- Inalação de fumaça de tabaco
- Sedentarismo
- Estresse

Comentários relativos aos fatores individuais de risco:

Idade: quanto mais o ser humano envelhece, tanto maior é o seu risco de sofrer um infarto do miocárdio.

Gênero: homens possuem um maior grau de risco de infarto do que as mulheres. Porém, após a menopausa também aumenta o risco de infartos para mulheres. Ao alcançarem os 70 anos, ambos os gêneros se equiparam na freqüência de infartos. No entanto, foi detectado, desde algum tempo, que a freqüência de infartos em mulheres mais jovens tem aumentado sensivelmente. Pressupõe-se que a co-responsabilidade esteja alocada no tabagismo que, em comparação aos anos anteriores, aumentou de forma relevante. Outrossim, acredita-se que o uso do anticoncepcional também pode representar um papel de risco.

Hereditariedade: se um dos pais sofreu infarto prematuro, isso gera um fator de risco maior para os filhos, podendo esses virem a sofrer também infarto prematuro. Por prematuro ou antes do tempo, entende-se o surgimento antes de completar 30 anos.

É óbvio que contra os acima citados fatores de risco, como idade, gênero e hereditariedade, nada pode ser feito diretamente. Mesmo assim, é importante que esteja informado sobre esses fatores de risco, a fim de que se possa influenciar a redução dos fatores, mediante a classificação dos fatores do grupo 2 ou 3 já for considerado visivelmente de risco.

Pressão arterial elevada: A pressão alta, de todos os fatores de risco, com certeza possui a maior significância.

Se compararmos, por exemplo, um grupo de pessoas com pressão sistólica acima de 160mmHg com um grupo cuja pressão sistólica está abaixo de 120mmHg, ocorrem no grupo com pressão alta 2 ½ até 3 vezes mais infartos do que no grupo com pressão baixa. O risco de infarto aumenta com o aumento dos valores de pressão, e diminui com valores de pressão baixos. Portanto, é de importância relevante que a pressão alta seja detectada, tratada e reduzida.

Diabetes: é de conhecimento que, no caso de diabetes, os vasos sangüíneos, principalmente os pequenos vasos periféricos, mas também os do miocárdio (vasos coronários), sofrem estreitamento como causa do surgimento de infarto. Através de dieta, otimização do peso e eventuais medicamentos, geralmente os valores diabéticos podem ser ajustados em seus valores, em que modificações dos vasos sangüíneos podem respectivamente ser reduzidos.

Distúrbios lipoprotéicos: há muitos anos, é conhecido que o aumento do colesterol e/ou de triglicérides no sangue representam um elevado risco de infarto. Ante as bases de muitos estudos epidemiológicos, podemos pressupor hoje que, mediante uma dieta e medicação adequada, podemos causar uma redução eficaz das gorduras do sangue com uma simultânea redução de infarto. No caso de gorduras no sangue, é válido tanto como no caso da pressão alta; quanto mais altos os valores de gordura sangüínea, tanto maiores os riscos de infarto e vice-versa.

Obesidade: uma obesidade existe se a parte da massa de gordura corporal em homens ultrapassa 20% e nas mulheres 25 a 30%. O peso efetivo, segundo Brocca (peso efetivo em kg = altura em cm = 100), a redução dos valores assim encontrados em mulheres em torno de 15% e em homens em torno de 10% na atualidade é substituído pelo Índice de Massa Corporal (IMC).

Índice de Massa Corporal (kg/m^2) = Peso em kg/altura em m^2
Peso Eutrófico = IMC 20 – 25
Sobrepeso = IMC 25 – 30
Obesidade = IMC > 30

Deverá chamar atenção o fato de que sobrepeso e obesidade, após inúmeros exames, não representam o surgimento de um infarto do miocárdio. No entanto, pessoas com elevado sobrepeso que sofreram infarto têm maior possibilidade de morrer de infarto do que pessoas com peso normal ou ideal. Com a conseqüente redução de peso, também se reduz este risco. Do ponto de vista da saúde, não é necessário objetivar o alcance do peso ideal. Pode ser determinado que o aumento de risco de morte só é comprovável quando forem ultrapassados mais de 20% do peso normal. A obesidade é muito relevante no âmbito da medicina se detectados em conjunto com outros fatores de risco. Conseqüentemente sofrem:

- 90% dos pacientes de diabetes;
- 80% dos pacientes com distúrbios lipoprotéicos;
- 70% dos pacientes de gota; e
- 50% dos pacientes com pressão alta e ao mesmo tempo de sobrepeso.

Sedentarismo: Hoje podemos assegurar que tanto as pessoas fisicamente inativas como as ativas sofrem igual risco de infarto. Os ativos, entretanto, possuem maior chance de sobrevida.

Um treinamento devidamente estruturado e constante reduz o perigo de morrer após um infarto; as complicações de risco que surgem junto com um infarto ou como seqüência dele; e aumenta sensivelmente o bem-estar e a alegria de viver.

Ingestão alimentar excessiva: na Alemanha, aproximadamente 30% a 40% da população total sofre de sobrepeso, o qual, primeiramente advém da alimentação.

Se o organismo recebe mais calorias do que gasta, o corpo armazena as energias suplementares em forma de gordura. Através da ingestão alimentar excessiva, não só aumenta o peso corporal com o aumento do peso, como acontecem também distúrbios do metabolismo da glicose e dos lipídios, gordura e ácido úrico. A experiência nos mostra que pessoas obesas possuem, em geral, uma pressão arterial visivelmente mais alta do que pessoas com peso normal ou ideal.

Alimentação inadequada: o ser humano, mesmo ingerindo uma quantidade de calorias adequadas, pode estar se alimentando de forma errada, já que ele absorve elementos danosos e de difícil eliminação em quantidade extremamente altas. Um tipo de alimentação balanceada como a cozinha mediterrânea evita que ocorra aumento de triglicérides e outras substâncias nocivas à saúde.

Inalação de fumaça de tabaco: hoje em dia não existe mais nenhuma dúvida que pessoas fumantes ou que inalem regularmente grandes quantidades fumaça do tabaco possuem uma esperança de vida reduzida em relação aos não-fumantes adoecem com mais freqüência, e as chances de infarto e outras doenças são mais freqüentes. Após deixar o tabagismo, o risco de infarto a curto prazo se reduz até o nível de risco da população de não-fumantes. Com o crescente consumo de tabaco aumenta também a faixa de risco.

A causa, por um lado, é a elevada concentração de monóxido de carbono (CO) no sangue. Portanto, a concentração de oxigênio no sangue de um fumante inveterado é até 10% inferior à de um não-fumante. Havendo estreitamento dos vasos sanguíneos, em determinadas situações poderá ocorrer a falta de oxigênio no miocárdio, ou seja, conduzir a um ataque de angina peitoral. Por outro lado, a nicotina produz determinados hormônios neutralizantes em número elevado, que, por sua vez, necessitam de maior quantidade de oxigênio, o que poderá, igualmente, conduzir à redução de oxigenação. O monóxido de carbono é especificamente um veneno para os vasos, danificando a camada interna, pré-dispondo, conseqüentemente, à calcificação dos mesmos.

Estresse: sob a denominação de estresse entende-se a reação do organismo a influências internas e externas, que podem ser de natureza física ou psíquica. Portanto, o estresse é uma reaçao vital do organismo.

Nas conversas cotidianas, utiliza-se o jargão estresse, não como acima descrito, mas como influências externa ou interna sobre o organismo do ser humano, antigamente denominadas como estressores, e hoje são chamados de estresse.

A incapacidade de lidar com estas influências externas de forma adequada faz que adoeçamos, já que, na maioria das vezes, faltam-nos condições de eliminar as tensões acumuladas.

O estresse é certamente o fator determinante mais difícil de mensurar. Entretanto, hoje não deveria existir mais nenhuma dúvida de que o estresse como é entendido, como influência decisiva no estado de saúde, é também fator de risco significativo. O infarto nem sempre é originado pela influência do estresse.

Quando o corpo encontra-se em repouso ou durante o sono, o infarto pode se originar, ou sob sobrecarga física extrema, mas acontece com menor freqüência. Muito mais freqüente é o infarto que ocorre após o término do estado de estresse e, principalmente após a fase de recuperação. Desta forma, após um dia crítico no trabalho (após os feriados de Natal ou o início das férias), é observada a maior incidência de infartos.

Sem dúvida, observa-se o surgimento de um infarto também no âmbito de profundos sofrimentos. Podemos comparar o estresse então com um catalisador que absorve todos os fatores de risco ocasionando, então, o infarto.

Combinação de diversos fatores de risco

Freqüentemente uma pessoa apresenta diversos fatores de risco simultaneamente. Este caso é especialmente difícil, já que a existência de diversos fatores de risco potencializa, nestas pessoas, o risco de adoecimento.

O risco é especialmente alto quando, por exemplo, surgirem fatores de risco associados: hipercolesterolemia e tabagismo em conjunto. O estudo de Framingham mostra que pessoas com dois desses fatores de risco tem dez vezes mais possibilidades de sofrerem infarto se comparados com os não-fumantes e com pessoas com valores de colesterol e pressão baixos.

A próxima carta informativa tratará do assunto.
Cordiais Saudações

TESTE: Assim Você Reconhece os Seus Riscos

Responda criteriosamente às questões abaixo.

Anote os pontos indicados e adicione no final os pontos individuais para obter uma soma total. A soma total lhe fornecerá as indicações sobre a forma de se classificar o seu fator de risco. O objetivo desta avaliação não é a de prever seu futuro, mas alertar sua consciência para o seu próprio risco quanto a doença arterial coronariana.

1. Doenças Cardíacas e Coronárias na Família

Houve em sua família, parentes de primeiro grau (pai, mãe, irmãos, filhos) com casos de infartos ou derrames?

- ☐ Antes dos 70 anos? Sim (2) Não (0)
- ☐ Antes dos 55 anos? Sim (3) Não (0)

2. Tabagismo

- ☐ Eu não fumo (0)
- ☐ Eu fumo menos de 20 cigarros por dia (3)
- ☐ Eu fumo mais de 20 cigarros por dia (4)

3. Peso

Peso normal para *homens*: altura em centímetros menos 100kg de peso (p.ex.: altura 170 cm: peso normal = 170 – 100 = 70 kg)

- ☐ O seu peso é normal ou está abaixo ? (0)
- ☐ Seu peso está entre 5 a 10kg acima do peso normal? (0,5)
- ☐ Seu peso está entre 11 a 20kg acima do peso normal? (1)
- ☐ Seu peso está 20kg acima do seu peso normal? (1,5)

Peso normal para *mulheres:* altura em centímetros acima de 100 menos 10% = kg (p.ex.: altura 160cm : peso normal 160 – 100 – 6 = 54kg)

- ☐ O seu peso é normal ou está abaixo ? (0)
- ☐ Seu peso está 5 a 10kg acima do peso normal? (0,5)
- ☐ Seu peso está 11 a 20kg acima do peso normal? (1)
- ☐ Seu peso está 20kg acima do seu peso normal? (1,5)

4. Você faz atividade física regularmente (ou seja, no mínimo 20 minutos sem pausa)?

- ☐ Sim, no mínimo uma vez por semana (-1)
- ☐ Sim, no mínimo uma vez por mês (0)
- ☐ Menos do que uma vez ao mês (1)

5. O que você conhece sobre valores de gordura = triglicérides (especialmente colesterol)?

- ☐ Nada consta (1)
- ☐ Fortemente elevado (acima de 280 mg/dl, respectivamente 7,2 mMol/l) (3)
- ☐ Levemente acima (200 – 280 mg/dl, respectivamente 5,2 – 7,2 mMol/l) (1,5)
- ☐ Normal (abaixo de 200 mg/dl, respectivamente 5,2 mMol/l) (0)

6. O que você sabe sobre sua pressão arterial?

- ☐ Nada consta (1)
- ☐ Valor (sistólico) superior 140 – 160mmHg (0,5)
- ☐ Valor (sistólico) superior, acima de 160mmHg (3)
- ☐ Valor inferior abaixo de 90mmHg (0)
- ☐ Valor inferior acima de 90mmHg (2)

7. Você tem diabetes elevada?

- ☐ Nada consta (1)
- ☐ Não (0)
- ☐ Sim, mas não uso medicação (3)
- ☐ Sim e uso medicação específica (4)
- ☐ Eu injeto insulina (4)

8. No exercício da profissão, você se encontra sob constante pressão ou estresse?

- ☐ Não (0)
- ☐ Ocasionalmente (0)
- ☐ Freqüentemente (1)
- ☐ Praticamente sempre (2)

9. **Ocasionalmente durante a sobrecarga física ou em estresse você sente mal-estar na área do peito, eventualmente com irradiação no pescoço ou braço?**

- ☐ Não (0)
- ☐ Durante sobrecarga física (5)
- ☐ Em estresse (3)
- ☐ Ocasionalmente leve mal-estar em repouso e após sobrecarga (2)

10. **Alguma vez sentiu sintomas tipo pressão no peito que durasse mais de 10 minutos?**

- ☐ Sim (5)
- ☐ Não (0)

11. **Você alguma vez foi tratado por infarto ou suspeita de infarto?**

- ☐ Sim (5)
- ☐ Não (5)

12. **Durante caminhadas ininterruptas você ocasionalmente teve câibras ou sensação de peso na barriga da perna ou coxas que forçava parar?**

- ☐ Sim (4)
- ☐ Não (0)

Soma dos pontos: ____________________

Avaliação:

Para cada resposta em que foi anotado um número, deverá ser anotado o número respectivo mais alto alcançado. Da soma, obtém-se a avaliação de risco.

0 – 2 pontos	Cumprimentos! Seu risco para uma doença cardiovascular está abaixo da média. Continue assim!
2 – 4 pontos	Seu risco é médio. Caso tenha influência de riscos, tente eliminá-los.
4 – 8 pontos	Seu risco está alto. Discuta com seu médico uma estratégia para redução de seus riscos e observe seu estilo de vida.
mais de 8 pontos	Seu risco está visivelmente alto. Converse urgentemente com seu médico, sobre a forma que pode ser reduzido o visível risco de infarto ou acidente vascular cerebral. Para você, um estilo de vida saudável é especialmente importante.

Quanto mais velho você for maior é seu risco – mesmo não havendo fatores de risco. Por isso, recomenda-se, principalmente a pessoas mais idosas, proceder o mais rápido possível à redução de quaisquer fatores que possam ser de risco.

("Schach dem Herzinfarkt – Cheque mate ao infarto", editado pela Deutschen Herzstiftung = Fundação do Coração da Alemanha).

3.12 Carta Informativa: Sexualidade

J. Bauersachs

Amor ....

Esta carta trata de um assunto muito importante para o cardiopata, o qual tanto na clínica como nos consultórios médicos raramente é abordado, trata-se da pergunta: quando e como podem ser realizadas atividades sexuais após um infarto ou uma cirurgia de revascularização ou cateterismo (PTCA)?

Na maioria dos programas de reabilitação, a assim denominada reabilitação sexual não é muito explorada. Apesar de nos EUA já haver indicações das instituições sobre este tema, na Alemanha a sexualidade em cardiopatas ainda é um tabu. Entre muitos pacientes e também para muitos médicos predomina a opinião de que, a princípio, a relação sexual é perigosa e pode desencadear infartos e alterações nos ritmos cardíacos. O risco com "atividade sexual normal", ou seja, com um parceiro conhecido e em ambiente conhecido, é muito restrito. Em contrapartida, aventuras sexuais estão associadas a mais estresse e têm maior risco.

A atividade sexual corresponde aproximadamente a uma atividade física de média intensidade e pode, conseqüentemente, ser classificada como segura. Como regra, pode valer que pacientes que se encontram em um treinamento em reabilitação cardíaca, ou seja, que alcançam uma carga de ECG de 75W podem executar atividades sexuais normais. Isso, porém, não significa que aqueles pacientes que não alcançam essa sobrecarga devam ficar sexualmente inativos.

Não pode ser fornecida uma recomendação sobre freqüência e período de atividade sexual após um evento cardíaco. Isso depende sobremaneira da atividade sexual praticada até o momento, mas também os sentimentos particulares de cada paciente e de seu parceiro. Em geral, as atividades sexuais poderão ser retomadas quando um paciente se sentir disposto, desde que pratique outras atividades como passeios e dirigir automóvel. Isso já ocorre poucos dias após angioplastia coronária transluminar percutânea (ACTP) e aproximadamente entre 7 a 10 dias após um infarto, ou uma cirurgia de revascularização.

Recomendações práticas

- É Importante, escolher o momento certo, sem estresse, com calma e relaxamento.
- Evidentemente um parceiro nunca deve pressionar o outro.
- Uma grande vantagem seria um parceiro íntimo, em um ambiente familiarizado, onde uma interrupção esteja excluída.
- Após uma refeição, recomenda-se esperar inicialmente de uma a três horas, a fim de que o processo digestivo esteja concluído.
- Se um dos parceiros não se sentir bem ou até sentir dores, isso deverá ser sinalizado ao outro parceiro e as atividades precisam ser interrompidas ou terminar completamente.
- Problemas iniciais com a retomada das atividades sexuais após um evento cardíaco são freqüentes e deveriam ser discutidos abertamente entre os parceiros; esses problemas são em geral passageiros.
- No caso de repetidas dificuldades e distúrbios sexuais, não deveriam hesitar em conversar com o médico responsável, pela reabilitação cardíaca.

Causas de distúrbios sexuais em cardiopatas

Insegurança e medo de sofrer novo ataque cardíaco; esses podem, principalmente na fase inicial após um infarto, serem os problemas que podem também atingir o parceiro sadio. Aqui, muitas vezes o problema é resolvido mediante uma conversa aberta com o médico; a conversa com outros atingidos também pode ajudar.

Distúrbios de ereção acontecem em homens com doenças cardiovasculares com muito mais freqüência do que na população normal, por exemplo, condicionado pela interferência da falta de irrigação sanguínea na área pelvica. Por essa razão, distúrbios que venham a se manter deveriam ser discutidos com o seu médico de confiança e, eventualmente, obter esclarecimentos junto a um médico especialista.

Distúrbios funcionais sexuais podem também ser causados por efeitos colaterais de medicamentos, como betabloqueadores ou diuréticos (medicamentos que liberam líquidos). A associação com o medicamento, supõe-se que seja provável quando ocorrer um período de substituição por medicamento novo e a interferência vir a ocorrer neste período; neste caso, uma troca de terapia poderá ser viável.

Viagra para tratamento de disfunção erétil no homem

A ingestão de Viagra é absolutamente **proibida** e muito perigosa para os homens, devido aos produtos denominados Preparados Nitro (comprimidos, adesivos ou *sprays*). Estes pacientes precisam escolher um outro método para tratamento dos distúrbios de ereção ou em conversa com seu médico esclarecer se, eventualmente, a ingestão desta medicação pode ser interrompida e eliminada. Após entendimentos com o médico, em princípio, a ingestão de Viagra também é possível para cardiopatas sem maiores riscos. Não podem, no entanto, ser ingeridos quaisquer tipos de Preparados Nitro, se após algumas horas após ingestão de Viagra ocorrer crise de Angina do Peito. Neste caso, precisa imediatamente ser solicitado um aconselhamento médico e, se a dor continuar, a imediata internação em uma clínica. É imprescindível que o médico ou o enfermeiro sejam informados sobre a ingestão do Viagra.

A próxima carta informativa lhes será enviada em ....

Com cordiais saudações.

3.13 Coletânea ao tema "cardiopata e atividade física"

R. Schwenke

Até os anos 60, pacientes de doenças cardiovasculares eram mantidos imobilizados por semanas. Nos anos 70, houve uma lenta troca de paradigmas no modo de pensar dos médicos. Nesta época, decidiu-se que o paciente deveria fazer atividade física mais cedo, sim, movimentava-se o paciente logo após um evento (infarto) primeiramente nas áreas isoladas das Clínicas de Reabilitação, posteriormente também em grupos ambulatoriais. Com o reconhecimento que uma atividade física mais cedo faria bem ao coração, que desta forma a *reserva coronária,* ou seja, a capacidade das artérias coronárias se adaptarem a condições alternadas e a capacidade do músculo cardíaco trabalhar, economizando oxigênio podem ser aumentadas. A atividade física para os cardiopatas cresceu para um movimento cujo objetivo, hoje, é oferecer reabilitação cardíaca em toda a área da Alemanha.

Quando atividades físicas são praticados por cardiopatas, objetivamente ocorrências intermediárias cardiológicas são relativamente raras, como comprova a experiência do Grupo de Trabalho de Karlsruhe com 23 grupos durante 25 anos, acontecimentos espetaculares, por exemplo a morte de Jim Fix, pai do movimento americano de *Jogging*, sempre são ocasionados por acompanhamento insuficiente dos médicos ou falta de conhecimento. A autópsia de Jim Fix após a morte repentina durante o esporte detectou que ele sofria de uma grave doença de vasos triplos, e imediatamente antes de sua morte tinha sofrido três infartos. Existe uma série de casos de óbitos em esportistas, nos quais a autópsia não apresentou nenhum índice específico sobre a *causa mortis*. Tais casos de morte sempre surgiam em caso de sobrecarga extrema (como em casos decorrida de longo percurso – 24 horas e similares).

No capítulo seguinte, trataremos do assunto para quais pacientes o esporte nas reabilitações cardíacas é recomendado.

3.13.1 Doença coronárias

Pacientes com doença coronária são aqueles em que a camada íntima da artéria sofreu acúmulo de depósitos de gordura, que estreitou o fluxo e, conseqüentemente, uma parte do músculo cardíaco não é mais irrigado suficientemente. Conforme a distensão e grau de gravidade do estreitamento, origina-se uma angina peitoral que surge em atividade física leve, média ou vigorosa ou até em posição de repouso. Quando ocorre o total fechamento, então, ocorre o infarto (falecimento das fibras do músculo cardíaco).

Possibilidades de tratamento de doenças cardiovasculares

Terapia comportamental: medidas de atividade física, psicológicas e específicas à alimentação adequadas têm por objetivo minimizar os fatores de riscos das doenças coronárias, como deixar de fumar, alimentação pobre em gordura, relaxamento e movimentos de *endurance* regulares (vide Ornish (4) Estudo Life-Style da Califórnia, que primeiramente comprovou que na intervenção intensiva de procedimentos terapêuticos uma calcificação coronária pode não só ser interrompida como pode retroceder).

Medicamentos: (vide acima Nitratos, betabloqueadores, Inibidores ECA, Inibidores AT2, antagonistas cálcio).

ACTP e, dado o caso, **Stent-angioplastia** por cateterização, o qual é introduzido nos vasos coronários e na estenose, de forma que depósitos nos vasos são pressionados à parede. A seguir, o volume dos vasos estará livre.

Cirurgia de Revascularização Coronária (Safena): evitar longas estenoses arteriais coronárias com vasos próprios (veias das pernas ou artérias sobre o esterno com ligação antes e depois do estreitamento). Os pacientes assim tratados podem ter sofrido infarto devido a esses acontecimentos agudos psicológicos e educativos. Ou eles têm "apenas" uma doença coronária com ataques repetidos de angina do peito como expressão da falta de oxigenação do coração. Existem também pacientes com esquemia (falta de irrigação das fibras musculares). Nesses, uma esquemia infelizmente não sinaliza os sintomas de uma angina do peito. Tais pacientes deveriam participar em reabilitação cardíaca somente com instruções muito estritas. Esses necessitam de observação médica rigorosa.

Cirurgia valvar cardíaca: um grupo especial é representado pelos pacientes operados de válvula cardíaca. Alterações valvares cardíacas, que impedem o fluxo de sangue, excluem antes da cirurgia quaisquer atividades físicas. Somente uma intervenção maior com substituição da válvula condiciona esses pacientes novamente. Essas válvulas são compostas de material sintético metal ou ainda de material animal. A supervisão desses pacientes requer atenção especial tanto do médico como do professor.

No entanto, seria desejável reunir estes pacientes em um grupo separado. Este objetivo, no entanto, não é alcançável, visto que a quantidade de participantes é muito limitada. Deverá ser observado que:

- Uma válvula cardíaca artificial, de forma alguma é comparável qualitativamente com uma válvula natural. Isso vale especialmente para sobrecargas físicas, sob as quais pode ocorrer um aumento relevante das radiações de pressão
- Devido a longa pré-existência da doença em muitos pacientes se adiciona à doença das válvulas uma limitação das funções do músculo cardíaco, ocasionada por inflamação ou aumento do músculo cardíaco
- Em muitos pacientes, ocorre adicionalmente uma doença coronária
- Inúmeros pacientes apresentam distúrbios rítmicos, especialmente taquicardia e fibrilação.
- Pacientes com válvulas mecânicas necessitam, durante toda sua vida, de tratamento com anti-coagulantes (vide abaixo)

Conseqüentemente, é imprescindível um contato estreito entre médico e professor na determinação do programa de treinamento para pacientes operados de válvulas cardíacas.

3.13.2 Insuficiência cardíaca

Também o tratamento da insuficiência cardíaca (trabalho muscular insuficiente) requer uma nova orientação.

Antigamente, a opção terapêutica previa repouso absoluto. Na atualidade, sabemos que principalmente através das pesquisas de Hambrecht e Schuler (2000) um treinamento cuidadosamente estruturado melhora os prognósticos da doença e a capacidade do coração.

3.13.3 Miocardite

Também a miocardite (inflamação do músculo cardíaco) muitas vezes acompanha uma doença infecciosa banal, gripe ou outras doenças virais ou tóxicas, causando distúrbios rítmicos. No material seccionado de esportistas que faleceram de repente sem qualquer doença aparente, muitas vezes a inflamação do miocárdio é causa freqüente. Um esportista profissional, no qual isso é diagnosticado, deveria interromper suas atividades no mínimo por seis meses.

3.13.4 Cardiomiopatia

Uma doença freqüentemente observada e crescente é a doença da cardiomiopatia hipertrófica (CM: aumento substancial do coração por dilatação ou distensão do músculo cardíaco). A causa dessa doença é inflamação não-curada do músculo cardíaco (vide acima) ou influências tóxicas por álcool, distúrbios no metabolismo como o Diabetes Melitus ou outras ou envenenamento. Também aqui se eliminou o repouso absoluto, desde que se trate de um caso leve. Uma carga muito cuidadosa, sem exigência de sobrecarga, como a encontrada na reabilitação cardíaca (jogos, ginástica sentada) aparecem devido à supervisão dos resultados aparentemente mais vantajosos. Essa e muitas outras doenças causam distúrbios rítmicos (vide abaixo).

3.13.5 Taquicardia e fibrilação

Taquicardia e fibrilação da câmara cardíaca significam *risco à vida* e necessitam de intervenção imediata. A fibrilação das antecâmaras é comparativamente uma doença freqüente, que não exclui precisamente a participação em reabiltação cardíaca. O médico responsável deverá determinar e detectar os critérios de sobrecarga. se uma mesmo, adaptação limitada à sobrecarga é possível, e fornecer as devidas instruções. O médico acompanhante dos exercícios se obriga a prestar maior atenção.

3.13.6 Síndrome sinusal

Causa batimentos lentos (Bradicardia). Aqui, a carga é limitada, cujo grau depende do possível aumento de frequência cardíaca em exercício. Somente quando o coração não estiver mais em condições de ajustar, mesmo somente aproximado, sua freqüência a uma carga mais elevada, a implantação de um marca-passo será necessária. Isso abrange, na maioria, pessoas mais velhas que raramente participaram de atividades físicas. Nesta adaptação de freqüência cardíaca individual sob carga também podem participar dos treinamentos de pacientes de marca-passo.

3.13.7 Distúrbios de Bloqueio

Estes distúrbios de condução no coração têm diversas causas. Muitas vezes, as causas encontram-se baseadas em sofrimentos graves, os quais não são curáveis. A atividade física é possível, desde que o paciente tenha condições de adaptar-se a uma maior frequência cardíaca, devido a sobrecargas maiores. Atividade Física de potência fica totalmente excluída.

3.13.8 Bloqueio Total Atrio-ventricular (AV)

Isso significa que a estimulação da antecâmara do coração não é transmitida diretamente à câmara, representando também uma contra-indicação relativa para a sobrecarga. Treinamento dosado individualmente, porém, é possível, contanto que a freqüência cardíaca, sob sobrecarga, seja observada. Também aqui o diagnóstico individual pelo médico é especialmente importante.

As doenças resumidamente listadas acima mostram que no treinamento de cardiopatas é importante uma cooperação intensiva entre o médico indicante e o médico responsável que faz o exame de avaliação, médico do grupo e professor, a fim de proteger o paciente.

A análise do problema intensiva e individualmente em todo paciente, inclusive aqueles com o histórico de sua doença, histórico familiar e do estado, bem como a personalidade, é necessária antes de mensurar o risco individual de uma medida de treinamento esportivo e a capacidade de carga a ser definida para cada paciente. A documentação intensiva e pós-exames anuais e um diálogo contínuo entre todos os participantes são premissas para o treinamento razoável.

3.14 Coletânea Referente ao Tema: Medicamentos e Atividade Física

R. Schwenke

Por ocasião da avaliação da capacidade física de um doente coronário, é imprescindível um exame cardiológico e ergométrico. Os valores de frequência cardíaca na aula, em sua maioria, são o único critério e podem ser medidos e avaliados pelo participante, professor e médico responsável. Independentemente das inúmeras influências endógenas hormonais e regulatórias corporais existe uma série de medicamentos que podem influenciar a freqüência de pulsação e sua regulação.

3.14.1 Digitálicos

Em primeiro lugar, citamos a medicação clássica para o coração, os Digitálicos aumentam a força de contração do músculo cardíaco e conduzem, conseqüentemente, a uma capacidade de expectoração; produz também uma freqüência cardíaca mais reduzida e podem induzir distúrbios rítmicos. No ECG digitálicos produzem alterações típicas muito similares a uma modificação de irrigação sanguínea específica e, muitas vezes, causam avaliações erradas relevantes na capacidade física, quando a carga não for levada em consideração durante a avaliação do ECG. Acrescentando o fato conhecido de que o efeito de digitálicos sob esforço físico é aumentado de forma relevante (devido forte conexão da substância às células musculares).

3.14.2 Betabloqueadores

Possuem efeito visível sobre a freqüência e são, portanto, um tipo "limitador de contador de giro" do coração. São adicionalmente de extrema importância no tratamento da pressão alta, de forma crescente também no tratamento das doenças cardiovasculares e da insuficiência cardíaca. Visto que freiam a capacidade máxima do coração (freqüência cardíaca máxima, freqüência respiratória máxima, liberação máxima da energia) limitam também a possibilidade da elevada capacidade física. Este fato precisa ser considerado na determinação individual da freqüência de treinamento.

3.14.3 Antagonistas do Cálcio

Esses são uma alternativa em relação aos betabloqueadores, já que bloqueiam o fluxo de cálcio na parede do vaso e mantêm os vãos bem abertos. Este procedimento necessita de uma diminuição da pressão arterial e, conseqüentemente, da redução na limitação de capacidades de alta potência.

3.14.4 Inibidores da ECA

Na terapia de pressão alta e de coração, os inibidores ECA (inibidores da enzima de conversão da angiotensina) são amplamente divulgados. Reduzem a resistência periférica total, de forma que tanto a pré quanto a pós-carga do coração possam ser reduzidas. (Pré-carga: pressão no sistema venoso que pressiona sobre o coração cheio; Pós-carga: resistência do sistema arterial contra o qual o coração precisa bombear). Afora isso, estes inibidores ECA possuem um visível efeito positivo sobre o músculo cardíaco e na troca de energia do metabolismo.

3.14.5 Bloqueador AT 2

No caso destes relativamente novos bloqueadores, trata-se de substâncias similares mais seletivas desviadas dos inibidores ECA. Seu efeito em longo prazo sobre doenças cardiovasculares (DCV) e a hemodinâmica ainda não está suficientemente documentado.

3.14.6 Diuréticos

A terapia básica no tratamento da pressão alta e do coração consiste nos assim denominados diuréticos, ou seja, diversos sistemas eliminatórios que atacam os rins para produzir maior quantidade de urina a ser eliminada e, conseqüentemente, causam a perda de eletrolíticos. Este efeito também deverá ser levado em consideração quando da atividade física.

3.14.7 Nitratos

Para o tratamento da angina do peito típica, os nitratos possuem forma de socorro autógeno e são oferecidos em forma de *sprays* e deglutíveis em cápsulas contendo nitroglicerina. As substâncias possuem efeito dilatador de vasos, tanto na área venosa como arterial. Eles reduzem a pré e a pós-carga do coração reduzindo sua resistência, contra a qual o coração precisa trabalhar. Condicionam o coração a trabalhar sem dor com menor taxa de oxigênio. Possuem, no entanto, efeito colateral, como dores de cabeça ocasionadas pelo nitrato, originado pela modificação dos vasos no cérebro. Atividades físicas podem aumentar essas dores de cabeça de forma relevante.

3.14.8 Anticoagulantes

Outras substâncias com as quais se precisa contar em participantes da reabilitação cardíaca são os anticoagulantes (inibidores de coágulos), os quais, principalmente na fase inicial do infarto, precisam ser utilizados em torno de três meses. Esses providenciam para que no local lesionado do endotélio (camada interna do vaso) nos vasos do coração até seu restabelecimento não se forme um novo trombo (mediante agregação das placas sangüíneas ocorre um fechamento). Especialmente importante ali e de importância vital é a não-coagulação em pacientes que sofreram uma substituição da válvula cardíaca por uma válvula artificial, reconhecida pelo corpo como sendo não-fisiológica, podendo causar a formação de microtrombo. Através dos vasos, cerebrais estes microtrombos são levados até o cérebro, causando então um acidente vascular encefálico.

Enquanto os anticoagulantes *Markumar* ou *Liquimin* causam um bloqueamento dentro do complicado sistema coagulante, o ácido acetilsalicílico em baixas dosagens (de 40 a 300mg, usualmente 100mg) possui a característica de somente evitar a agregação das plaquetas sanguíneas e dificultar sobremaneira a formação de trombose. Esta profilaxia com baixa dosagem de ácido acetilsalicílico (100mg) é medicamento padrão em qualquer doença que possa estar ligada à formação de coágulos, como complicações venosas, infarto cerebral etc.

3.14.9 Anti-hipertensivos

Existe uma grande gama de anti-hipertensivos (medicação para redução da pressão arterial), os quais, em parte, podem causar aumento ou redução de freqüência cardíaca. É responsabilidade do respectivo médico informar ao professor limitações ou riscos.

Literatura

Hambrecht R, Schuler G. *Die körpeliche Belastbarkeit des herzinsuffizienten Patienten, Training bei Herzinsuffizienz?* Internist 2000; 41: 269-275.

4. ASPECTOS PSICOLÓGICOS NA REABILITAÇÃO CARDÍACA

F. Hänsel

4.1 Introdução

Coração bondoso – coração fiel – coração frio – sem coração - ... fazer de coração ... – perder seu coração – um coração partido – com todo coração – me corta o coração – com dor no coração e de todo coração

O coração como base da vida, do humor, das emoções, do amor, da intuição – nos jargões da conversa diária, é sempre exposta quão forte é a relação com o próprio coração. A relação, em geral, é latente. Só é conscientizada quando ocorre uma interferência. E há uma relação de duas faces: procedimentos físicos possuem qualidade emocional, procedimentos emocionais possuem qualidade física. Doenças do coração são, portanto, um assunto da Psicologia, se observarmos sob a perspectiva bio-psicossocial. Questões importantes são:

1. Quais fatores psico-sociais favorecem o infarto do miocárdio? Quais relações com o próprio corpo, com a própria doença e saúde e não por último consigo mesmo estão em relação com o infarto?
2. O que sentem pessoas que sofreram infarto?
3. De que forma podemos apoiar e consolidar o restabelecimento após o infarto?

As discussões referentes a estas questões são premissa básica para um trabalho satisfatório e de sucesso com os Grupos de Reabilitação Cardíaca. O texto a seguir está dividido em quatro itens, nos quais aspectos relevantes de um direcionamento comunicativo consciente são explanados para as necessidades de reabilitação cardíaca. Nas primeiras duas questões do ITEM 4.2 serão discutidos os fatores psicológico-sociais e pós-sobrecarga de uma doença coronária. Deverá ser fornecido profundo entendimento para a situação emocional dos participantes de Reabilitação Cardíaca. Isso é importante para atender as necessidades específicas, esperanças e também assuntos como preparar os participantes de um Grupo de Reabilitação Cardíaca e melhorá-los. Assim sendo, as respostas à terceira pergunta onde são discutidos os assuntos concernentes ao apoio e ao processo de restabelecimento e o choque de pontos de vista e alterações comportamentais no Grupo de Reabilitação Cardíaca. Base para a explanação é a experiência, as discussões em um Grupo de Reabilitação Cardíaca – como em qualquer outro – ultrapassam a simples transmissão de conhecimentos ou exercitam a aceitação dos conteúdos das aulas e ajudam na implementação ao próprio estilo de vida. O processo de restabelecimento da saúde não é conhecer de uma vez as causas das doenças, mas através de um processo de aprendizado, "interiorização" em etapas (FIGURA 4.1). Este processo de aprendizado deverá ser apoiado pelos serviços do Grupo de Reabilitação Cardíaca. No ITEM 4.3 pode ser determinado o próprio procedimento comunicativo. Partindo daí são relatados os diversos prós e contras de inúmeros tipos de discussões. O ITEM 4.4 especifica as frases-chave da liderança do grupo e das discussões. Seus conhecimentos são premissas importantes para o alcance dos objetivos acima citados. Finalizando, no ITEM 4.5 serão apresentadas algumas discrepâncias do Grupo de Reabilitação Cardíaca e propostas para sua eliminação.

De acordo com o que mostra a experiência, a transmissão de conhecimentos é o primeiro passo (FIGURA 4.1). Relevantes, no entanto, são experiências práticas próprias com os conteúdos aqui apresentados. Por isso, em diversos itens são sugeridos que possam ser utilizados na auto-reflexão.

Os exercícios baseiam-se no auto-reconhecimento de uma psicologia humanística, no seu quadro humanístico positivo e nos três posicionamentos básicos: Empatia, Valorização e Acordos (ver, por exemplo Rogers, 1991a e 1991b ou Weinberger, 1998). Importante para o contexto aqui explanado, o parceiro de diálogo de um lado – o participante do Grupo de Reabilitação Cardíaca – sempre será considerado como um especialista de si mesmo, o qual determina seus próprios objetivos e é responsável por eles, defende valores subjetivos corretos e busca caminhos para o alcance de seus próprios objetivos. O terapeuta, por outro lado é responsável pela disponibilização de condições favoráveis, que possibilitem o eu autógeno e a realização própria, sem interditar o participante do grupo.

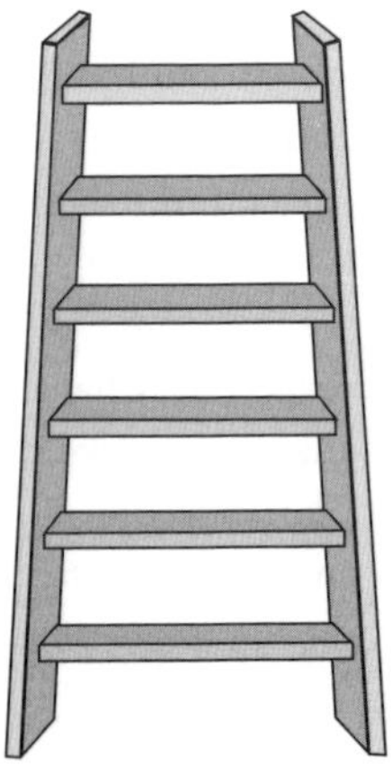

FIGURA 4.1 Restabelecimento como processo de aprendizado em etapas.

4.2 Participantes de Grupos de Reabilitação Cardíaca sob o Perfil Psicológico

Geralmente, os participantes de um Programa de Reabilitação Cardíaca, em tempo remoto, sofreram um evento ameaçador – seu infarto do miocárdio. Esse não é só um acontecimento físico marcante: o órgão central e vital, o coração (temporariamente), mostrou-se não-confiável e lesável; sem qualquer aviso, não mais "funcionou", "deixou-nos na mão"; o que anteriormente era normal agora se tornou uma incerteza – a própria integridade física e o que acontecerá no futuro. Dominar esta crise existencial agora é o assunto principal. Freqüentemente são descritos muitos estados de emoções: se sente medroso, depressivo, abatido, solitário, inseguro, triste, preocupado, aborrecido, zangado, raivoso, sem vigor, desamparado, melindrado, ferido. Queira, para tanto, fazer uso do exercício 1.

Exercício 1: Ordenar sentimentos

Doenças podem tornar-se uma sobrecarga, que podem ser vivenciadas de diversas formas, entre outros, a doença pode ser considerada como ameaça, limitação e/ou fraqueza. Tenha um pouco de tempo e ordene os sentimentos acima especificados aos três modos de vida básicos. Ou – melhor ainda – tente encontrar a ordem em conjunto com um grupo de duas ou três pessoas.

Tipo de acontecimento	Sentimento
▪ Ameaça	
▪ Limitação	
▪ Fraqueza	

No exercício 1, conforme o caso, você poderá encontrar dificuldades em selecionar seus sentimentos ou que, dentro do grupo, para tanto, existam diversas opiniões. O motivo consiste para que os sentimentos freqüentemente se relacionem a dois ou três tipos de eventos e que a fixação de um ponto básico, conforme a lembrança, pode ocorrer de forma diferenciada.

A discussão emocional com a doença do coração não só é individual, mas deverá ser considerada também como processo. Em princípio, pode-se diferenciar o processamento da doença em diversas fases. Após uma fase de choque, freqüentemente surge uma fase de confronto crítico com a doença, que se segue de um retorno e, finalmente, o reconhecimento da própria doença. Este procedimento é caracterizado em sintomas colaterais em forma de modelo, e em casos individuais pode apresentar fortes divergências. Independente disso, deverá ficar claro que determinadas fases da doença precisam ser "digeridas", principalmente quando negadas que "estados de choque" pré-existam, podem ocasionar dificuldades para um trabalho em grupo construtivo. Uma outra visão sobre como dominar o infarto do miocárdio é tratada no exercício 2. O questionário lista diversidades do infarto que podem ser consideradas como sobrecarga.

Pode ser o indício para a seguinte relação: quanto menor a carga pelos possíveis sintomas colaterais de um infarto do miocárdio, tanto maior o desenvolvimento do domínio da doença (Badura et al,. 1987).

Exercício 2: Domínio da doença

As questões a seguir não determinam o diagnóstico. Deverão somente fornecer a impressão de carga da doença para um paciente cardíaco e servirão como ponto de partida para uma discussão mais intensa. Por isso, não será utilizada uma escala de respostas.

O ser humano vivencia sua doença nos mais diversos modos. Tenha um pouco de tempo e tente se colocar na posição de um doente cardiopata. Com qual intensidade você carrega os possíveis sintomas colaterais de seu infarto? De maneira: nenhuma ou fortemente? Um mais que o outro?

- Fisicamente não sou mais tão resistente.
- No futuro, preciso desistir de algumas coisas.
- Algumas vezes me sinto tão desamparado.
- Meus nervos não são mais tão resistentes.
- Meu estado de saúde provavelmente piorará.
- Preciso frear minhas expectativas e exigências.
- Minha capacidade ficou reduzida.
- Quando sinto dores, me canso facilmente, sinto falta de ar, lembro da minha doença.
- Algumas vezes não sei mais o que posso fazer.
- Algumas vezes sinto-me abandonado
- Não sou mais o mesmo.
- Não tenho mais a mesma alegria de viver de antes.
- Meus relacionamentos pessoais sofrem com a minha doença.

Basicamente o tratamento com os participantes de sua doença e de determinadas ilusões sobre saúde, doença e cura ficam fortemente impregnados (conotações específicas à saúde). O corpo, muitas vezes, é considerado como sendo uma máquina cujos valores podem ser avaliados mediante ajuda de valores normativos. Tal qual uma oficina mecânica, a medicina pode proporcionar a avaliação do estado funcional e efetuar os "reparos" do corpo em caso de interferências. Continuando, o entendimento pode ser avaliado como sendo um alerta, o qual, sobrepujando o aspecto somático da doença pode fornecer as informações comportamentais autógenas. A doença, e seu conseqüente tratamento, pode, então, ser sentida como possibilidade de desenvolvimento, principalmente se abrangermos, em sua totalidade, os aspectos biológicos, psicológicos e sociais. A doença não deve mais ser considerada somente uma ameaça, limitação ou fraqueza, mas como uma oportunidade de auto-realização (Overbeck,1984, Teegen,1992).

Paralelamente ao efetivo vivenciamento dos eventos ameaçadores à saúde e do processamento do desenvolvimento da doença, as situações da vida são de grande importância. Devido à doença física e às sobrecargas emocionais, surge uma grande quantidade de modificações necessárias ao modo de vida e alterações sócio-econômicas. Ingestão de medicamentos e outras medidas medicinais, efeitos sobre o parceiro, a família, amizades, atividades físicas, lazer, profissão, modos alimentares, consumo de álcool etc. Também estas modificações possuem conseqüências emocionais, e custos seqüenciais, similares ao descrito acima. Freqüentemente, o medo perante o novo e o desconhecido (concernente a medicamentos) causa preocupações sobre a resistência física, a insatisfação com a própria capacidade etc.

Também foi tentado, com maior ou menor êxito, relacionar certos fatores de risco psicosociais com o infarto do miocárdio. Esses fatores estão listados na TABELA 4.1 de maneira apenas sumária e sem pretensão de integralidade, uma vez que esses fatores podem ser vistos com mais detalhes em outras fontes (Badura et al.,1987; Langosch, 1989; Miltner et al.,1986; Rugelius,1998; Schmook et al., 1997; Scvhwarzer, 1996; Sigrist,1996; Uexküll,1996).

Também se experimentou – de certa forma com sucesso maior ou menor – determinados fatores de risco psicológico-sociais em relação ao infarto do miocárdio. Resumindo-se, os resultados das pesquisas pode ser verificado que o procedimento do tipo A é considerado predisposto a sofrer de um infarto do coração, se levarmos em conta os fatores de risco: depressão, medo e, principalmente, complementado pela aversão. A fim de transmitir as impressões comportamentais do tipo A, queira aprofundar-se no exercício 3.

TABELA 4.1 Fatores de risco psicossociais

Fatores Psíquicos
▪ Comportamento do tipo A, caracterizado principalmente através de orientação de desempenho extremo e superatividade, ligado com atitude de soluções inadequadas em situações sociais problemáticas. ▪ Depressão. ▪ Medo. ▪ Hostilidade. ▪ Agressividade. ▪ Aborrecimento. ▪ Aversão. ▪ Esgotamento vital. ▪ Estresse. ▪ Tendências a renegar. ▪ Falta da capacidade de relaxamento. ▪ Falta de experiência corporal.
Fatores Sociais
Elevadas exigências físicas e ambientais na vida profissional, como pressão quanto a tempo, barulho, trabalho em turnos, falta de estabilidade no trabalho, salário por desempenho, junto com reduzida experiência de controle (o assim denominado Modelo-Controle-Exigência) ▪ Crises de gratificação profissional. ▪ Problemas familiares em relação a apoio social insuficiente. ▪ Isolamento social. ▪ Acontecimentos sociais extraordinários em geral.

Exercício 3: Comportamento tipo A

A seguir, encontra-se uma série de determinações que podemos utilizar para uma autodescrição. Queira selecionar a resposta: uma vez a freqüência e uma vez a intensidade, que mais condiz com você. Não existem respostas certas ou erradas. Não pense muito e assinale a resposta condizente (TABELA 4.2).

Avaliação: novamente, o exercício não deverá ser entendido como instrumento de diagnóstico, mas como oportunidade de aprofundar a própria compreensão. Por isso é aconselhável, após o preenchimento, comparar os resultados do 2º ou 3º grupo e discuti-los. Sua tendência na comparação total é de valores para mais ou para menos? Em quais questões você indicou valores mais altos? Em quais valores mais baixos?

Resumindo, o comportamento do tipo A é representado pelas características apresentadas da TABELA 4.3 (Rugulies, 1998,S.71).

TABELA 4.3 Características de comportamento do tipo A

Características de comportamento do tipo A
▪ Esforço contínuo e intensivo, alcance de objetivos próprios fixados, porém mal definidos. ▪ Acentuado esforço competitivo. ▪ Necessidade contínua referente ao reconhecimento e elevação profissional. ▪ Envolvimento de interação contínuo em diversos tipos de função com pressão de prazo. ▪ Tendência de resolver atividades físicas e intelectuais com a maior agilidade. ▪ Atenção espiritual e física extraordinária.

As especificações acima não deverão ter a finalidade de rotular os membros do Programa de Reabilitação Cardíaca ou de estigmatizar. No entanto, estes aspectos podem servir como estímulo preparatório concernente ao comportamento e modo de vivenciamento específico

	Com qual freqüência?				Com que intensidade?	
	Quase nunca	Às vezes	Freqüentemente	Quase sempre	Mais fracamente	Mais fortemente
No trabalho me sinto estressado	1	2	3	4	1	2
No trabalho me sinto pressionado	1	2	3	4	1	2
Fico impaciente com facilidade	1	2	3	4	1	2
Preciso ser melhor que os outros	1	2	3	4	1	2
Aborreço-me com os outros	1	2	3	4	1	2
Esforço-me mais que outras pessoas	1	2	3	4	1	2
Não sei trabalhar devagar	1	2	3	4	1	2
Só consigo desligar com dificuldade	1	2	3	4	1	2
Não posso mostrar fraqueza	1	2	3	4	1	2
Aborreço-me quando dirijo carro	1	2	3	4	1	2

de participantes de um Programa de Reabilitação Cardíaca. Fischer (1989) resumiu tais tipos comportamentais obtidos no contexto de experiências próprias e na terapia de movimentos com pacientes cardiopatas, os quais, levemente modificados, estão listados na Tabela 4.4 a seguir.

Os tipos comportamentais e de acontecimentos da vida ocorrem freqüentemente mediante caracterização forçada, o objetivo de obter sucesso e negar seus sentimentos são caracterizados, principalmente, por medos. Seria, portanto, totalmente inadequado que as expectativas como professor dentro do trabalho de Reabilitação Cardíaca se baseassem somente na transmição de conhecimentos no patamar específico, como indicar exercícios etc. Representa muito mais a estrutura das relações levando em consideração o grupo-objetivo (especialmente no que se refere às necessidades específicas emocionais) e o aspecto central do alcance dos trabalhos em grupo. Grupos de sucesso se salientam mediante uma específica, e ao mesmo tempo calorosa, atmosfera, onde os participantes se respeitam mutuamente, respeitam suas opiniões, posturas e objetivos. Em alguns grupos menos fecundos, o clima, em geral, é de tensão, desvios dos conteúdos do trabalho e dos objetivos são comuns, onde sempre ocorrem interferências, a interação entre os membros é mais rara.

TABELA 4.4 Tipos comportamentais e de acontecimentos da vida

Tipos de comportamento e acontecimentos
▪ Empenho enorme durante exercícios.
▪ Disponibilidade, assumir responsabilidade para co-pacientes.
▪ Execução do exercício de modo perfeccionista.
▪ Senso de ordem exagerado.
▪ Obedecer rigorosamente diretrizes e regulamentos.
▪ Criatividade reduzida em novas propostas de jogos e exercícios.
▪ Sentimentos de exigências demasiados são represados.
▪ Agressividades são expressas repentinamente e inadequadamente de forma "explosiva".
▪ Em primeira linha, está ganhar no jogo.
▪ Busca de reconhecimento pela capacidade.
▪ Incapacidade de se soltar alegremente.
▪ Incapacidade de relaxar.
▪ Aparentemente adaptação social exemplar, a qual contrasta com uma insatisfação geral.

O conjunto de um Programa de Reabilitação Cardíaca esconde oportunidades e dificuldades. Oportunidades são aquelas que dentro do grupo, pode se estimular alguém a participar, a motivar, fornecendo-lhe exemplos e apoio nas alterações relevantes de saúde e do comportamento, nos hábitos de vida, em todo o estilo de vida. Problemas surgem quando há esperanças divergentes no que concerne aos acontecimentos dentro de um Programa de Reabilitação Cardíaca, quais objetivos são almejados e qual a sua capacidade. Neste caso, então, o trabalho do grupo facilmente poderá ser determinado por conflitos divergentes, esperanças demasiadas ou decepções – o que dentro do grupo era união se transformará em desunião.

4.3 Reflexões sobre o Próprio Comportamento de Comunicação

"Estar em casa não é onde temos moradia, mas onde somos compreendidos" (C. Morgenstern, citação conf. Weinberger, 1998).

A mais freqüente, e uma das mais importantes possibilidades de influenciar outras pessoas, sem dúvida é a conversa. Na psicologia, foram desenvolvidos alguns modelos de comunicação para as mais diversas aplicações (Biermann-Ratjen et al., 1992; Dietrich, 1987; Perrez et al., 1993; Vrolijk et al., 1974; Weiberger, 1998). Para cada conversa, existem fatores de influência que podem ser satisfatórios e desenvolver um resultado de forma impeditiva ou fomentativa. A seguir, deverão ser apresentados alguns itens importantes e básicos para liderar uma discussão.

As discussões e recomendações nos programas de reabilitação cardíaca têm por finalidade – paralelamente à transmissão de informações, instruções e reuniões organizacionais – uma atmosfera positiva dentro do grupo, em que:

- a maioria dos participantes sinta-se aceito, compreendido e que sua necessidade individual seja correspondida;
- os mal-entendidos sejam impedidos e os conflitos discutidos;
- as discussões possam ser solucionadas construtivamente;
- as alterações comportamentais sejam apoiadas; e
- a auto-exploração e responsabilidade própria sejam estimuladas.

Formulado de forma geral, o objetivo perseguido é, para cada participante da reabilitação cardíaca, acesso individual às próprias dificuldades, necessidades, desejos e possibilidades de encontrar solução mediante apoio do terapeuta e dos demais membros da reabilitação cardíaca. O terapeuta, portanto, tem aqui a função de agente para a auto-ajuda dos participantes, e não apenas como especialista que tudo sabe.

Uma discussão é determinada pelo conteúdo, situação e através dos participantes da discussão, ou seja, determinado pelo ou pelos participantes do programa de reabilitação cardíaca. Também o comportamento das respostas pelo terapeuta influencia qual será o desenvolvimento de uma discussão. As respostas são mais ou menos estimulantes, já que podem causar determinadas reações entre os parceiros. Execute então o exercício 4, com o qual você pode identificar as tendências dos procedimentos nas respostas.

Exercício 4: Manutenção de conversas espontâneas

O exercício persegue dois objetivos:

- Primeiro: você pode tomar conhecimento de diversas tendências de respostas.
- Segundo: você pode identificar as suas próprias tendências.

Você deverá estar ciente de que o exercício possui mais caráter estimulativo do que um diagnóstico abrangente.

A seguir, você encontrará seis relatos de discussões (modificados cf. Mucchiello, 1972). Após cada relato, lhe serão sugeridas seis possíveis respostas. Leia o primeiro relatório. Imagine o seu parceiro na situação descrita. Suponha, então, que você o conheça tão bem que ele lhe falaria o relato em questão, e que você pretende responder. Leia as respostas sugeridas de forma seqüencial. Selecione – sem escolher muito – a resposta que corresponde à alternativa que mais se aproxima da que você daria. Anote o número da respectiva resposta. Proceda da mesma maneira nos demais relatos.

Diálogo 1: Mulher com 37 anos, com voz cansada.

"Eu realmente não sei o que devo fazer. Não sei se devo reassumir a minha função como telefonista... Isso me deixa tão nervosa que quase não agüento .... Mas pelo menos assim eu teria uma colocação fixa e um bom salário. Ou devo deixar de fazer tudo o que me interessa realmente, de toda maneira é um trabalho bem variado, mas aí eu teria que começar novamente por baixo com um pequeno salário... Não sei se eu realmente poderia fazer isso..."

Respostas

1. Pode me contar mais sobre as coisas que são de seu interesse atualmente? É muito importante pensar antes, com muito cuidado.
2. Cuidado, antes de começar alguma coisa nova, você precisa estar seguro de que será vantajoso para você e que você não está perseguindo uma sombra.
3. Muito bem, vamos ver, ainda temos esperanças. Precisamos descobrir quais são as outras possibilidades de trabalho para você. Posso intermediar um contato com uma pessoa adequada.
4. Você se encontra sem decisão perante as duas possibilidades, devido ao nervosismo não consegue tomar uma decisão acertada.
5. Essa é realmente uma decisão difícil, assumir as dificuldades iniciais de uma profissão nova ou então ter um local de trabalho seguro, que não lhe satisfaz.
6. Você se preocupa em demasia. Você não conseguirá eliminar suas dificuldades se não deixar de ser tão ansioso. Não coloque tantos obstáculos, de qualquer maneira irá dar certo.

Diálogo 2: Homem, 35 anos com voz alta, cortante, agressiva.

"Eu decidi fazer qualquer coisa, não tenho medo de trabalhar pesado. Também não tenho medo de levar alguns golpes quando souber o que quero. E também não tenho limitações, se for preciso, passo por cima de todos. Não me satisfaço com um trabalho mediano. Eu quero ser alguém".

Respostas

1. Com uma palavra: você é muito ambicioso porque precisa provar o seu valor.
2. Você tem necessidade de estar sempre em primeiro lugar, não importa quais meios e esforços sejam necessários.
3. Na sua opinião, o que o leva à grande decisão de alcançar alguma coisa?
4. Há interesse em descobrir qual seria exatamente a profissão à qual você mais se ajustaria? Isso poderia ser de ajuda para você, se bem que, com sua iniciativa, certamente você tem muitas perspectivas profissionais.
5. Uma grande ambição certamente é uma mola propulsora eficaz. Mas você está falando sério quando diz que passaria por cima de todos? Isso não lhe seria mais prejudicial do que favorável?
6. Seus sentimentos são muito violentos. Você causa a impressão de ter sofrido recentemente uma decepção. Você precisa se acalmar e pensar. Depois receberá nova força de decisão sem perda, com isso, seu entusiasmo.

Diálogo 3: Mulher, 30 anos, com voz tímida.

"Já faz dez anos que moro aqui nesta cidade e resido há sete nesta residência, mas não conheço ninguém. No escritório, parece que não consigo fazer amizades. Lá eu me sinto como se fosse paralisada. Eu tento ser amistosa com os outros colegas, mas, no fundo, não me sinto bem e fico tensa, e depois digo a mim mesma que não me importo. Não se pode confiar nas pessoas. Cada um vive por si. Não quero amigos, algumas vezes até me convenço disso.

Respostas

1. Você é muito pessimista. Isso não irá durar eternamente. Algum dia irão falar contigo.
2. Eu conheço outras pessoas nesta situação. A eles, foi possível efetuar contato, já que ingressaram em um clube esportivo. É importante que não fique se auto-sugestionando que precisa ficar sozinho.
3. Se quiser me contar como você procura seus amigos, teremos um indicador visível de onde procurar o erro.
4. Já faz muito tempo desde que quase esteve convencida, é isso que queria dizer?
5. Talvez você não queira amigos para se proteger de outras coisas?
6. É muito triste não ter amigos e você realmente deveria fazer algo. Também podemos facilmente destruir a possibilidade de obter novos amigos, talvez você espere demais?

Diálogo 4: Homem, 33 anos, após consulta com os colegas em seu novo trabalho.

"Ah, para o diabo com você! Apesar de ter tentado fazer o melhor, o chefe e seu secretário estão com raiva de mim porque, num cálculo difícil, cometi um erro, isso fez com que ..... Eu fiz o melhor que pude.... Eu faço o que posso, da melhor forma possível, mas se eles continuam apontando que não é suficiente, eles mostram cada vez mais claramente que eu não sirvo".

Respostas

1. Verifique, tente ver a coisa de forma objetiva. Será que realmente é tão ruim? Não precisa fazer drama por causa disso!
2. Em outras palavras, desde que passaram a lhe criticar você tem sentimento de culpa?
3. Você fez o melhor que pôde, mas foi encontrado um erro, e por isso você tem a sensação de que não serve.
4. Veja, se você desanimar por uma coisa dessas, evidentemente não servirá mais para nada.
5. Diga: é somente este infortúnio o motivo que o levou a este ponto que o faz duvidar de si mesmo?
6. Você deveria levar em consideração o que conseguiu até hoje, e não permitir que seus defeitos lhe desanimem. Faça um balanço do seu sucesso!

Diálogo 5: Homem, 35 anos, com voz clara e decidida.

"Eu tenho certeza que vou resolver o assunto. Tudo o que necessito é uma visão geral, inteligência e espírito empreendedor. Isso eu tenho. Se eu ainda tivesse o dinheiro necessário, eu começaria imediatamente".

Respostas

1. Você talvez queira o endereço de um consultor financeiro. Antes de levantar um empréstimo necessita-se de uma consultoria condizente.
2. Muito bem! Precisamos estar convictos de nós mesmos se quisermos alcançar alguma coisa. Um início esplendoroso pode realmente estragar tudo: você está no caminho certo e eu lhe desejo muito sucesso.
3. Se você tivesse o capital básico, teria certeza de obter lucros.
4. Você tem certeza que terá sucesso, pois sabe exatamente o que é necessário para que funcione. Se observarmos as coisas friamente, a confiança vem por si.
5. Você já verificou quais os riscos que necessitará correr?
6. Você se preocupa muito com o dinheiro, como obtê-lo e como aplicá-lo da maneira mais adequada.

Diálogo 6: Homem, 46 anos, com vez tensa e arrogante.

"Agora chegou um novo na empresa, mas este é um cara falso, para tudo tem uma resposta e acredita ter descoberto a pólvora. Mas ele não sabe com quem está lidando! Eu poderia fazê-lo melhor que ele se eu quisesse!"

Respostas

1. Você acredita que tem que ser o primeiro. Para você é muito importante estar sempre na ponta.
2. Você deveria mudar sua postura perante o novato; assim a sua posição também seria melhorada.
3. Tenha paciência, com o tempo sua posição melhorará.
4. O novato lhe parece tão arrogante, que você gostaria de sobrepujá-lo.
5. Então! Você não está num jogo limpo! Porque faz tanta questão de denegrir a imagem deste homem?
6. Você se informou corretamente sobre a carreira anterior e a função atual deste homem? O que você sabe sobre ele?

Queira, agora, anotar suas respostas na Tabela 4.5. Para cada diálogo, deverá ser assinalado o respectivo número.

TABELA 4.5 Avaliação do exercício 4

Categoria	Discussões					
	1	2	3	4	5	6
A	2	5	6	4	2	5
B	4	1	5	2	6	1
C	6	6	1	1	4	3
D	1	3	3	5	5	6
E	3	4	2	6	1	2
F	5	2	4	3	3	4

Responda para si mesmo as seguintes perguntas:

1. Encontram-se diversas respostas em uma categoria (linha)? Caso sim, em qual?
2. Algumas categorias ficaram em branco? Caso sim, quais?

As categorias representam diversas tendências de respostas. As tendências das respostas podem ser caracterizadas resumidamente, como segue:

A *Avaliações*. Suas respostas são, antes de tudo, avaliativas. Você assume um determinado ponto de vista, e julga em forma de recusa ou concordância.

B *Interpretativa*. Com sua resposta, você fornece uma interpretação; você salienta o que lhe parece importante. Busca esclarecimentos racionais.

C *Consolador*. Suas respostas possuem caráter consolador; você objetiva acalmar e estimular, mostra compreensão e acredita que não há necessidade de maior dramaticidade.

D *Informativo*. Suas respostas são principalmente informativas; você tenta obter mais informações e desvia a discussão em um sentido que lhe parece importante. Você supõe que seu parceiro lhe esconde algo e insiste com perguntas diretas.

E *Solução*. Com sua resposta, você quer fornecer uma solução imediata. Você força a se tomar uma atitude.

F *Compreensível*. Suas respostas apresentam compreensão. Você se esforça colocando-se na posição do parceiro de diálogo e quer ter certeza de que compreendeu corretamente o que foi dito.

Se uma categoria foi selecionada diversas vezes por você, isso identifica que o diálogo está sendo dominado por você. Se não houver uma posição dominante, o seu comportamento da resposta provavelmente será determinado pelo seu tipo de situação ou do parceiro. Já que você analisa os casos individuais, (quais são as respostas comuns, respectivamente, quais diferenças na situação e no parceiro chamam a sua atenção? Lembre-se das situações comparativas. Pode – dado o caso – encontrar os dados básicos que causam as alterações no seu comportamento de respostas?

TABELA 4.6 Quais reações são emanadas?

Tendência da resposta	Reação do parceiro de diálogo
▪ Avaliativa	______________
▪ Interpretativa	______________
▪ Consoladora	______________
▪ Informativa	______________
▪ Solucionativa	______________
▪ Compreensiva	______________

Continue com o exercício 5, onde você obterá mais informações sobre tendências de respostas.

Exercício 5: Eficácia de diálogos espontâneos

Este exercício baseia-se no anterior. Após ter conhecido as diversas possibilidades de resposta, bem como descoberto as suas próprias preferências, vem à tona quais os efeitos que você causou com sua respectiva resposta, eventualmente, junto ao seu parceiro. A pergunta é: quais conseqüências o tipo de resposta tem sobre o seu parceiro de diálogo, qual a impressão que o oponente adquire.

Queira trabalhar na tabela 3.6 usando as seguintes condições básicas: Tenha um pouco de tempo, e coloque-se na posição do seu parceiro de diálogo, que recebeu a resposta correspondente à categoria. Assegure-se com a ajuda de algumas possibilidades de respostas dos exercícios anteriores. Anote, após a categoria, possíveis reações do parceiro. Melhor seria executar o exercício em um grupo de dois ou três participantes e produzir uma interação da solução.

Do que você se lembrou? Quais conseqüências negativas ou positivas você pode supor? O que foi mais fácil, onde você teve dificuldades? Na tabela 4.7 serão apresentadas diversas reações dos parceiros.

4.4 Condições Básicas de um Diálogo de Sucesso

O item anterior, que teve por objetivo explicitar e manter um diálogo de entendimento entre os participantes, tem por finalidade apoiar o participante em sua doença incutindo - lhe responsabilidade própria no processo de convalescença. Respostas compreensivas estimulam ao questionante a repensar sua situação e encontrar soluções próprias para suas dificuldades. O parceiro vivencia o interesse que o

TABELA 4.7 Tendências das respostas e possíveis reações

Tendência da resposta	Reação do parceiro de diálogo
Avaliativa	Em qualquer ato de desaprovação, sente-se desqualificado, de pouco valor como se estivesse ante um juiz; acontecem inibições, sentimentos de culpa, revolta, medo.
Interpretativa	Não se sente compreendido, aborrecimento em interpretação errada, muda de assunto, inibe reações.
Consolador	Induz as expectativas com propostas de soluções, recusa rispidamente a compaixão.
Investigativa	Perguntas detalhadas impedem de dizer o que lhe é importante, reações hostis a curiosidades.
Solução	Sente-se despachado e obrigado a aceitar a recomendação.
Compreensível	Sente-se livre de qualquer pré-julgamento, aceito e compreendido, livre e estimula a outras auto-explorações.

outro demonstra por sua situação, e não lhe faz perguntas. Ele se sente aceito e não lhe força explicações que, na realidade, você não pretendia dar. Ele exercita controle autógeno, e não entra em uma dependência indesejada. Algumas pessoas que exigem uma resposta externa a seus problemas (por exemplo, "não sei mais o que fazer!") inicialmente ficam desapontados com este tipo de posicionamento. Neste caso, recomenda-se discutir a própria posição e forma de manter o diálogo. Como comunicação sobre a comunicação (Comunicação de meta), o diálogo e o tipo do posicionamento das respostas levará ao tema citado, podendo ser justificado conforme o sentido acima descrito.

O posicionamento compreensivo das respostas é parte de uma determinação básica para direcionar um diálogo, que pode ser caracterizado pelas seguintes frases:

- Eu aceito o próximo como ele é.
- Eu não julgo o outro com as minhas medidas.
- Eu começo onde o outro pára.
- Eu me oriento naquilo que o outro precisa.
- Eu tento entendê-lo desde seu desenvolvimento e ambiente.
- Eu pergunto e analiso os sentimentos que suas perguntas causam em mim.

Pouco favorável, portanto, é um procedimento que deixa reconhecer a própria (provável) autoridade e superioridade. Recomendável é um estilo de diálogo mais cooperativo, cujas bases são determinadas pela aceitação, valores e desenvolvimento dos participantes em forma de parceria. Devem ser evitadas recusas, desaprovações e valores, que surgem, especialmente, quando o parceiro externa outro tipo de posicionamento. Em vez disso, deveria ser criada uma atmosfera adequada que permita ao outro interlocutor repensar seu posicionamento e procedimentos. Portanto, o participante deveria ser tratado amigavelmente com atenção e respeito. Por outro lado, também não se deveria agir de forma artificial, fazendo de conta que se está interessado, pois o falso interesse logo é descoberto. Neste sentido, deverão ser compreendidas as estruturações das próprias comunicações.

4.4.1 Ouvir com Atenção

Respostas que sinalizam entendimento pressupõem que o ouvir com atenção é um processo ativo. Neste caso, é vantagem resumir com as próprias palavras o que ouviu ou os sentimentos básicos. Isso permite ao parceiro a possibilidade de informar se o interlocutor entendeu corretamente. Interpretações erradas ou conflitos podem ser evitados. A exploração autógena do parceiro é estimulada. O necessário é sentir a situação e significância do parceiro (ITEM 4.2). Se o conteúdo é repetido, fala-se de parafrasear; se o assunto é dos sentidos, chama-se espelhar. Esta repetição pode ser formulada em forma de estabelecimento, pergunta ou desejo.

Exemplo

Afirmação: estas conversas dos grupos só nos afastam dos exercícios físicos.
Conteúdo: exercícios físicos são mais importantes do que conversas em grupos.
Parafrasear: os exercícios físicos são importantes para você? Você deseja mais exercícios físicos? Você acha então que ...
Sentimentos: decepções nas expectativas, insatisfação, impaciência, dúvidas.
Espelhar: você está insatisfeito com o decorrer da aula? Eu tenho a impressão de que você espera algo diferente desta aula.

Exercício 6: Ouvir ativamente

1. Procure um parceiro de diálogo e converse sobre o assunto escolhido por você. Isso é vantajoso, por exemplo, no papel de terapeuta e participante, também em assuntos conflitantes. É recomendável também a participação de uma terceira pessoa como "Observador".
2. Na primeira parte do diálogo, você assume uma postura crítica: você procura por possíveis réplicas e críticas sobre o explicitado pelo seu interlocutor.
3. Troque idéias com seu parceiro e observador: como você e seu parceiro se sentiram? Pergunte ao observador.
4. Na segunda parte do diálogo, tente antes da própria explanação espelhar o conteúdo ou a base de seus sentimentos. Somente quando o interlocutor disser "Sim" você dará continuidade à sua explanação.
5. Troque idéias novamente com seu parceiro e o observador.
6. Troque agora. Seu parceiro (bem como o observador) procederá então conforme descrito sob itens 2 a 5.

4.4.2 Mensagem do Eu

Em paralelo ao patamar específico de toda comunicação, na qual os aspectos de conteúdos do diálogo são relevantes, existe sempre um patamar de relação. No patamar da relação, geralmente de forma casual e inevitável, também são tomadas as medidas com a qual o parceiro se relaciona com seu interlocutor, o que acha e o que espera dele. Em caso de falta de clareza ou interferências nas comunicações, em muitos casos, é vantajoso usar esta falta de clareza ou interferência do objeto no diálogo. Troca-se – e isso deveria ficar explicitado – do patamar de conteúdo ao patamar de processo ("Eu acho que deveríamos pensar como proceder daqui para frente").

Comunicações deste tipo deveriam ser feitas na forma do Eu. Comunicações Você levam, ocasionalmente, a indicações de culpa, distância e formação de fronteiras, visto que contêm suposições não-analisadas. ("Eu suponho, eu não sei..."). A mensagem do Eu deverá fornecer subsídios aos parceiros, animá-lo a se posicionar de maneira aberta perante suas próprias interpretações e modos de visão de modo subjetivo. Mensagens do Eu começam, por exemplo, com "Eu desejo...", "Eu sinto que....", "Eu estou contente....", "Me incomoda...".

Exemplo

Eu observo que o meu parceiro, enquanto converso, olha pela janela. Eu suponho (interpreto) que ele está desatento.

Mensagem Você: como você está desatento hoje.

Mensagem Eu: eu estou irritado. Eu estou vendo como você olha pela janela e tenho a impressão de que você está com seus pensamentos em outro lugar.

Exercício 7: Mensagem - Eu

Proceda como no exercício 6. No entanto, na primeira parte do diálogo, procure sobremaneira enviar mensagens Você; na segunda parte, então, mensagens Eu.

4.4.3 Fazer perguntas "Por que"

Todas as perguntas em aberto e perguntas "por que" fomentam um diálogo mais intensivo – externando opiniões, estimulando idéias e pensamentos, a elaboração de conexões, o intercâmbio de experiências. As palavras das questões, portanto, são "por que, para que, quais, como, como, o que, de que forma" etc.

Se aqui uma decisão rápida é necessária, deverão ser previstas questões fechadas. Desta forma, o interlocutor poderá responder somente com sim ou não.

Exemplo

Aberto: o que lhe interessa principalmente no assunto alimentação saudável para o coração?
Fechado: você quer saber mais alguma coisa sobre alimentação saudável para o coração?

4.4.4 Encaminhar Questões aos Grupos

Pode fazer sentido retransmitir as questões do terapeuta ao grupo. Isso é adequado no caso de "sim, porém" – afirmações ou afirmações generalizadas, respectivamente, sabedorias da vida.

Exemplo

Participantes: exercícios de relaxamento são muito bons. Como posso reconhecer que estou efetivamente relaxado?
Terapeuta: o que o grupo acha disso? Como vocês sentem que estão relaxados?

4.4.5 Fornecer Mensagens de Retorno (*feedback*)

Tanto o fornecimento de retorno como as instruções são dois elementos importantes em reabilitação cardíaca. No entanto, podem ser entendidos como crítica, arrogância, menosprezo, falta de respeito e tutelamento, e possuem, como conseqüência, o efeito de melindrar ou ofender (ver as explanações das Mensagens Eu). Com as frases "Isso não se faz desta maneira" ou "Eu já lhe disse inúmeras vezes que ..." (com a respectiva entonação de voz) causa-se mais resistência do que uma alteração de postura. Por isso, as mensagens de retorno deveriam, desde que possível, possuir três partes:

1. A postura observada descrita de forma concreta.
2. Espelhar a impressão causada disso.
3. Adicionar a formulação de um desejo próprio.

Exemplo

Você parou rapidamente com o exercício. Eu tenho a impressão de que este exercício é muito difícil para você. Se for assim, tente fazer este exercício mais devagar.

4.5 Divergências Dentro do Grupo

Raramente acontecerá de dentro de uma aula todas as expectativas e necessidades dos participantes e do terapeuta serem realizadas. Estas divergências podem ocasionar uma insatisfação latente e levar a conflitos abertos ou cobertos. O sentido divergência indica a base da ambigüidade do mútuo, pois um evento ou uma postura não é divergente ou interferente, já que tem por objetivo metas, expectativas e necessidades. Por isso deve-se perguntar: para quem este procedimento é divergente? No rumo, a qual objetivo o procedimento é interferente? Por exemplo, um terapeuta com o questionamento repetido a um participante pode considerar isso como interferente, quando esse (terapeuta) pretende transmitir seus conhecimentos o mais rápido possível. Se seu objetivo está alocado para despertar o interesse dos interlocutores, o questionamento, conforme o caso, pode ser avaliado como positivo.

A fim de trabalhar com mais satisfação e eficácia em um grupo, a exata observância do processo nos grupos é importante. Análises de situações resumidas indicam eventuais fontes de divergências. Podem ser observados, por exemplo, quem se comunica com quem, como é efetuada a tomada de decisão, como o grupo se organiza e de que forma tarefas são executadas. A fim de entender esta dinâmica, existe um sistema de classificação simples, utilizado como uma espécie de instrumento de observação.

Nos grupos, são importantes três fatores determinantes: a pessoa (o "eu"), o grupo como um todo (o nós), o assunto e a tarefa do grupo (o ele). O "eu" objetiva a auto-realização; o nós, a cooperação e a tarefa, uma solução. Se estes pedaços determinantes andam de mão-em-mão, ocorre um equilíbrio frutífero. Existem condições otimizadas para os participantes como pessoa para a interação do grupo e para a realização da tarefa. Outras explanações podem ser encontradas sob Cohn (1975), Lagmaack e Braune-Krickau (1989), Loehner e Standhardt (1992), bem como Schulz von Thun (1994). A postura do "eu" deverá agora ser observada um pouco mais detalhadamente, visto que é extremamente interessante para a análise de divergências.

A postura do "eu" tem sua origem no desejo de realizar as necessidades próprias no contexto do grupo. Estas necessidades, em muitos casos, não são visíveis, mas são sempre presentes e sua influência nem sempre conduz a uma interação isenta de atritos dentro do grupo. Para a postura específica do "eu", podem ser diferenciadas quatro áreas temáticas:

1. Auto-esclarecimento e determinação postural. Quem sou eu? Como eu me adapto ao grupo?
2. Assuntos objetivos e de necessidade. O que eu espero do grupo? Os objetivos do grupo estão alocados na mesma linha dos meus objetivos?
3. Assuntos de poder e controle. De que forma são executados o controle e o gerenciamento? Qual influência advinda desse meio?
4. Assuntos confidencias. Quão aberto preciso ser? Quanta confiança pode ser desenvolvida?

Os assuntos do "eu" podem interferir sensivelmente no equilíbrio do "eu", nós e o assunto. Os assuntos específicos do "eu" manifestam-se nos seguintes seis objetivos posturais:

1. *Dependência/Resistência*. Efetuar resistência contra "autoridades", especialmente do terapeuta.
2. *Domínio/Controle*. Querer dominar os outros, às custas de outros, querer impor-se, bloquear idéias dos outros, sem disposição para compromissos.
3. *Retorno*. "Cancelamento interno", calado, sem qualquer impulso sobre o grupo.
4. *Busca de atenção*. Buscar participação, fazer piadas, diminuir os seus próprios esforços.
5. *Interesses especiais*. Para encobrir as próprias necessidades ou pré-julgamentos; isso se resume em frases como "eu como diretamente atingido sou de opinião que...".
6. *Busca de retaguarda*. Com outros membros do grupo é formado um sub-grupo, a fim de proteger e apoiar mutuamente.

Essa divisão em seis objetivos posturais, que podem ser desviados dos quatro temáticos do "eu" tem agora a possibilidade de servir para questionar eventuais divergências ou observações do grupo. Se por acaso ocorrer um tom de voz agressivo entre dois parceiros, a contínua falta de pontualidade de um participante, a repetida crítica indireta externada, tipo de "compadres", o silêncio total de um participante ou a constante conversa, o significado da postura pode ser decifrada, inicialmente, de forma hipotética. Mesmo assim, ainda não é possível se basear através de um determinado comportamento no que concerne aos objetivos. Por exemplo, um participante, através de constantes interrupções que praticamente não permite a outros participantes se comunicar, pode agir dessa forma por força de domínio ou por querer chamar a atenção. Para tanto, execute o exercício 8.

Exercício 8: Reconhecer posturas orientadas ao "eu"

Coloque-se, por um momento, na situação de um dos participantes do grupo, o qual é caracterizado pela citada postura. Onde, ou seja, em qual procedimento concreto, em qual situação, você, como terapeuta, tomaria conhecimento? E quais os sentimentos que você teria? Vantagem é executar o exercício em grupos de duas ou três pessoas. Registre os resultados na tabela 4.8.

O esquema de classificação dos objetivos de postura orientados ao "eu" não só poderá melhorar o relacionamento dos participantes individualmente, podendo inclusive ser utilizado para uma análise de situação em programas de reabilitação cardíaca. Se a base do esquema pode ser apurada, uma divergência concernente a determinados objetivos posturais seria conveniente esclarecer se a sua intuição está correta. Isso pode, por exemplo, ocorrer através do ouvir de forma ativa.

Outrossim, em casos concretos individuais deverá ser perguntado de que forma os participantes podem introduzir suas necessidades dentro do grupo, sem que os outros dois aspectos – o "nós" e o assunto – sejam colocados em segundo plano. Aqui, especificamente, entram em vigor as regras do grupo e das esperanças mediante um questionamento sobre as expectativas – conforme item 4.4 – concernente aos diálogos e técnicas.

Literatura

BADURA B, KAUFHOD G, LEHMANN H, PFAFF H, SCHOTT T, WALTZ M. *Leben mit dem Herzinfarkt*. Eine sozialepidemiologische Studie. Berlin: Springer; 1987.

BIERMANN-RATJEN E, ECKERT J, SCHWARTZ HJ. *Gesprächspsycotherapie*. Verändern durch Verstehen. Stuttzgar: Kohlhammer; 1992.

COHN R. *Von der Psychoanayse zur Themenzentrierten Interaktion*. Stuttgar: Klett; 1975.

DIETRICH G. *Spezielle Beratungspsycologie*. Göttingen: Hogrefe; 1987.

FISCHER WD. *Zur Psycologischen Bedeutung der Bewegungstherapie* – Aus der Sicht eines Sportpädagogen (S. 153-158). In: HALHUBER MJ, KRASEMANN EO, MÜCKE F, Hrsg. *Ratgeber zur Breteuung von Herzgruppen*. Köln: Echo; 1989.

LANGMAACK B, BRAUNE KRICKAU M. *Wie die Gruppe laufen lernt*. Anregungen zum Planen und LEITEN VON GRUPPEN. *Ein praktisches Lehrbuch*. München: PVU; 1989.

LANGOSCH W. *Psychosomatik der koronaren Herzkrankheiten*. Weinheim: VHC; 1989.

LIEBEL HJ. *Einführung in die Verhaltensmodifikation*. Eine Anleitung zum Verhaltenstraining. Weinheim: Beltz; 1992.

TABELA 4.8 Reconhecimento de posturas orientadas ao "eu"

Posturas	Exemplos	Reação própria
Dependência	______	______
Resistência	______	______
Domínio	______	______
Controle	______	______
Retirada/Objetivar atenção	______	______
Defender interesses especiais	______	______
Buscar retaguarda	______	______

LÖHNER C, Standhart R. *Pädagogisch-therapeutische Gruppenaibert*. Stuttgart: TZI; 1992.

MILTNER W, Birbaumer N, Gerber WD. *Verhaltensmedizin*. Berlin: Springer; 1986.

MUCCHIELLI R. *Dasnicht-direktive Beratungsgespräch*. Salzburg: Müller; 1972.

OVERBECK G. *Krankheit als Anpassung*. Der sozio-psycosomatische Zirkel. Frankfurt: Suhrkamp; 1984.

PERREZ M, HUBER GL, GEISSER KA. *Psycologie der pädagogischen Interaktion* (S. 361-445). In: WEIDEMANN B, KRAPP A, HOFER M, HUBER GL, MANDL H, Hrsg. *Pädagogische Psychologie*. Weinheim: Beltz; 1993.

ROGERS CR. *Die nicht-direktive Beratung*. Counseling and Psychotherapy. Frankfurt: Fischer; 1991a.

ROGERS CR. *Therapeut und Klient*. Grundlagen der Gesprächspsychotherapie. Frankfurt: Fischer; 1991b.

RUGELIUS R. *Die psychosoziale Dimension der koronarern Herzkrankheit und die Chancen multiprofessioneller Intervention*. Lengerich: Pabst; 1998.

SCHMOOK R, DAMM S, FREY D. Psy*chosoziale Faktoren in der Gênese und Rehabilitation des Herzinfarkts* (S. 455-478). In: SCHWAZER R, Hrsg. *Gesundheitspsychologie*. Göttingen: Hogrefe; 1997.

SCHULZ V., THUN F. *Miteinander renden 1*: Störungen und Klärungen. Reinbek bei Hamburg: Rowohlt; 1994.

SCHWARZER R. *Psychologie dês Gesundheitsverhaltens*. Göttingen: Hogrefe; 1996.

SIGRIST S. *Soziale Krisen und Gesundheit*. Göttingen: Hogrefe; 1996.

TEEGEN F. *Ganzheitliche Gesundheit*. Der sanfte Umgang mit uns selbst. Reinbek: Rwohlt; 1992.

V. UEXKÜLL T. *Psychosomatische Medizin*. München: Urban & Fischer; 1996.

VROLIJK A, DIJKEMA MF, TIMMERMANN G. *Gesprächsmodelle*. Freiburg: Christophorus; 1974.

WEINBERGER S. *Klientenzentrierte Gesprächsführung*. Weinheim: Beltz; 1998.

Demais literatura (não citadas no texto)

ESSER P. *Erfahrungen und Überlegungen zur Situation des Therapeuten in der stationären Gruppenarbeit mit Herzinfarktpatienten*. Eine persönliche Darstellung (S. 37-48). In: BINKOWSKI H, FISCHER WD. Hrsg. *Elerbnisorientierte Bewegungstherapie*. Körperleben. Köln: Echo; 1988.

HALHUBER C. *Gruppengespräch* (S. 94-98). In: HALHUBER MJ, KRASEMANN EO, MÜCKE F, Hrsg. *Ratgeber zur Breteuung von Herzgruppen*. Köln: Echo; 1989.

HÜBEL M, KAUDERER-HÜBEL M. *Themenzentrienrte Gesprächsführung in Herzgriuppen* – ein praktischer Leitfaden zur Durchführung von Gruppengesprächen mit Herzpatienten. Erlangen: perimed; 1986.

HÜBEL M, KAUDERER-HÜBEL M. *Gesprächsführung für Herzgruppen*. In: BRUSIS AO, WEBER-FALKENSAMMER H, Hrsg. *Handbuch der Koronargruppenbreteuung* (S. 166-178). Erlangen: perimed; 1986.

KASPUTIN P. *Pädagogisch-psychologische Gruppenaspekte*. In: BRUSIS AO, WEBER-FALKENSAMMER H, Hrsg. *Handbuch der Koronargruppenbreteuung*. Erlagen: perimed; 1986.

HÜBEL M, KAUDERER HÜBEL M. *Das Gepräch in der Herzgruppe*. Der Arzt als Gesprächsleiter (199-206). In: HALHUBER MJ, KRASEMANN EO, MÜCKE F, Hrsg. *Ratgeber zur Breteuung Von Herzgruppen*. Köln: Echo; 1989.

LANGOSCH W. *Der Patient in der Herzgruppe*: Probleme und Behandlungskonsequenzen aus der Sicht eines klinischen Psychologen (S. 161-163). In: HALHUBER MJ, KRASEMANN EO, MÜCKE F, Hrsg. Ratgeber zur Breteuung von Herzgruppen. Köln: Echo; 1989b.

Langosch W. *Zur Bedeutung des köperlichen Trainings von Herzpatienten* – aus der Sicht desPsychologien (S. 207-214). In: HALHUBER MJ, KRASEMANN EO, MÜCKE F, Hrsg. Ratgeber *zur Betreuung von Herzgruppen*. Köln: Echo; 1989c.

5. POSSIBILIDADES ESPORTIVO-MOTORAS NO PROGRAMA DE REABILITAÇÃO CARDÍACA

K. Boes

A execução de aulas com exercício físico nos programas de reabilitação cardíaca necessitam de prévio diagnóstico e acompanhamento qualificado. Isso também é válido para o diagnóstico médico do estado da doença e sobrecarga da mesma forma, como a análise das premissas motoras através do profissional de Educação Física. E também é necessário para os programas de exercícios e esportes, que se tornarão somente eficazes, desde que encontrem a aceitação por parte dos participantes, quando esses forem adaptados às premissas motoras individuais do "poder fazer" e aos interesses dos participantes de reabilitação cardíaca.

Este capítulo trata, inicialmente, dos componentes da capacidade motora e a seguir das estratégias de diagnóstico e do procedimento de testes concretos esportivo-motores.

5.1 Dimensões Motoras – Quais são os Componentes mais Importantes para a Capacidade Física?

Sob a óptica motora, entende-se a totalidade dos processos de monitoração e funcionalidade, que nos colocam na situação de executar movimentos objetivos, contínuos, fortes, rápidos e bem coordenados. O componente motor permite maior sistematização. Sob a visão orientada, a capacidade diferencia-se primeiramente pelo condicionamento e capacidade coordenativa. Em um segundo patamar, são diferenciados resistência, força, velocidade, mobilidade e coordenação. No terceiro patamar, podem ser diferenciadas dez capacidades motoras, (FIGURA 5.1), que especificamos também como blocos, e dimensões ou componentes da capacidade física geral (aptidão motora).

FIGURA 5.1 Componentes da Aptidão Física – Sistematização da capacidade motora

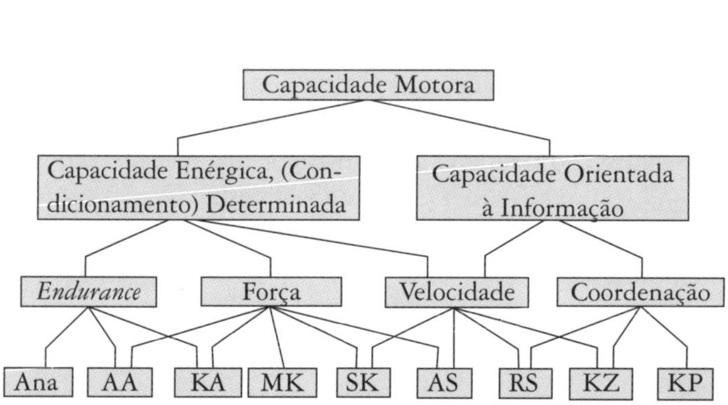

AnA *endurance* anaeróbio
AA *endurance* aeróbio
KA *endurance* muscular
MK força máxima
SK força rápida
AS velocidade de ação
RS velocidade de reação
KZ capacidade coordenativa sob pressão de tempo
KP capacidade de controle do movimento exato

TABELA 5.1 Teste de risco motor para idosos e destreinados

Tarefas	Sim	Não
1- Você está sentado em uma cadeira. Você consegue se flexionar até alcançar o chão com as duas mãos? (flexibilidade) 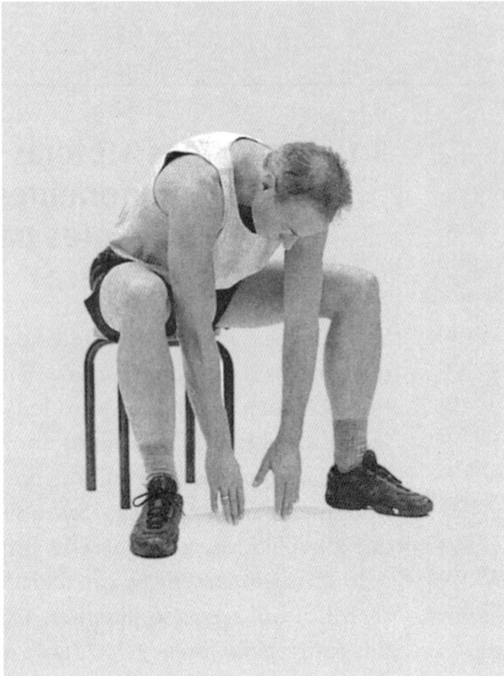		

5.1.1 *Endurance* e Capacidade de Força

Capacidades de *endurance* e força são determinadas energicamente. As determinações e limitações para a força são volume, estrutura e características de contração muscular, enquanto o *endurance* é determinado, de forma relevante, pela capacidade do sistema cardiocirculatório. Força e *endurance* podem ser diferenciados a base do volume de carga, duração e intensidade (patamar 3). Uma diferenciação entre *endurance* aeróbica (AA) e *endurance* anaeróbica (AnA) bem como força máxima (MK), força rápida (SK) e *endurance* muscular (KA), parecem suficientes. E a classificação em *endurance* aeróbica (AA) e anaeróbica (AnA) dependem das variadas formas de obtenção de força.

5.1.2 Velocidade

A velocidade, dentro de sua denominação específica de exercício como velocidade de ação (AS), não pode ser classificada de forma inequívoca nas áreas de condicionamento e coordenação.

Movimentos rápidos determinam especialmente que em um entrosamento do potencial energético com a qualidade está composta com a regulagem do processo de qualidade. A velocidade na reação (RS) fecha, sob o ponto de vista específico, o exercício na fase preparatória, na fase de incentivo, na fase de aceitação do incentivo, na fase latente, bem como na fase dos procedimentos efetivos.

TABELA 5.1 Continuação

Tarefas	Sim	Não
2- Você está sentado em uma cadeira. Consegue levantar-se com uma perna só (esquerda e direita)? (força das pernas) 		

5.1.3 Coordenação

As capacidades coordenativas como potências funcionais orientadas à informação permitem que o tipo de regulagem sensorial, bem como a dependência do perfil de exigência dos procedimentos de movimentação, possa ser diferenciado. Capacidade de controle exato de movimentos (KP) e capacidade coordenativa sob pressão de tempo (KZ) podem ser diferenciadas.

5.1.4 Mobilidade

Na mobilidade (B), não existe uma possibilidade de designação precisa na área característica de condicionamento ou coordenação. Em uma estreita definição de mobilidade do "circuito oscilatório das articulações", parece-nos adequado não falar de uma premissa capacitacional pessoal e anatomicamente determinada dos sistemas passivos da transmissão de energia, tarefas de movimentos complexos, mas, em contrapartida, determinadas de forma multifatorial.

Em dependência do grupo-objetivo interessado, as capacidades motoras individuais são diferentemente significativas. Dessa forma, interessa aos programas de reabilitação cardíaca em primeira linha a *endurance* aeróbica, a coordenação em tarefas de precisão, bem como a mobilidade; em segundo lugar são relevantes também a capacidade de força e a velocidade de reação, bem como a coordenação sob pressão de tempo. Para pacientes cardíacos, a *endurance* aeróbica e anaeróbica, e a velocidade de ação são irrelevantes.

TABELA 5.1 Continuação

Tarefas	Sim	Não
3- Você está sob uma perna. Consegue ficar em pé de forma segura por 15 segundos? (equilíbrio) 		

5.2 Métodos de Mensuração da Capacidade Física

A descrição e a medida da capacidade motora podem ocorrer com métodos diferenciados. Na prática, os testes esportivo-motores são de fácil aplicação.

Após os testes de volume e tipo, podem ser selecionados testes únicos, baterias de testes e perfis de testes, que, conforme a complexidade (dimensionalidade), pode se falar de testes homogêneos e heterogêneos.

A verificação científica dos testes é efetuada mediante determinação dos critérios de cientificidade.

Diferencia-se em critérios de cientificidade principais e complementares.

Os critérios de cientificidade principais são:

- *Objetividade*. Reprodução dos resultados quando o teste é aplicado por diferentes profissionais.
- *Reprodutibilidade*. Replicação dos resultados quando o teste é aplicado pelo mesmo profissional.
- *Validade*. Capacidade do teste mensurar o que se propõe a mensurar.

A mensuração destes critérios de cientificidade é efetuada mediante análises de testes específicos (Boes, 1987).

Como critérios de cientificidade complementares, são válidos:

- Economia
- Praticidade
- Utilidade
- Normatização

TABELA 5.1 Continuação

Tarefas	Sim	Não
4- Você consegue caminhar no mesmo lugar, por 2 minutos, sem perder o folêgo? (*endurance*) 		

5.3 Diagnóstico, Acompanhamento e Programas de Esporte para Lazer, Saúde e Reabilitação

5.3.1 Função do Diagnóstico

O diagnóstico está sempre associado a programas de acompanhamento e de movimentos. Questionários importantes e relevantes à utilização são, portanto:

"De que forma podem ser reduzidos riscos à saúde no exercício esportivo"? ou

"De que forma obtém-se uma adaptação do programa esportivo às premissas individuais"?

Em programas de reabilitação cardíaca e antes do início de qualquer aula esportiva é necessário um diagnóstico médico e uma avaliação de sobrecarga. No diálogo de acompanhamento pelo terapeuta ou terapeuta esportivo, é executado complementarmente uma avaliação esportiva em relação aos objetivos, motivos e experiência esportiva pregressa.

Adicionalmente, seria aconselhável realizar testes de função e adaptação física para obter informações sobre a situação motora e a capacidade dos participantes de programas de reabilitação cardíaca. Sugerimos, portanto, três instrumentos de testes de aplicação simples, os quais são adequados para e o profissional de educação física, e podem ser utilizados sem riscos (ver ITEM 5.3.3).

Testes de aptidão física clássicos (compare Boes, 1987, 1996; Fetz e Kornexl, 1993; Oja e Tuxworth, 1995; Sharkey, 1990) não são demonstrados nestes capítulos. Esses deveriam ser utilizados so-

mente em cardiopatas e após entendimentos com o médico responsável, sob controle médico. Testes padrão de referência fornecem diagnósticos comparativos sobre a situação capacitacional.
Uma informação que para os praticantes de esportes e de aptidão física é de alta relevância, e que para cardiopatas deveria ter valor secundário.

5.3.2 Exemplo de Aplicação para Diagnóstico e Acompanhamento

O Senhor H., 57 anos, 1m e 78 cm de altura, pesando 87 kg até os seus 40 anos jogou ativamente futebol duas vezes por semana, regularmente. Posteriormente, ficou ativo esportivamente apenas esporadicamente (1 x por ano, para andar de esqui). Com 51 anos, o Sr. H. já tinha sofrido um infarto, do qual, após internação clínica e posterior reabilitação, recuperou-se muito bem. Para a proposta de participação em um grupo de treinamento para cardiopatas, entretanto, ele não teve tempo.

Após seus dois filhos terem se tornado adultos e sua situação profissional ter se estabilizado ele, finalmente, tinha mais tempo. Sr. H. decidiu retomar as atividades esportivas. Ele se sente muito bem e não tem maiores problemas com a sobrecarga física diária, que efetua sem muito esforço (por exemplo, subir diversos andares de escadas).

Também seu médico o aconselha a ingressar em um grupo de exercícios orientado. Sr. H. decide se associar a um programa de reabilitação cardíaca. Adicionalmente, o Sr. H. pretende praticar esportes de lazer.

Recomendamos ao Sr. H. uma entrevista de acompanhamento para efetuar um diagnóstico funcional, antes de iniciar um programa de reabilitação cardíaca. Com tal diagnóstico funcional, as mais restritas limitações funcionais podem ser detectadas, as quais, no cotidiano, não causam qualquer problema. No entanto, podem tornar-se fatores de risco quando o exercício não for adequadamente controlado.

O diagnóstico funcional para o Sr. H. se compõem de seis exercícios para avaliação do *endurance* muscular, força, mobilidade no ombro, quadril, coxas e região lombar e cervical, bem como equilíbrio (Boes, Wydra e Karisch, 1992).

O Sr. H., com exceção do exercício de descontração de ombros na parede, executou todos os testes sem problemas. A fim de eliminar as restrições na área dos ombros diagnosticada, o Sr. H. deveria executar um programa de movimentos especiais para os ombros e para a coluna cervical (por exemplo, um programa específico para a coluna).

Jogar tênis de forma intensiva seria contraindicado, já que sem um programa terapêutico adequado pode se esperar que as restrições funcionais existentes na área do ombro, com a sobrecarga muscular unilateral do braço, forçariam mais ainda a região.

5.3.3 Exemplos de Testes

Teste de risco motor

Este teste simples, que pode ser executado em grupos ou individualmente entre 5 a 10 minutos tem por finalidade reconhecer pessoas com grandes problemas de capacidades e déficits funcionais encaminha-lás e de forma objetiva para um tratamento fisioterapêutico. A execução dos testes ocorre em grupo, mas também é possível individualmente. Para tanto, apenas uma cadeira é necessária (TABELA 5.1).

O diagnóstico de risco motor foi avaliado mediante apontamentos alternativos em muitas centenas de participantes em tratamentos de saúde estacionários. (Boes, Wydra e Karisch 1992, 134 ff). Nos, testes individuais, até 20% das pessoas testadas apresentaram déficits motores.

Por meio de uma pesquisa populacional controlada por médicos (Woll e Boes, 1994), aproximadamente 10% dos homens e mulheres selecionados; com a idade entre 35 a 55 anos, devido à anamnese e os resultados dos testes de riscos motores tiveram que ser excluídos.

TABELA 5.2 Teste de aptidão física orientado à função

Tarefas de teste (Dimensão)	Descrição da tarefa (Avaliação)
1- Mobilidade do ombro 	Parado, com os braços estendidos sobre a cabeça, encostar as mãos na parede. A tarefa estará resolvida quando o contato entre parede, costas e os glúteos for mantido.

Testes orientados para idosos e praticantes ocasionais de esportes

Participantes de reabilitação cardíaca, mas também indivíduos fisicamente ativos, os quais, primeiramente, estão interessados em manter sua aptidão física ou alcançar sua capacidade funcional, que lhes forneça práticas esportivas sem riscos e satisfatórios, não necessitam de testes capacitacionais esportivo-motores, de normas comparativas e de orientação de grupos de referência. Para estas pessoas, bastam procedimentos de testes orientados e critérios.

Tal procedimento de diagnóstico (TABELA 5.2) foi desenvolvido por Boes e Wydra (1990) e testado em milhares de pessoas. As avaliações dos testes foram computadorizados e mediante ações de postagem em âmbito federal (Vital, 1991), introduzidos.

Em aplicações de testes com re-ingressantes e seniores, o percentual de solução para testes individuais na média ficaram 54% para os homens e 59% para as mulheres (TABELA 5.3)

TABELA 5.3 Percentual de soluções para tarefas de testes

Teste de tarefa	Homens	Mulheres
Mobilidade do ombro	50	56
Força do ombro	86	78
Extensão do joelho	28	52
Musculatura do abdômen	56	68
Equilíbrio	22	24
Endurance	80	73

Indivíduos que apresentam déficits funcionais deveriam, primeiramente, eliminar estes problemas mediante ajuda de programas específicos (por exemplo, programas para abdômen

TABELA 5.2 Continuação

Tarefas de teste (Dimensão)	Descrição da tarefa (Avaliação)
2- Mobilidade do ombro 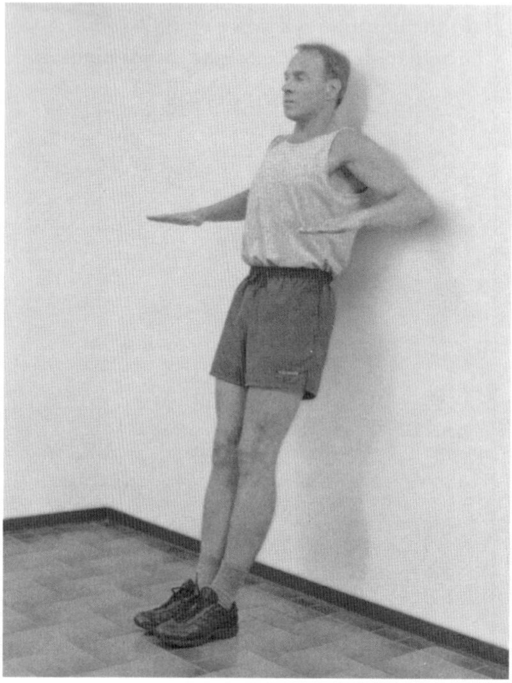	Parado, empurrar o corpo com o cotovelo contra a parede, permanecendo por 10 segundos. A tarefa está resolvida se o exercício puder ser efetuado sem dores no ombro ou na área da nuca.

e costas), antes de iniciar os programas orientados a esportes (treinamento de condicionamento ou jogos).

A superestimativa de objetivos pode aumentar os problemas musculares e, como resultante, levar a dores e a facilitar acidentes.

Teste de caminhada

A origem do teste de caminhada

O teste de caminhada foi desenvolvido no Instituto Nacional da Saúde em Tampere (Finlândia) sob a liderança de Dr. Oja e Dr. Laukkanen. Nos Institutos da Ciência Esportiva de Frankfurt e Karlsruhe, o teste foi cientificamente analisado e, no âmbito da língua alemã, continua seu desenvolvimento.

Força de depoimento do Teste de Caminhada de 2 km

O Teste de Caminhada é um procedimento para avaliação da capacidade cardiorespiratória (VO_2 máx.). O VO_2 máx. é uma importante medida de capacidade funcional. Com o teste de caminhada, o nível de aptidão física é estabelecido e um plano de treinamento é selecionado.

O Teste de Caminhada foi desenvolvido para o grupo-objetivo dos pacientes cardíacos, para os mais idosos ou pessoas com baixa capacidade em testes de corrida (por exemplo, CONCONI – ou teste de COOPER) são inadequados.

Preparação do Teste de Caminhada

O Teste de Caminhada é um exame de carga sub-máximo que contém um reduzido risco. Mesmo assim, antes da execução do teste

TABELA 5.2 Continuação

Tarefas de teste (Dimensão)	Descrição da tarefa (Avaliação)
3- Musculatura do abdômen 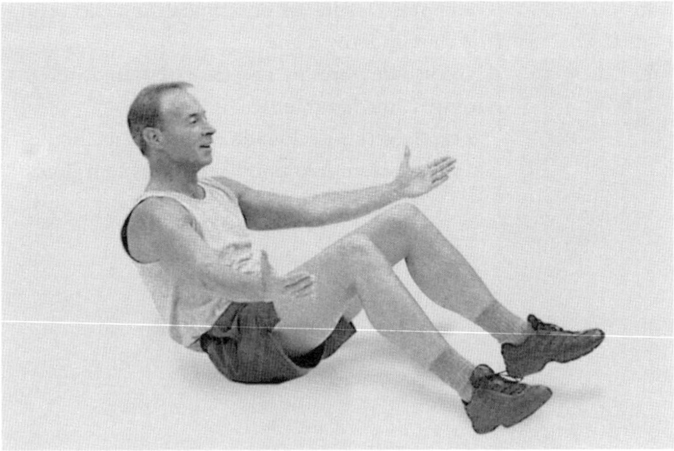	De costas – joelho flexionado em 90° – levantar o tronco superior com os braços estendidos para frente. A tarefa será solucionada quando o levantar ocorrer sem impulso e sem que os pés desencostem do chão.
4- Teste de equilíbrio 	Ficar sob uma perna (esquerda e direita) de olhos fechados, durante 15 segundos. A tarefa será solucionada se o equilíbrio puder se manter firmemente.

TABELA 5.2 Continuação

Tarefas de teste (Dimensão)	Descrição da tarefa (Avaliação)
5- Extensão do joelho 	Posição sentado, segurar o pé com as duas mãos e provocar a extensão do joelho completamente. Deverá ser observada uma execução de movimentos plena. No caso de dores na fase de extensão, interromper imediatamente. A tarefa será solucionada quando o joelho permanecer estendido por 5 segundos sem dores.

em pacientes cardiopatas, deverá sempre ser consultado um médico.

Condições básicas para o teste, estruturação e equipamentos

Extremamente importante é uma pista de 2km plana. O mais adequado é uma pista de corrida de 400m (cinco voltas com 400m cada).

Os participantes podem, naturalmente, caminhar sobre uma outra pista plana, não necessariamente um clube. É importante que a pista tenha exatamente 2000m.

A fim de obter a sensação de velocidade máxima, essa deveria ser experimentada antes. Na maioria das vezes, no primeiro teste, andamos muito devagar e nos subestimamos. O resultado do teste possui mais força se o teste de caminhada for efetuado duas vezes em dois dias seguidos. Deverá ser avaliado o melhor resultado.

Para o registro dos valores será necessário um relógio com indicador de segundos. Cada pessoa que está sendo testada, usa um aparelho medidor de freqüência cardíaca.

Critérios de interrupção

O teste será interrompido quando a frequência cardíaca máxima for alcançada ou quando a pessoa testada subjetivamente não estiver se sentindo bem.

Instruções

"Efetue a caminhada na pista de 2km no menor tempo possível. Caminhe com a utilização dos braços. Você não deverá, como no caso da corrida, tirar os dois pés do chão. Caminhada de competição não é permitida."

TABELA 5.2 Continuação

Tarefas de teste (Dimensão)	Descrição da tarefa (Avaliação)
6- Teste de *endurance* 	Correr 6 minutos no mesmo local (ou em movimento, conforme o local de testes). A tarefa será solucionada se puder correr sem perder o fôlego. *Teste alternativo*: Teste de Caminhada.

Resultados dos testes

Na TABELA 5.4, podemos ver os resultados médios e a amplitude, para homens e mulheres de diferentes idades. Resultados melhores são acima da média, e os piores, são abaixo da média.

TABELA 5.4 Avaliação do tempo de caminhada para homens e mulheres

Idade	Tempo médio e amplitude da alteração	
	Homens média	Mulheres média
20	15:15 – 13:45	17:15 – 15:45
25	15:30 – 14:00	17:22 – 15:52
30	15:45 – 14:15	17:30 – 16:00
35	16:00 – 14:30	17:37 – 16:07
40	16:15 – 14:45	17:45 – 16:15
45	16:30 – 15:00	17:52 – 16:22
50	16:45 – 15:15	18:00 – 16:30
55	17:00 – 15:30	18:07 – 16:37
60	17:15 – 15:45	18:15 – 16:45
65	17:45 – 16:15	18:30 – 17:00
70	18:15 – 16:45	18:45 – 17:15

Informações sobre os Walk-Test computadorizados você obtém do autor.

Na tabela, serão classificados somente estas três categorias capacitacionais (abaixo da média, na média e acima da média). Uma avaliação mais exata dos resultados dos testes ocorre mediante análise por computador, na qual constam, além de tempo de caminhada, idade e sexo, também frequência cardíaca e estrutura física.

5.4 Programas Esportivos Fomentam Saúde e Alegria no Esporte

A estratégia de diagnóstico "o mínimo possível de diagnóstico, mas o quanto for necessário" ficou comprovado, visto que paralelamente aos parâmetros capacitacionais e funcionais as temáticas de objetivos e desejos dos indivíduos são levados em consideração e discutidos.

Os programas de aptidão física individualmente adaptados também são importantes, já que 50% dos iniciantes de esporte e re-integrantes interrompem, nas primeiras semanas, seus esforços. As causas geralmente são exigências muito altas e falta de satisfação. Isso impede o estabelecimento de ligações sociais, que, para uma prática esportiva duradoura, são indispensáveis. Para a introdução o motivo é a saúde, que facilita para muitas pessoas o ingresso a um programa de movimentação. Mas, sem satisfação e alegria o efeito inicial é anulado.

Satisfação com e pelo movimento é uma categoria central, mas nem tudo que traz satisfação é bom para a saúde. Se os programas de aptidão física forem eficazes à saúde, não poderão ferir os princípios funcionais e exigem, por outro lado, uma determinada intensidade de treinamento.

Principalmente nos programas de reabilitação cardíaca, os iniciantes ao esporte e os re-integrantes necessitam de um diagnóstico qualificado e acompanhamento, bem como durante o processo necessita de instruções e correções específicas, para que não ocorram modelos de movimentos e intensidade de atrito, inadequados e, no pior dos casos, contém novos riscos a saúde.

Literatura

Bös K. *Handbuch sportmotorischer Tests*. Göttingen: Hogrefe; 1987.

Bös K. *Fitness – testen und trainieren*. München: Copress; 1996.

Bös K. Mechling H. *Dimensionen sportmotorischer Leistungen*. Schonodorf: Hofmann; 1983.

Bös K. Mechling H. *International Physical Performance Test Profile*. Köln: ICSPE; 1985.

Bös K. Wydra G. DKV Aktiv Profil. Köln: DKV; 1990.

Bös K. Wydra G, Karisch G. *Gesundheitsförderung durch-Bewegung, Spiel und Sport*. Erlangen: Perimed; 1992.

Brockhaus FA.. *Brockhaus Enzyklopädie, Band6*. Wiesbaden: Brockhaus; 1968.

Clarke HH. *Aplication of Measurement to Health and Physical Education*. Englewwod Cliffs: Prentice Hall; 1964.

Cooper KH. *The New Aerobics*. New York: Bantam; 1970.

Fetz F, Kornexl E. *Sportmotorische Tests*. Wien: Pädagogischer Verlag; 1993.

Fleishmann EA. *The Structure and Measurement of Physical Fitness*. Englewood Cliffs: Prentice Hall; 1964.

Jackson G et al. *Der moderne Gesundheits-und Fitness-Ratgeber*. Müchen: Delphin; 1986.

Kayser D. *Fitness*. In: Röthing P. *Sportwissenschaftliches Lexikon*. Schonodorf: Hofmann; 1992, 165.

Martin D, Karl K, Kayser D. *Handbuch Trainingslehre*. Schonodorf: Hofmann; 1993.

Oja P, Tuxworth B. *Eurofit for Adults*. Straßburg and Tampere: CDDS and UKK; 1995.

Phillip A, Tautz M. *Evaluation eines Diagnose-* und Beratungskonzeptes im Gesundheits- und Freizeisport. Frankfurt: unveröff. Diplomarbeit (IFS); 1990.

Stamford BA, Shimer P. *Ganz einfach fit*. Düsselfor: Econ; 1993.

Vital (1991). *Vital Test Aktion – Wie fit sind Sie?* Hamburg: Jahreszeitenverlag, Hefte 2-8.

6. TREINAMENTO DE *ENDURANCE*

P. Reuß

6.1 Significado para a Saúde

A ciência do treinamento seleciona diversos tipos de estímulo. Na terapia com exercício para os cardiopatas, o treino da *"endurance geral aeróbio-dinâmico"*, devido a seus efeitos positivos sobre a saúde e o sistema cardiocirculatório (Berg,1999; Lagerstrom,1999) é de grande relevância. No treinamento de *endurance* geral, são exercitados mais de 1/6 da musculatura do esqueleto. No *endurance* local, por exemplo, a exercitação dos músculos se reduz a menos de 1/6. Ademais, entende-se sob *endurance* o cansaço da exigência muscular, bem com a recuperação rápida do organismo.

Enquanto o treinamento de *endurance* aeróbio possui efeito positivo sobre o sistema cardiocirculatório, outrossim, ao lado de outras medidas terapêuticas cardiovasculares os fatores de risco podem ser influenciados positivamente. Fatores de risco causadores de uma doença, um treinamento de *endurance* orientado à saúde moderado, tem os seguintes efeitos:

Hipertonia

Pressão alta é aquela quando o valor da pressão arterial sistólico estiver acima de 140 mmHg e/ou o valor diasólico ultrapassar o valor de 90 mmHg.

- Sal de cozinha, co-responsável pela pressão alta, é parcialmente eliminado através da transpiração.
- A resistência dos vasos periféricos é reduzida.
- A atividade simpática reduzida economiza o trabalho do coração.
- A elevada atividade vagal fomenta o relaxamento e repouso físico e psicológico.

Colesterol elevado

Com o aumento do colesterol no sangue, também se eleva o risco de calcificação dos vasos. Valores acima de 200mg/dl deveriam ser tratados.

- A fim de se reduzir os valores de colesterol e aumentar o efeito positivo do HDL, o exercício deverá ser efetuado três vezes por semana, em um treinamento de *endurance* mínimo de 20 a 40 minutos (Rost, 1994).

Obesidade

Se o peso do corpo estiver 25% acima do peso normal, fala-se de obesidade.

- Conforme mostra a experiência, o sobrepeso pode ser reduzido significativamente mediante treinamento somente com alimentação reduzida. Visto que o sobrepeso não só utiliza o sistema cardiovascular, mas também as extremidades inferiores das articulações. Portanto, é aconselhável dar início ao treinamento de caminhada (também bicicleta e natação). Um maior consumo energético é alcançado através da duração de um treinamento de corrida.

Diabetes melito

São dois os tipos da diabetes: Diabetes tipo 1 e 2. Enquanto o diabetes tipo 1 tem sua origem ainda na juventude, no tipo 2 trata-se de um diabetes da meia-idade.

- No diabético tipo II, a execução de esportes, os quais são facilmente dosáveis e controláveis, ao lado de outras medidas terapêuticas podem regular a glicemia. Visto que em atividades físicas podem ocorrer facilmente uma hipoglicemia, recomenda-se levar sempre açúcar em tabletes ou bebidas contendo açúcares (Rost,1994).

Outros fatores de risco, demarcados pelo nosso estilo de vida, podem primeiramente ser influenciados pela mudança de postura. Para tanto, fatores relevantes são movimento, esporte e jogo, ou seja, um estilo de vida fisicamente ativo. Nestes fatores de risco, contamos a superalimentação, a má alimentação, a inalação de fumaça de tabacos, o sedentarismo e o estresse.

Médico e especialistas em reabilitação cardíaca podem, mediante informação e motivação, modificar de maneira relevante o estilo de vida.

6.2 Indicações Metódicas

Um treinamento de *endurance* sistemático leva em consideração os princípios de treinamento da supercompensação, da dosagem de sobrecarga otimizada, do aumento de sobrecarga gradativo, entre outros (ver ITEM 2.6, 2.7). Esses princípios formam a base de diversos métodos de treinamento. Para pacientes dos grupos de treinamento, os métodos intervalado e contínuos, do ponto de vista da saúde, são especialmente valiosos.

Esses métodos que, através de intensidade moderada (50 a 70% do VO_2 máx.), permanecem constantes na área aeróbica, e podem ser introduzidos de modo objetivo em uma estrutura de treinamento em longo prazo (ver ITEM 2.4).

- *Fase de adaptação*: preparação para o treinamento de *endurance*, treinamento de *endurance* não.
- *Fase de estruturação*: estruturação sistemática do treinamento de *endurance*, métodos de intervalos extensivos.
- *Fase de estabilização*: estabilização da capacidade de *endurance*, método contínuo e método intervalado (intervalos de longo período).

6.2.1 Métodos intervalados extensivos

A característica deste método é a troca planejada da duração da sobrecarga (corridas de minutos) e pausa incompleta (de 1 a 3 min), em que a capacidade de sobrecarga para cardiopatas se baseia na capacidade em Watt, com a bicicleta ergométrica.

A intensidade da carga individual em Watt pode ser relacionada conforme a classificação nomogramática de Lagerstrom (1999), através do peso do corpo (TABELA 6.1) e, conseqüentemente, calcular a capacidade de corrida individual em m/min. Se no treinamento a velocidade e a freqüência cardíaca forem mantidas, ocorre uma sobrecarga cardíaca. Um agrupamento de determinadas velocidades de corrida em relação a grupos de sobrecarga (de 1 a 4) facilita o treinamento devido ao reduzido dispêndio organizacional. Isso é válido para pacientes de um grupo de treinamento.

TABELA 6.1 Velocidade de corrida em m/min (Lagerstrom, 1999)

Grupos de sobrecarga usuais		[kg] [W]	50	55	60	65	70	75	80	85	90	95	100	105	110	115
	3	50	95	90	85	80	75	70	70							
	3	60	105	100	90	85	80	75	75	70						
	3	70	115	110	100	95	90	85	80	75	75	70				
	2	80	125	115	110	100	100	90	85	80	75	75	70	70		
	2	90	135	125	115	110	105	95	90	90	85	80	75	75	70	70
	2	100	145	135	125	120	110	105	100	95	90	85	80	80	75	75
	2	110	155	145	135	125	115	110	105	100	95	90	85	85	80	75
	2	120	165	155	140	135	125	120	110	105	100	95	90	90	85	80
	1	130	175	165	150	140	130	125	120	110	105	100	95	95	90	85
	1	140	190	175	160	150	140	135	125	120	115	110	105	100	95	95
	1	150	200	185	170	160	150	140	130	125	120	115	110	105	100	95
					1				2			3				4
			Grupos de sobrecarga apurados nomogramaticamente													

TABELA 6.2 Velocidade da caminhada em m/min (Lagerstrom, 1999)

[kg] [W]	50	55	60	65	70	75	80	85	90	95	100	105	110	115	120
10															
20	65	50	40												
30	80	70	65	50	40										
40	90	85	85	75	65	50	40								
50	105	95	90	85	85	75	65	50	40						
60	110	105	100	95	90	85	85	75	65	50	40				
70	115	110	105	95	90	90	90	85	85	75	65	50	40		
80	120	115	110	100	95	90	90	90	90	85	85	75	65	50	40
90	130	120	115	105	100	100	100	95	90	85	80	80	75	70	65
100	140	130	120	115	110	105	105	100	100	95	85	85	85	80	75

Participantes de grupos de exercícios, que possuem menor índice de poder de sobrecarga, estimam a velocidade da caminhada através da TABELA 6.2. Devido ao reduzido poder de sobrecarga, um agrupamento de sobrecarga não está previsto, de forma que só poderá ser considerada a velocidade de caminhada individual.

A velocidade de caminhada e de corrida só pode ser controlada e regulada da melhor forma em uma pista com medidas exatas. Ao lado de uma forma clássica de organização da corrida triangular (Lagerstrom, 1999, FIGURA 6.1), existem outras possibilidades de estruturar o treinamento de *endurance* à metodologia de aulas tais como corrida em círculos em uma pista de atletismo leve, corrida quadrangular e pendular. Independentemente de qual forma organizacional será selecionada, as pistas de corrida deveriam ser determinadas de tal forma que três grupos, conforme seu grau de sobrecarga, possam treinar simultaneamente.

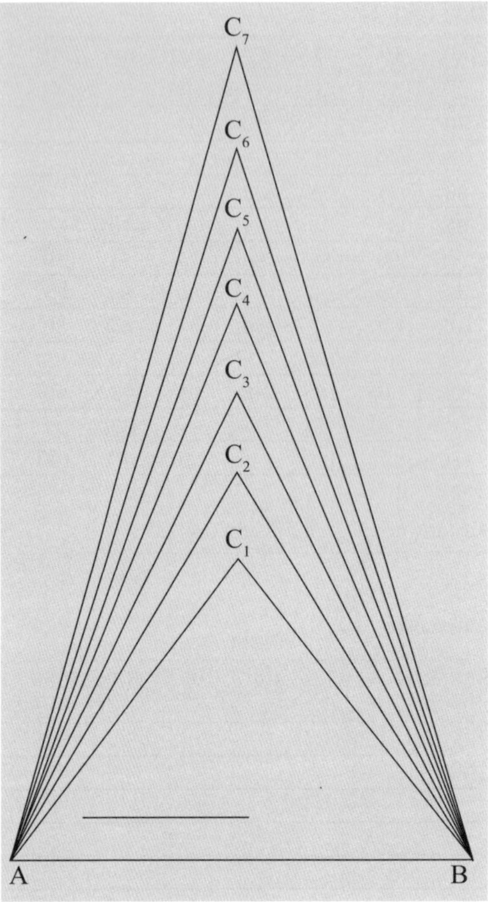

FIGURA 6.1 – Esquema do treinamento de corrida clássico. A distância ABC 1 é de 80m, ABC 2, de 90m etc. A e B são demarcadas por bandeiras pretas, C1 por uma bandeira vermelha (volta vermelha). C2 por uma bandeira amarela (volta amarela) etc. O tempo de corrida por volta é de 1min. (Lagerstrom, 1999).

Com um treinamento de caminhada sistemático (especialmente no grupo de exercícios) e treinamento de corrida conforme as prescrições individuais de sobrecarga, medidas de controle e da forma organizacional selecionada, é dado início à fase de estruturação.

A concepção de um treinamento de caminhada e corrida (corridas de minutos) para reabilitação cardíaca, após o método intervalado se baseia no seguinte planejamento, o qual deverá ser modificado especificamente por grupo. (TABELA 6.3). O conceito específico de caminhada é apresentado no ITEM 6.3.

TABELA 6.3 Concepção de um treinamento de caminhada e corrida pelo método intervalado

Unidades de treinamento 1 a 3: Introdução à caminhada e à corrida triangular, na pista redonda etc. Explanar a forma organizacional, da regulagem de tempo, duração da sobrecarga, estruturação de pausas e da freqüência cardíaca.		
Unidade de treinamento	**Tempo de caminhada/ corrida**	**Duração da pausa da caminhada**
4	2 x 1 min	
5	3 x 1 min	
6	2 x 2 min	
7	2 x 3 min	
8	2 x 4 min	Caminhar 3 min lentamente
9	2 x 5 min	
10	2 x 6 min	
11	2 x 7 min	
12	2 x 8 min	

6.2.2 Método Contínuo

No decorrer do treinamento de *endurance*, o método intervalado pode ser substituído pelo método contínuo, que não prevê pausas, visto que o treinamento pelo princípio contínuo para cardiopatas, sob o ponto de vista terapêutico, é o mais valioso.

A duração da sobrecarga é elevada gradativamente de 10 a 30 minutos, no caso de intensidade de carga individual (TABELA 6.4). O tempo de corrida deverá ser monitorado, de forma a alcançar a freqüência cardíaca de treinamento somente ao finalizar a corrida contínua. Para o controle da freqüência cardíaca de treinamento atual, é recomendável medir a freqüência cardíaca. Desta forma, podem ser

TABELA 6.4 Métodos adequados de treinamento para reabilitação cardíaca no treinamento de *endurance*

Método de treinamento	Intensidade da sobrecarga	Duração da sobrecarga	Pausa	Volume da sobrecarga
Método intervalado	Velocidade de corrida m/min; freqüência cardíaca do treinamento	Corridas de minutos (1, 2, 3 min etc.)	Pausa ativa	Aumentar gradativamente até 20 min
Métodos contínuo	Velocidade de corrida m/min; frequência cardíaca	20 a 30 min		20 a 30 min

evitadas interrupções das corridas, que contradizem os princípios de duração e interferem no ritmo da corrida.

Em princípio, especificações de treinamento não podem ser forçadas. Considerando os princípios da individualidade, os objetivos de treinamento orientam individualmente suas condições de treinamento internos (saúde, bem-estar, capacidade momentânea) e condições de treinamento externos (clima, tempo, terreno). Considerando-se as condições de treinamento e a duração da sobrecarga do método contínuo que podem ser divididos a qualquer tempo em intervalos de longo período com as pausas correspondentes (TABELA 6.4).

6.2.3 Critérios de Sobrecarga

Freqüência cardíaca

Mesmo um treinamento de *endurance* bem planejado e bem executado necessita de controle, pois muitos fatores de peso não reconhecíveis de imediato (situação de saúde, em geral, medo, clima) podem influenciar a freqüência cardíaca antes do início da aula, de forma que durante o treinamento facilmente possa ocorrer uma sobrecarga. Por esta razão, os participantes dos grupos e suas reações deverão ser observadas constantemente pelo professor e pelo médico, a fim de que no ocaso de sintomas de sobrecarga, possam reagir rapidamente (vide ITEM. 2.7).

TABELA 6.5 Concepção de um treinamento de caminhada e corrida pelo método contínuo

Unidade de treinamento	Tempo de corrida
13	1 x 10min
14	1 x 12min
15	1 x 14min
Etc.	1 x 30min

Mediante a contagem da frequência cardíaca na aula, o controle de sobrecarga é mais fácil. Em princípio, deveriam ser efetuadas medições da frequência cardíaca antes e após a aula. Mas também durante as pausas no treinamento intervalado, ou durante uma interrupção da corrida contínua, a freqüência cardíaca pode ser controlada. Desta forma, um rápido restabelecimento da frequência cardíaca, dentro de 2 a 3 minutos, pode fornecer informações sobre uma boa situação no treinamento.

Visto que na auto-medição sempre ocorrem erros de medição e cálculo, a utilização de aparelhos eletrônicos de medição, principalmente durante a fase de adaptação e de estruturação, são recomendados. A utilização destes aparelhos de medição deverá ser gradativamente eliminada, já que deverá ser desenvolvida a conscientização do corpo e a auto-avaliação dos participantes. O bem-estar geral, apesar de todas as premissas durante o treinamento, deverá estar em primeiro plano. Se um participante não se sentir bem, deverá ser efetuada a avaliação pelo médico.

Respiração

Também a freqüência respiratória esclarece a intensidade da sobrecarga. Respiração difícil demonstra visivelmente uma sobrecarga exagerada.

Um ritmo respiratório equilibrado, o qual, é monitorado com o passo quatro (inspirar 4 passos, 4 passos expirar) precisam estar em consonância, podendo ser mantido somente mediante uma leve até média sobrecarga. A fim de melhorar a profundidade respiratória, a inspiração pode ser exclusivamente pelo nariz, enquanto a expiração pode ser feita pela boca. Esta técnica respiratória também só é possível em velocidade de corrida moderada. Caso não consiga melhorar a respiração profunda, deveria, durante o aquecimento ou a ginástica, ser treinada a respiração funcional correta (ver ITENS 7.1, 9.6). Em geral, o ritmo respiratório se ajusta individualmente no decorrer de um processo de treinamento, de forma que a respiração consciente somente se faz necessária ocasionalmente.

Tempo (Clima)

Dias de calor com temperatura acima de 25°C e alta umidade do ar a partir de 85% sobrecarregam o sistema cardiovascular – não só de cardiopatas, mas também de pessoas sadias. Por esta razão, deveria se eliminar principalmente em dias quentes o treinamento de *endurance* e jogos. Para tais casos, recomenda-se fazer uso de conteúdos de aulas preparados há um longo tempo (exposição, diálogos e exercícios de relaxamento). Também a concentração de ozônio e a intensidade dos raios UV precisam ser verificados, a fim de que, em caso de valores extremos, procedam as medidas necessárias. Se os valores de ozônio estiveram acima de 180microgramas/m^3, não deverão ser executadas sobrecargas físicas. Contra raios UV, podemos nos precaver, evitando áreas a céu aberto e procurando sombras ou alas esportivas.

6.2.4 Tipos de Atividades Adequadas

Para treinamentos em grupos nem todos os tipos de atividades de *endurance* são adequados. Decisivo para a seleção foram os seguintes critérios:

- Efeitos de treinamentos otimizados.
- Controle e dosagem isenta de problemas.
- Exigências à técnica reduzidas.
- Baixo dispêndio organizacional e estrutural.

Caminhar

Caminhar otimiza a saúde (Lagerstrom, 1999). A superatividade do sistema cardiovascular e do aparelho físico praticamente ficam excluídas (ver ITEM 6.3). Caminhadas se prestam especialmente para grupos iniciantes. Mas também, nos grupos avançados, é recomendado para pessoas que por motivos ortopédicos (obesidade ou motivos de idade) não conseguem correr, visto que a intensidade de sobrecarga pelas variações da caminhada – adicionalmente à velocidade – pode ser elevada.

- Caminhar com pesos nas mãos.
- Caminhar em terreno acidentado com barras de esqui.

Apesar de caminhar ser um movimento natural, por motivos econômico-coordenativos, seria útil valorizar a um bom caminhar/andar. A utilização determinada dos braços ativa adicionalmente grandes grupos musculares da região superior do tronco.

Deverá ser observado que roupas e calçados adequados são imprescindíveis.

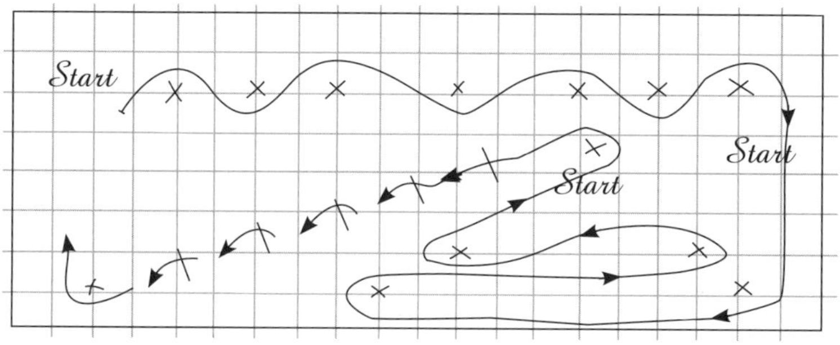

FIGURA 6.2 – Corrida coordenada, são compostos de grupos grandes. Os grupos parciais iniciam em diversos pontos.

Corrida/*Jogging*

A corrida continua sendo, do ponto de vista da saúde, o método ideal para as pessoas (Lagerstrom,1999), já que devido a oscilação automaticamente mais forte dos braços utilizam mais de 1/6 da musculatura. No entanto, pessoas com sobrepeso e participantes sem experiência de corrida deverão se adaptar sistematicamente ao treinamento de corrida. A experiência mostra em principiantes – mesmo com dosagem de intensidade otimizada – ocorrências ortopédicas. Por isso, deverá ser observado o seguinte *slogan*:

Prefira alcançar os objetivos desejados após um tempo mais longo.

Os demais critérios decisivos para a seleção do tipo de esportes são válidos tanto para as corridas como para as caminhadas.

Devido às exigências mais fortes, a técnica da corrida deveria ser treinada e observada, especialmente uma corrida solta e ritmada. Desta forma, durante o aquecimento da coordenação de corrida, de exercícios de corrida ABC (corrida com a porção anterior dos pés, Hopserlauf – seqüência de saltos com elevação do joelho –, corrida ritmada etc.) pode ser melhorada. O estilo pessoal de corrida deverá ser corrigido somente quando houver grandes erros nos movimentos.

A fim de estruturar a caminhada/corrida, principalmente durante a fase de montagem de forma mais variada e interessante, oferecem-se possibilidades variadas nas metodologias de aulas:

- Corrida triangular, quadrangular ou na pista circular.
- Corridas estimativas de tempo: quem achar que o tempo previsto de 2 ou 3 minutos acabou, pára rapidamente.
- Corrida de retorno: após 1, 2 ou mais minutos, voltar e voltar exatamente com o mesmo tempo ao ponto de partida.
- Corrida coordenada: corridas de minutos em torno e sobre obstáculos rasos. (FIGURA 6.2)

Em todas as formas de corrida, a tarefa adicional representa correr de tal forma que o valor da frequência cardíaca de treinamento no final da corrida não seja ultrapassada.

Treinamento de circuito/ operação circular

Corrida de circuito é um método de treinamento e, ao mesmo tempo, uma forma de organização, desenvolvido, em 1953, na Inglaterra por Morgan e Adamson, a fim de treinar as formas de exigências motoras principais (*endurance*, coordenação etc), bem como suas formas complexas (força, velocidade etc.).

Visto que o treinamento de circuito permite em seu conteúdo inúmeras variações, pode ser utilizado também para reabilitação cardíaca, desde que o método de treinamento seleciona-

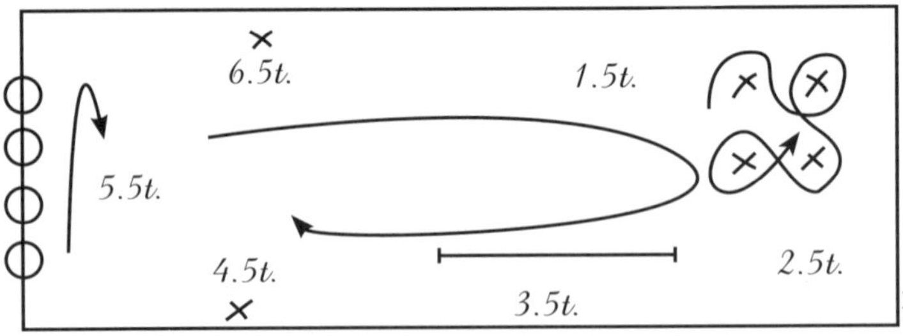

FIGURA 6.3 Plano de estação.

do e o âmbito organizacional correspondam às exigências do grupo.

Um planejamento específico e uma execução metódica correta garantem um bom treinamento dosado e controlável. A visão a seguir facilita a composição de um treinamento em circuito.

- *Objetivos para reabilitação cardíaca*: *endurance* aeróbio-dinâmica geral, coordenação, mobilidade.
- *Métodos Intervall extensivos*:

Intensidade de sobrecarga	FC individual
Duração da sobrecarga	30, 60 ou 90s
Pausa	60 a 180s
Estrutura das pausas	passiva ou com exercícios de soltura e posteriormente ativa, com caminhada e corrida
Volume da sobrecarga	aumentada gradativamente até 30 minutos

- *Seleção de exercícios*: somente exercícios de coordenação e mobilidade, conhecidos sem posição extrema do corpo e sem seleção de movimentos velozes.
- *Prescrição de exercícios*: exercícios de coordenação e mobilidade, trocar sistematicamente devendo considerar os principais músculos.
- *Estações de exercícios*: a quantidade de estações pode ser elevada de 4 até no máximo 12 estações. Em grupos com 15 a 20 pessoas, 6 a 8 estações sob o ponto de vista oranizacional representam uma solução econômica.
- *Especialidades*: introduzir o grupo mediante equipamentos de mídia (quadros, cartazes, cartões de estações) ao processamento. Se um circuito experimental apresentar problemas e fraquezas, esses precisam ser modificados. Após 4 a 6 unidades de treinamento, estabelecer novas estações ou paralisar a favor de outras, temporariamente, o circuito de treinamento.

O exemplo de circuito a seguir (FIGURA 6.3) deverá ser compreendido somente como forma de organização, e pode ser utilizado tanto em grupos de iniciantes como de avançados. Somente mediante a normatização de sobrecarga será decidido se o treinamento de circuito será determinado para um dos dois grupos.

1ª. estação: Bola em pé, esquerda e direita, jogar a bola com ambas as mãos. Alternativamente, jogar a bola pelos obstáculos.

2ª. estação: Braços, oscilar, girar paralelamente diante do corpo,
Alternativa: Giro tipo moinho, um braço gira para frente, o outro, para trás.

3ª. estação: Andar equilibrando uma barra sob a palma da mão.
Alternativa: Igualmente andar sob uma linha.

4ª. estação: Apoiar na barra a perna esquerda e a direita, oscilando para frente e para trás.

Alternativa: Segurar a barra na altura do peito e levantar as pernas esquerda e direita.

5ª. estação: Jogar a bola de diversas distâncias em um alvo na parede e pegá-la de volta.
Alternativa: Diversos alvos lado a lado – andar de lado, jogar a bola ao alvo e pegá-la novamente.

6ª. estação: Alternadamente, girar a cintura e posicionar-se lateralmente
Alternativa: Braços estendidos para cima – flexionar e girar o tronco alternadamente.

Observações

Os exercícios alternativos apresentam variações e coexigências capacitacionais mais elevadas.

- A fim de fomentar a criatividade, os exercícios, após algumas unidades de treinamento, podem ser variados.
- Ao mesmo tempo, podem se exercitar 18 pessoas, desde que cada estação seja revestida triplamente.
- Todos os participantes ajudam na montagem e desmontagem da estação.
- Meios e equipamentos: plano de estação, quadros, 9 bolas de ginástica, 8 barras de ginástica, pino de bloqueio, cronômetro.

Muitos cardiopatas praticam, no seu tempo livre outros tipos de esporte de *endurance*. Os favoritos são caminhadas (passeios), ciclismo, esqui de longa distância e natação. Ajustar essas atividades ao treinamento é importante sob o ponto de vista da metodologia de treinamento. Mediante eventos especiais, os participantes podem ser introduzidos nos objetivos, métodos e especialidades desses tipos de esportes. No capítulo Programas Especiais serão explanadas características importantes.

Literatura

Berg A. In: Brusis OA, Weber-Falksammer H. (Hrsg.) *Handbuch der Herzgruppenbetreuung*,99-118. Balingen: Perimed; 1999.

Brusis AO, Weber-Falksammer H. (Hrsg.) *Handbuch der Herzgruppenbetreuung*. Balingen: Perimed; 1999.

Langerstrøm D, Völker K. *Sport und Bewegung bei koronarer Herzgruppenbetreuung*, 201-218. Baligen: Perimed; 1999.

Rost R. *Sport und Gesundheit*. Berlin, Heidelberg: Springer Verlag; 1994.

6.3 Caminhada – O Programa de *Endurance* Ideal na Reabilitação Cardíaca

K. Boes

Os efeitos positivos dos treinamentos de *endurance* sobre desenvolvimento de aptidão física, prevenção e reabilitação foram analisados de forma abrangente e documentados de forma ótima (Berg e Keul, 1980; Hollmann e Hettinger, 1990; Lagerstroem, 1994; Niesten-Dietrich 1992 e Scheibe 1994).

A comprovação empírica foi efetuada tan to em grandes estudos epidemiológicos (Oja, 1995 Paffenberger *et al*., 1993) como em trabalhos experimentais (revisão de Berg,1998), também resumindo em meta-análises (Berlin e Colditz,1990; Knoll,1997).

Do ponto de vista psicológico, podem ser diferenciadas adaptações metabólicas, cardiovasculares e endocrinológicas.

Em uma série de novos trabalhos de forma crescente, também se referem aos efeitos favoráveis psíquico-sociais dos treinamentos orientados a *endurance* (Schlicht, 1995). Também os efeitos positivos do treinamento sobre adiposidade, diabetes melito, auto-conceito e auto-efeito, bem como medos e estresse, foram e são objeto de trabalhos científicos e são seguramente considerados empíricos (resumindo em Boes e Brehm, 1998; Bouchard *et al.*, 1990, 1994; Hollmann e Hettinger, 1990). Conforme conhecimentos de saúde e sob o ponto de vista da patologia, foram salientadas a prevenção e redução dos fatores de risco do ponto de vista da saúde genética, e o reforço dos fatores de proteção.

Para a forma ideal do treinamento de *endurance* vale, sobretudo, o princípio da aptidão individual, ou seja, treinamento de *endurance* é principalmente eficaz como proteção à saúde e prevenção, bem como reabilitação, desde que:

- esteja adaptado às condições individuais do treinamento;
- ajuste-se ao conceito do estilo de vida e às experiências anteriores; e
- seja executado com prazer e alegria.

Estes critérios psicosociais devem ser levados em conta com mais ênfase futuramente, principalmente considerando-se que muito mais da metade dos praticantes ou re-iniciantes de atividades esportivas as abandonam durante as primeiras quatro semanas do início da atividade (Morgan,1987). O mais importante, entretanto, é praticar o esporte regularmente (von Weizsäcker,1988). Isso vale sobremaneira em treinamento de *endurance*, cujas adaptações positivas são perdidas em um espaço de tempo relativamente curto.

6.3.1 Caminhada – Introdução ao Esporte Ideal

Das últimas observações do capítulo de introdução, ficou claro que a atividade de *endurance* ideal não existe. De acordo com o conhecimento, experiência anterior ou inclinação, o ciclismo, a natação, o *jogging* ou o treinamento ergométrico podem ser a forma ideal de *endurance*. Desde algum tempo, a caminhada tem adquirido cada vez mais adeptos.

A caminhada é um exercíco de baixo impacto, mas extremamente eficaz como tipo de esporte condicionado à saúde. Caminhada é andar rapidamente com utilização dos braços, mas sem o típico "balanço das cadeiras" típico da caminhada competitiva. Cada vez mais pessoas neste ínterim reconhecem a caminhada e a praticam com entusiasmo.

A caminhada destina-se, principalmente para pessoas despreparadas e obesas, e como novo tipo de esporte para "pessoas mais velhas", que querem fazer algo para o seu bem estar físico, a caminhada também é uma atividade adequada para a família.

Tendo em vista que a sobrecarga para as articulações, tendões, ligamentos e coluna é sensivelmente mais baixa do que no *jogging*, por exemplo, a caminhada obtém excelentes efeitos na reabilitação e é muito adequada para pacientes cardiopatas.

Elementos da técnica de caminhada

O procedimento de movimentos da caminhada não precisa ser aprendidos em longos processos de treinamento. Ele já faz parte integrante do nosso cotidiano. Alguns pontos, no entanto, deverão ser observados para o correto exercício da técnica de caminahda:

Os 10 pontos da técnica de caminhada

1. No início, uma velocidade moderada.
2. Calcanhares no chão com leve flexão dos joelhos.
3. Os pés fazem rolagem sobre toda a sola do pé.
4. As pontas dos pés retos, em direção ao trecho a ser andado.
5. Oscilar os braços ao lado do corpo.
6. Oscilar os braços em ritmo contrário (perna esquerda, braço direito e vice-versa).
7. Respiração consciente: inspirar e expirar.
8. Olhar entre 4 e 5m para a frente.
9. Ombros soltos e pendurados.
10. Levantar a caixa torácica.

Monitoramento de sobrecarga na caminhada

Em qualquer atividade de *endurance*, isso também é válido para a caminhada, sempre se precisa tomar cuidado. Precisamente no início, principiantes e re-integrantes não deveriam superestimar a sua própria capacidade!

Especialmente em terrenos acidentados e montanhosos, a sobrecarga é muito maior do que na caminhada em terreno plano e pode, facilmente, ultrapassar as normas de sobrecarga.

A introdução na área de atividade de *endurance* com caminhada é otimizada. No início, somente é necessário um nível mínimo de condicionamento e aptidão física, pois tempo de sobrecarga, intensidade e grau podem ser monitorados individualmente conforme capacidade pessoal.

Como professor, observe que seus cardiopatas, antes de iniciar um treinamento de *endurance,* precisam consultar um médico para que este determine o grau de resistência individual.
No treinamento, observe sintomas de sobre carga subjetivos (forte avermelhamento da pele, palidez, forte transpiração, sem fôlego). Seus pacientes deverão se esforçar, mas sentindo-se muito bem.

Afora calçado de *jogging* ou caminhada, não há necessidade de equipamentos especiais. Roupa que não prenda a transpiração é aconselhável, e a utilização de equipamento medidor de freqüência cardíaca é otimizado.

Durante a caminhada, qualquer praticante pode determinar seu próprio trecho, conforme avaliação de estado da aptidão física. Aumentos e comunicados de resultados são facilmente detectáveis – mediante medição da frequência cardíaca ou cronometragem dos trechos percorridos.

6.3.2 Prática de Caminhada

Curso de Caminhada para principiantes e diagnóstico e acompanhamento regular

Aos principiantes, recomendamos, no início, realizar um curso de caminhada de 12 semanas (TABELA 6.6). Neste caso, você como monitor (supervisor) transmite os elementos básicos da técnica de caminhada, bem como os principais princípios para um treinamento de *endurance* adequado. Sugestões mais detalhadas para a estruturação de unidades de treinamento caminhada você encontra em Boes (2000).

Recomendamos, em conexão com o curso de caminhada também, a execução regular de um teste de caminhada de 2km. Esse assunto está apresentado detalhadamente no ITEM 5.3.3 deste livro. Os resultados dos testes possibilam uma avaliação da capacidade atual, e principalmente da capacidade desenvolvida.

A caminhada pode ser praticada sozinha. Recomende sempre que os membros de um curso de caminhada se associem a um grupo. Isso produz maior satisfação, e a permanência dos participantes fica facilitada. Regularidade é o princípio mais importante para uma atividade esportiva com efeitos para a saúde.

TABELA 6.6 Estruturação de um programa caminhada de 12 semanas para reabilitação cardíaca. A intensidade do treinamento (freqüência cardíaca) se baseia na intensidade de resistência indicada pelo professor (freqüência cardíaca de treinamento).

Semana	Conteúdo do programa	Duração da Caminhada (em min)
1	Sentir a caminhada ▪ aquecimento ▪ técnica de caminhada, controle de sobrecarga ▪ esfriamento, equipamentos de caminhada	30 (com pausa)
2	Teste de Caminhada (somente após checagem de risco) ▪ aquecimento, iniciar a caminhada ▪ teste, esfriamento	30
3	Assunto: Criar consciência de grupo ▪ jogos para aquecimento ▪ caminhar, esfriamento	30
4	Assunto: Consciência corporal ▪ aquecimento ▪ caminhar com exercícios para caminhada + consciência corporal ▪ introdução na mensuração da freqüência cardíaca ▪ esfriamento	35
5	Assunto: Aquecimento ▪ aquecimento detalhado com esclarecimentos ▪ caminhar, esfriamento	40
6	Assunto: Técnica de Caminhada ▪ aquecimento pelos membros do grupo ▪ jogos para melhorar a técnica da caminhada ▪ esfriamento	45
7	Assunto: Monitoramento do treinamento ▪ aquecimento pelos membros do grupo ▪ caminhar com apresentação das variantes da caminhada ▪ esfriamento	50
8	Assunto: Monitoramento do treinamento ▪ aquecimento pelos membros do grupo ▪ caminhar e medir pulsação, aparelho de medição de freqüência cardíaca, escala de Borg ▪ esfriamento	60
9	Assunto: Esfriamento ▪ aquecimento pelos membros do grupo ▪ caminhar, esfriamento com esclarecimentos detalhados	60
10	Assunto: Caminhada individual em segurança dentro do grupo ▪ aquecimento pelos membros do grupo ▪ caminhada ▪ aspectos de segurança durante a caminhada, esfriamento	60
11	Assunto: Teste de Caminhada ▪ aquecimento, criar ritmo de caminhada ▪ efetuar o teste, esfriamento	30
12	Discussão final, controle dos objetivos do aprendizado, avaliação do curso	x

Caminhar como atividade cotidiana

A participação regular na caminhada é somente um componente no caminho para um estilo de vida ativo. Os participantes aprendem que, mediante a caminhada, tanto a capacidade para realizar as atividades da vida diária como para realizar exercícios podem ser melhoradas.

Para melhorar a capacidade funcional e realizar as atividades da vida diária são recomendados 10.000 passos como *dosagem otimizada de atividade diária.* Isso é alcançado ao se evitar elevadores e escadas rolantes, com o aproveitamento das chances de atividade no dia-a-dia, com o uso de púlpitos no local de trabalho etc.

Tempo, freqüência e intensidade do treino de caminhada

Recomendamos caminhada de 30 a 60 minutos, entre 2 e 4 dias por semana. Geralmente, em grupos de caminhada, ela é praticada apenas 1 ou 2 vezes por semana. Isso é plenamente suficiente para principiantes e para manter a capacidade.

Os indivíduos ambiciosos necessitam para melhorar a capacidade de *endurance* unidades de caminhada adicionais. Isso pode ser resolvido sem problemas, visto que na caminhada o risco de uma sobrecarga é praticamente impossível.

A intensidade do treinamento se baseia nas prescrições relativas à freqüência cardíaca de esforço. Especial atenção dos participantes dos grupos deverá ser dada a pacientes que fazem uso de betabloqueadores. Sem influência do medicamento a freqüência cardíaca atinge facilmente a área de treinamento de 60 a 70% da freqüência cardíaca máxima.

Dicas especiais para principiantes e pacientes de baixa capacidade

Slogan: Iniciar com suavidade, aumentar vagarosamente.

Fase de adaptação	1 x por semana 15 – 30 minutos
Fase de estruturação	2 x por semana 30 – 45 minutos
Fases de estabilização	3 a 4 x por semana 45 – 60 minutos

Quando os principiantes das caminhadas deixam de executar atividades físico-esportivas por muitos anos ou se encontrarem em um estado físico muito ruim (debilitados), é recomendável que nas primeiras 4 ou 5 semanas, inicie-se o caminhar de 15 a 30 minutos. Conforme o caso, podem ser introduzidas pausas nas caminhadas. Adicionalmente, deveria ser executado uma vez por semana um programa curto de ginástica. Somente após a fase de adaptação e estruturação é recomendável iniciar uma segunda caminhada por semana. Uma interrupção de dois dias entre uma caminhada e outra é recomendável. Desta forma, o suave aumento da sobrecarga de treinamento é cuidadosamente estabilizado. Somente após 3 a 6 semanas de caminhadas regulares pode ser aumentadas em pacientes de baixa capacidade a caminhada para três, mais tarde, talvez, até a quatro unidades de caminhadas por semana.

A duração da caminhada por treinamento é adaptada à melhor condição física. Após 12 semanas, o tempo de caminhada pode ser elevado a 45min, e após 6 meses, a 60min.

Dicas para pacientes de alta capacidade e jovens

Caminhar, para o ser humano, é muito adequado, mas não é a única forma de treinamento para melhorar o *endurance*. Quem não gosta de caminhar ou para quem a intensidade de sobrecarga é insuficiente, é possível a prática de *jogging* ou ciclismo como excelentes alternativas. Mas pode-se variar o terreno das caminhadas ou utilizar pequenos pesos nas mãos. Como professor, você deverá sempre observar, criteriosamente quaisquer sintomas de esforço.

Sinais de esforço na caminhada

Sinais da esforço ou um treino que foi aumentado muito rápido podem causar dores musculares e/ou articulares, dores musculares tardias, cansaço ou falta de vontade. Os esforços na caminhada são quase que descartados, entretanto deve-se perguntar e observar os praticantes de seu grupo de caminhantes pelos seguintes sintomas:

- Quando ocorrerem dores musculares ou articulares durante a caminhada, deverá ser interrompido o treinamento.
- Dores articulares agudas podem melhorar com resfriamento (saco de gelo) sobre a parte afetada.
- Tensões musculares repetidas ou dores deverão ser reduzidas com calor (ducha quente, bolsa de água, infravermelho). Em caso de dúvida, consultar um médico.
- Se após a caminhada ocorrerem dores musculares, esperar até passar as dores para então continuar com a caminhada. Após dois dias geralmente estes sintomas desaparecem. Não massagear o local das dores musculares. Passar a mão levemente com pressão e calor são permitidos. Dores musculares não são causas sérias, mas apenas micro-rompimentos nas fibras musculares.
- Cansaço e indisposição podem ser causas de super-exigências. As pausas para a regeneração foram muito curtas. Quando se retoma muito cedo a caminhada, respectivamente na fase de esgotamento, o corpo não consegue repor o desgaste, muito menos super-compensar. Isso leva à queda contínua de capacidade e se transforma em falta de vontade e fraqueza. Aqui o treinamento de caminhadas deveria ser interrompido, a fim de possibilitar a regeneração.

Aquecimento e esfriamento na caminhada

Antes da caminhada deveriam ser efetuados exercícios de alongamento, a fim de preparar as articulações, tendões e ligamentos para o esforço. Alguns exercícios de alongamento têm utilidade para a preparação da musculatura. Alongamento amplo ou flexibilidade não são necessários para essa leve atividade.

Após a caminhada, no entanto, é muito importante efetuar novo alongamento na região das pernas, nuca e ombros. Recomendamos para tanto um programa básico (Boes, 2000), no qual os participantes do grupo aprendem rapidamente e podem utilizá-lo de forma autônoma.

O Condicionamento Físico deveria sempre ser total. Para tanto, não só conta o alongamento regular da musculatura encurtada, mas também um reforço regular e suficiente para a musculatura enfraquecida (por exemplo, musculatura do abdômen). Tais programas adicionais para o fortalecimento e ginástica funcional você encontra no capítulo 7. Com um programa de condicionamento físico total, o paciente cardíaco é colocado na situação em que pequenos pontos fracos são rapidamente equiparados e transformadas em pontos fortes.

Literatura

BERG A, KEUL J. *Körperliche Aktivität bei Gesunden und Koronarkranken*. Freiburg: Verlag Gerhard Witztrock, 1980.

BERG A. *Grundlagen Von gesundheitsorientierter physischer Belastung und körperlicher Adaptation*. In: BÖS K, BREHM W. (Hrsg.) *Gesundheitssport*: ein Handbuch. Schonodorf: Hofmann, 1998.

BERLIN JA, COLDITZ JA. A *meta-analysis of physical activity in the prevention of coronary heart disease*. American Journal of Epidemiology. 1990,132: 612-628.

BÖS K, SAAM J. *Tips für Walking*. Aache: Meyer und Meyer, 2000.

BÖS K, BREHM W. (Hrsg.) *Gesundheitssport*: ein Handbuch. Schonodorf: Hofmann, 1998.

BOUCHARD C, SHEPARD RJ, STEPHENS T, SUTTON JR, MCPHERSON BD. (Eds.). *Exercise, fitness, and health*. ChampaingI1. I1: Human Kinectis, 1994.

HOLLMANN W, HETTINGER T. *Sportmedizin* – Arbeits- u. Trainingsgrundlagen. 3. Auflage. Stuttgar, New York: Schattauer, 1990.

KNOLL M. *Sporttreiben und Gesundheit* – Eine kritische Analyse vorliegender Befunde. Schonodorf: Hofmann, 1997.

LAGERSTRØM D. *Grundlagen der Sporttherapie bei koronarer Herzkrankheit*. Köln (Weiden): Echo Verlag, 1994.

MORGAN WP. *Exercise and Metal Health*. Washington: Hemishere Publication, 1987.

NIESTEN-DIETRICH U. *Physische Aktivität und koronare Herzkrankheit*. Was ist gesichert? Münster: MBO, 1992.

OJA P. *Descriptive epidemiology of health* – related physical activity and fitness. Research Quarterly for Exercise and Sport. 1995, 66: 303-312.

PAFFENBARGER et al. *Measurement of physical activity to assess health effects in free-living populations*. Medicine and Science in Sport snd Exercise. 1993, 25; 60-70.

SCHEIBE J. (Hrsg.) Sport als. *Therapie*: Konzepte für die stationäre und ambulante Heilbehandlung. Berlin: Ullstein, 1994.

SCHLICHT W. *Wohlbefinden und Gesundheit durch Sport*. In: Deutscher Sportbund (Hrsg.). Wissenschaftliche Schriftenreihe, Bd. 25. Schonodorf: Hofmann, 1995.

VON WEIZSÄCKER R. *Breintensport und Spitzensport gehören zueinander*. In: *Deutscher Sportbund* (Hrsg.). Menshen im Sport 2000. Schondorf: Hofmann, 1988, 16-19.

6.4 Possibilidades de Desenvolvimento Alternativo de Força e *Endurance* à Base de Aeróbica e *Step* na Reabilitação Cardíaca.

O. Roessler

O treinamento cardio-respiratório é uma das bases terapêuticas na reabilitação cardíaca. Ao lado de treinamentos de caminhada, corrida e ergométricas, o desenvolvimento da *endurance* a base de formas de exigência alternativas, como pela aeróbica e *step* aqui é uma outra possibilidade.

Na ginástica aeróbia, apesar do acentuado aumento da freqüência cardíaca devido à seqüência dinâmica dos movimentos, ocorre um leve aumento da pressão sistólica durante a sobrecarga. Visto que os vasos periféricos na musculatura em ação se dilatam devido ao aumento do oxigênio, ocorre uma redução da resistência vascular periférica apesar do aumento da frequência cardíaca e do aumento da contratilidade cardíaca. A pressão arterial sistólica aumenta somente um pouco no esforço, e a pressão arterial diastólica permanece praticamente constante (Middé et al., 1991). No entanto, intensidades muito altas e formas de esforço isométricas deveriam ser evitadas.

Em um estudo monitorado de dez semanas por Thoss (1995) e Hoffmann (1995) concernente à introdução de aeróbia e *step* em pessoas com maior percentual de adiposidade e hipertonia, foram registrados após o curso (10 x 60 min) as seguintes alterações em comparação ao grupo controlado e aos resultados.

- Pressão arterial sistólica e diastólica ↓
- Perfil de lactato sob sobrecarga idêntica ao perfil de lactato em repouso ↓
- Capacidade vital ↓
- Freqüência cardíaca em repouso, sob sobrecarga idêntica e durante fase de recuperação ↓
- Peso ↓
- Parte gordurosa do corpo ↓

A avaliação dos resultados dos exames mostra que a utilização de ginástica aeróbica/*step*, observando os princípios a seguir, apresenta um método de treinamento adequado para a reabilitação cardíaca.

6.4.1 O que Significa Aeróbica/*Step*?

Aeróbica (em grego: era = ar) foi desenvolvido por Kenneth H. Cooper, primeiramente para os astronautas da NASA, nos anos 60. Trata-se da manutenção dos movimentos de grupos musculares em intensidade relativamente baixa por um determinado período. Desta forma, deverá ser aumentado o consumo de oxigênio.

Step (subir escadas em uma plataforma ajustável) igualmente é um programa cardiovascular aeróbio. Em contrapartida, a aeróbia utiliza mais fortemente a musculatura das extremidades inferiores.

6.4.2 Vantagens e Desvantagens da Utilização de Aeróbica e *Step* para Cardiopatas

A fim de poder executar um exercício físico, precisa estar a disposição uma massa muscular suficiente. O treinamento de força diminui a exigência muscular relativa em igual intensidade de sobrecarga. Desta forma, também se reduz a exigência circulatória e conseqüentemente se reduz o consumo de oxigênio do miocárdio. Um aumento da força e massa muscular também é recomendável para cardiopatas (recomendações da DGPR, 1994).

Ao lado do treinamento mais orientado ao *endurance* na aeróbica, a exigência orientada, a força aplicada em uma aula de *stepp* pode melhorar o *endurance* muscular que reduzirá o trabalho cardíaco diário. Isso significa que um paciente com musculatura suficiente após um adaptado treinamento muscular estará em melhor posição de corresponder às suas necessidades diárias sem sobrecarga cardíaca (por exemplo, subir escadas ou levantar uma caixa de bebidas). Em pacientes com pressão alta de difícil tratamento e doença cardíaca pré-existente (baixa fração de ejeção, insuficiência cardíaca e arritimia) precisa ser avaliado de modo especial no que concerne às vantagens e desvantagens da utilização de exercícios aeróbios. Importante, portanto, é a dosagem da sobrecarga e a composição do grupo. Exercícios aeróbios deveriam ser utilizados exclusivamente no grupo avançado. A utilização de *Step* devido a maior parte de força, no grupo avançado, deverá ser permitida aos participantes somente, após uma sobrecarga mínima de 1,5Watt/kg de peso corporal.

Uma visão geral sobre eventuais vantagens e desvantagens na aeróbia/*step* em reabilitação cardíaca é apresentada na TABELA 6.7.

TABELA 6.7 Vantagens e desvantagens da aeróbica/*step* em relação ao treinamento de caminhada, corrida e ergométrica

☺	☹	
Avaliar os movimentos gerais dinâmicos, exigência estática mínima	Parte de força relativamente alta no *Step*	Em parte, movimentos não usuais, principalmente em exercícios com utilização
Disponibilização energética aeróbica	Volume de sobrecarga médio a alto	Simultânea de braços e pernas com a música é orientado todo o ritmo de movimentos para o grupo total
Força mínima na aeróbica	Exigência emocional relativamente alta	Freqüentemente sem experiência, visto se tratar geralmente de participantes masculinos
Grande motivação dos participantes devido à música	Plataformas de *step* adequados são necessários (custos!)	
Pouco espaço físico em contrapartida ao treinamento de caminhada e corrida, custos mais reduzidos em comparação ao treinamento ergométrico	Necessário um monitor experiente tanto na teoria como da pratica de aeróbia	
Controle de sobrecarga simples e avaliação dos movimentos cíclicos	Monitor participa	

6.4.3 Intensidade da Sobrecarga

A intensidade da sobrecarga depende principalmente de:

- Ritmo da música. Um ritmo musical muito rápido, além da produção elevada de ácido lático, leva à perda do controle dos movimentos. Conseqüentemente aumenta o risco de acidentes.
- Execução dos movimentos em baixo, médio ou alto impacto. No alto impacto, significa que os dois pés abandonam, por um ínfimo tempo, o chão ocasionando um desgaste energético mais elevado que os passos básicos do baixo impacto, quando um pé está constantemente no chão.
- Do grau de dificuldade do exercício
- Do método de treinamento utilizado.
- Da alavanca (alavanca do braço e da perna).
- Da troca da perna chave, isto é, da perna utilizada primeiro. Uma perna chave substitutiva sempre é mais vigorosa, do que uma perna chave constante.
- Do acompanhamento do movimento dos braços. Quanto mais movimentos de braços forem integrados ao treinamento, maior é a participação da musculatura do esqueleto, e com isso também do consumo de oxi-

gênio e custo energético. O fator estresse também aumenta devido às exigências coordenativas mais altas.

- Da experiência anterior e da situação de trienamento do paciente cardíaco, bem como da composição do grupo.
- Da direção dos movimentos. Conseqüências de exercícios são considerados mais difíceis quanto mais direção de movimentos forem oferecidos (para frente, para o lado, para trás, em diagonal para a frente, em diagonal para trás, para cima).
- Da altura dos step (FIGURA 6.4).

mmol/Lactato/Freqüência cardíaca/
pressão arterial mmHg

FIGURA 6.4 Elevação da freqüência cardíaca e respiratória, pressão arterial, produção de Lactatos e preocupação subjetiva do esforço em relação à altura do *step*.

6.4.4 Riscos à Saúde e Prevenção de Acidentes

O perfil de esforço na aeróbia e *step* é comparável à caminhada. Passos de subida no step apresentam até um perfil de esforço menor em comparação à caminhada. (Pahmeier e Niederbaeumer, 1996).

No entanto, cardiopatas com problemas no aparelho locomotor devem evitar saltos, visto que, ao pisar no chão, ocorrerem efeitos de cargas de impacto, que correspondem ao peso do corpo multiplicado.

A fim de manter o risco de acidentes o menor possível e com o intuito de não sobrecarregar o aparelho locomotor cardiopatas durante a aeróbia deveriam observar as seguintes regras:

- Calçados adequados com bom amortecimento e suporte por calçamento interno e externo, nunca descalços.
- Se possível, treinar em piso anti-impacto, elástico de pontos, diante de parede com espelhos, e boa iluminação e ventilação.
- Para principiantes, inicialmente praticar somente passos básicos no chão sem utilização dos braços. Mais tarde podem ser introduzidos alguns movimentos simples de braços.
- Manter um pé sempre no chão (baixo impacto) não pular (alto impacto).
- Em exercícios de joelhos, não flexioná-los mais do que 90°.
- O peso do corpo distribuído uniformemente sobre os dois pés.
- Na genuflexão, o joelho sobrecarregado não deve ser flexionado mais de 90°. Joelho nunca deve se antepor à ponta do pé.
- Movimentos giratórios: executar somente com pé sem carga (principalmente, em posição de flexão do joelho).
- Na ocorrência de dores na área da coluna cervical e no caso da existência de problemas cardio-circulatórios, evitar movimentos sobre a cabeça.
- Dores que surgirem antes, durante ou depois do treinamento, devem ser comunicadas imediatamente ao professor.

Adicionalmente, deveria ser observado no *step* o seguinte:

- Nunca subir ou descer de costas sobre a plataforma.
- Cuidados com a coluna quando levantar ou levar a plataforma.

6.4.5 Música e Movimento

Aeróbica é movimento com música. Conseqüentemente, a música é a base de todos os movimentos. Passos são adaptados ao ritmo da música. O compasso ou batimento (correspondente a um tempo de contagem) é entonado pelo instrumento rítmico. O compasso da música é indicado em batimentos por minuto (BPM). Quanto maior a quantidade de compassos por minuto, mais rápida se torna a música, e com isso também o movimento do grupo.

As peças de músicas individuais deveriam interagir, de preferência, com igual número de batimentos sem interrupção, para evitar um rompimento na seqüência de movimentos e, conseqüentemente, uma queda da freqüência cardíaca de treinamento (é importante principalmente para o *steady state*). No método intervalado, podem ser utilizadas músicas com números de batimentos variados (rápido – devagar – rápido – devagar).

Música que, em primeiro lugar, age motivando os participantes pode também levar a sobrecargas, quando participantes são forçados a ingressar em um ritmo, que para eles representa uma sobrecarga.

Na fase de aquecimento e esfriamento, os números de batimentos por minuto para cardiopatas não deveriam estar acima de 120 a130 BPM. Na parte principal, os batimentos podem ficar alocados entre 130 e 140BPM. Conforme o caso, ajustar para cima ou para baixo, a fim de evitar uma super ou sub-exigência. Deverá ser dado preferência a um equipamento de música com o qual o número de batimentos é ajustável para o treinamento aeróbio. No *step,* os números de batimentos, devido à diferença de altura a ser exercitada na plataforma, necessitam estar precisamente em torno de 20BPM mais baixos.

Para o professor de educação física, no início pode ser bastante difícil movimentar um grupo e a si mesmo no mesmo ritmo, achar o exato momento da troca de movimentos e observar o grupo (técnica, indicações de superexigência subjetiva, entre outros). Se a música for muito rápida, os movimentos se tornam muito pausados e descontrolados. Os participantes "tropeçam" atrás da música e ficam sobrecarregados, mas dificilmente reconhecerão isso quando forem perguntados. Em caso de dúvida, a música sempre deveria ser selecionada com um número de compassos menores, no entanto, em ritmo que a freqüência cardíaca desejada seja alcançada (controle constante).

Todos os movimentos aeróbios compõem-se de 8 compassos (ou 2 x 4). Ouvindo atentamente o primeiro compasso (início do movimento), poderá ser notado, já que todas as mudanças de movimentos sempre ocorrerão no primeiro compasso. Neste caso, é muito importante que na reabilitação cardíaca informe-se as instruções previamente (conforme o caso, fazer a própria demonstração, enquanto o grupo mantém seu processo de movimentos anteriores), para que cada um possa se ajustar em tempo hábil sobre a modificação (como devo me movimentar?, para onde devo me movimentar?). Caso contrário, o comando na hora da modificação do movimento causará estresse emocional nos participantes, o que levará a aumentos de freqüência cardíaca e pressão indesejada. Acompanhamento de voz rítmica é contado da seguinte maneira:

- "Um – e – dois – e – três – ...." ou
- "Mais – quatro – mais – três – mais – dois ..."

6.4.6 Técnica de Passos e Postura Corporal

Pacientes cardiopatas deveriam observar as seguintes regras:

- Colocando os pés no chão, começar pelo calcanhar e rolar, e, ao subir lateralmente, colocar a planta do pé completamente no chão, descendo primeiro a planta do pé e rolar até o calcanhar.

- Colocar o calcanhar suavemente, não bater (indicação: movimentar-se como um índio).
- Ombros levemente para trás, quadril flexionado, não bloquear os joelhos ou pressionar para trás.
- Evitar a flexão demasiada da coluna cervical.

Adicionalmente, deveria ser observado no *step* o seguinte:

- Colocar o pé de cima para baixo sobre o meio da plataforma.
- Manter contato visual com a plataforma.
- Não descer imediatamente depois da plataforma ou longe demais (correto é aproximadamente a distância de um pé).
- Flexionar o corpo levemente para frente quando subir ou descer; o movimento sai das articulações dos pés e joelho, não do quadril.

6.4.7 Como Inicio a Primeira Unidade Aeróbica no Âmbito de uma Reabilitação Cardíaca?

No início, deveria existir um procedimento resumido, próximo a prática da aeróbia como método de treinamento. Nas primeiras aulas, apresentar somente formas básicas e leves conforme o método intervalado. Neste caso, efetuar combinações simples ou nenhuma. Primeiro introduzir exclusivamente combinações para as pernas, depois os braços podem ser incorporados. Em caso de dúvida, selecionar sempre o ritmo de exercícios mais baixo, ou seja, passos lentos (para cada 2° batimento).

Uma parada abrupta após um treinamento intensivo deve sempre ser evitada. (Risco de hipotensão postural). Por esta razão, no final da aula, após alongamento e/ou relaxamento, nunca levantar-se de repente, mas devagar, pelo lado até a posição sentado. Após um curto pós-diálogo, estes pacientes podem se levantar.

A fim de não ultrapassar a freqüência cardíaca de treinamento dos pacientes, todo tempo precisa ser observado a dosagem da aeróbia. Isso quer dizer, os exercícios selecionados.

Para estes participantes do grupo de exercícios, de simples acompanhamento, não há troca constante e os números de batimentos da música não são muito altos. Controlar, portanto, frequentemente a freqüência cardíaca e/ou sensações de sobrecarga subjetiva de esforço.

O ensinamento em forma de jogo da consciência corporal da sobrecarga deverá ser o ponto central. Os participantes podem estimar sua freqüência cardíaca. Ganhador é aquele que pode estimar com mais exatidão.

Para a seleção da plataforma, o professor de educação física deveria utilizar sempre a mesma altura de *step* como seus participantes (portanto, a mais baixa).

TABELA 6.8 Estruturação de uma aula de aeróbia. Indicações de batimentos por minuto (BPM) refere-se a utilização do *Step*. Na aeróbica, os números de batimentos na parte principal podem ser 20 – 30BPM mais altos

Tempo (min)		Objetivo	BPM	Organização
15	Fase de aquecimento, elementos de jogos	Preparação física e disposição física	110-120	Pequenos jogos, elementos do treinamento das caminhadas e corridas
3	Alongamento prévio dinâmico-ativo principalmente da musculatura da região dos membros inferiores e do quadril	Minimização dos perigos de acidentes, melhora da flexibilidade	80	Na parede ou plataforma se segurar – também utilizável como exercício de parceria
15	Treinamento cardiorespiratório	Melhora da *endurance*, força e coordenação	100-110, posteriormente 110-120	Volume da música moderado, para passos básicos simples com baixa intensidade e sem movimentos de braços
5	Recuperação	Reduzir o estresse sobre o sistema cardiopulmonar, preparação para a parte de força	Cerca de 100	Caminhar ou passos básicos da aeróbia
10	Treinamento muscular dinâmico, principalmente tronco, braços e musculatura dos ombros	Melhoramento da força muscular	Cerca de 80-90	Sob o tatame (incluir eventualmente a plataforma *step*), evitar respiração vigorosa
12	Alongamento estático ativo ou passivo, principalmente da musculatura em sobrecarga e utilização de procedimentos de relaxamento	Regeneração ativa	Música de relaxamento	Evitar esfriamento, abafar volume da música e a claridade

6.4.8 Premissas Básicas na Organização e Estruturação de uma Aula

Ao lado dos já demonstrados princípios (ver capítulo anterior), o profesor de educação física deverá, adicionalmente a uma aula de aeróbica, observar o seguinte:

- Princípio da variação: variar sobrecarga, execução dos exercícios e ponto de partida no aparelho (de frente, de lado, aparelho entre as pernas), entre outros; acentuar a voz com ou sem música, substituir a música, bater palmas etc.
- Motivar os participantes através de elogios, palmas, seleção da música, seleção de exercícios adequados.
- Método *steady-state* (método contínuo). Para o aprendizado, pode ser utilizado o método intervalado, ou seja, intervalos com maior ou menor sobrecarga, como caminhar no mesmo lugar.
- Evitar corrigir erros permanentemente (em geral, com olhar ou contato físico).

6.4.9 Passos para Cardiopatas

A aeróbia/*step* originou-se nos E.U.A. Por essa razão, desenvolveu-se uma terminologia de treinamento em inglês.

Traduções para o alemão, em geral, são muito longas e/ou inadequadas. Por isso, no treinamento de *step* são citados os termos em inglês (complementados e combinados com terminologia alemã). Tendo em vista que neste lugar é impossível descrever, mesmo que aproximadamente, todos os passos, modelos de passos ou elementos de movimentos, pode ser listada uma pequena seleção.

Movimentos básicos na aeróbia – movimentos de baixo impacto

- *Step*: passo, todo tipo de deslocamento de peso para frente ou para trás, para esquerda ou para direita.
- *Out-In*: passo para direita e colocar o pé ali (*Out*). Passo para esquerda e colocar o pé ali (*Out*). Colocar o pé direito de volta ao meio (*In*), pé esquerdo e pé direito (*In*).
- *V-Step*: como no *Out-In*, os pés são posicionados em forma de V, em diagonal, para frente.
- *Quicar*: quicar a bola com os pés e afastamento lateral.
- *Kick*: pé chuta para frente ou para o lado.
- *Side Leg Lift*: perna é levantada para o lado (movimento de abdução).
- *Step-Touch*: passo para o lado, por exemplo, perna esquerda para a direita (*Step*), puxar a outra perna e contato rápido com o chão (*Touch*). A seguir, passo para esquerda, trazer o pé direito ao lado do esquerdo e novamente contato rápido com o chão.
- *Walk/Walking*: andar sem sair do lugar.
- *March/Marching*: marchar sem sair do lugar.
- *Side Step*: passo para a direita (*Side*), pé esquerdo, pé direito (*Step*). Passo para esquerda, perna direita à perna esquerda.
- *Tap Step*: planta do pé direito (ou calcanhar) em contato rápido com o chão (*Tap*), pé direito colocado totalmente no chão, trocar de pernas.

Alternativa:

- *Side to Side*: na posição agachada, alternadamente, flexionar ou estender uma perna, com a perna no ar tocar rapidamente com a ponta do pé ou calcanhar o chão (pode também ser flexionado na coxa, como levar joelho para frente para cima, trocar o lado).

- *Knee Lift*: levantar o joelho direito, posicionar o pé esquerdo ao lado do direito, trocar de lado.
- *Lunge Side*: *side step* para direita sem deslocamento do peso, colocar a perna ao lado da esquerda
- *Lunge Back*: ver acima, com a perna levantada levar para trás e voltar à posição normal.
- *Repeater*: repetir um movimento três vezes;
- *Grapevine*: passo para direita, pé esquerdo cruza atrás do direito e volta à posição normal, colocando-se o pé direito junto ao esquerdo. (Posição básica) a seguir para esquerda.

Passos que não podem ser utilizados na reabilitação cardíaca (Seleção)

- *Hop/Hopping*: pular
- *Spring Touch*: pulos para o lado ou para frente
- *Jump*: pular
- *Jumping Jack*: polichinelo, entre outros

Literatura

Empfehlungen de Deutschen Gesellschaft für Prävention und Rehabilitation (DGPR): Der Herzpatient im Fitness-Studio. Deutsche Zeitschrift für Sportmedizin; 1994; 7/8: 321-322.

HOFFMANN L. *Einfluss Von Setp-Aerobic und Ernährungsberatung auf den menschlichen Organismus (Anthropometrie und Muskelfunktion) bei Personen mit Hipertonie und Adipositas*. Wiss. Hausarbeit zur Ersten Staatsprüfung für das Lehramt an Gymnasien. Friederich-Schiller-Universität Jena; 1995.

MIDDEKÉ M, POSPISIL E, VÖLKER K. *Bluthochdruck senken ohne Medikamente*: Risikofaktoren und Urachen für kochsalzarme, kaliumreiche Ernährung, Stressabblau und Entspannung. 2. Aullage. Suttgart: Thieme; 1991.

PAHMEIER I, NIEDERBÄUMER C. *Stepp-Aerobic für Schule, Verein und Studio*. Aachen: Meyer und Meyer; 1996.

THOSS K.; EINFLUSS. *Von Step-Aerobic aul den menschlichen Organismus im Hinblick auf die kardiopulmonale Leistungdfähigkeit bei Personen mit Adipositas und Hypertonie Wiss*. Hausarbeit zur Ersten Staatsrüfung für das Lehramt am Gymnasien. Friederich-Schiller-Universität Jena; 1995.

7. GINÁSTICA EM REABILITAÇÃO CARDÍACA

Kempf H.D.

7.1 Instruções Metodológicas para Ginástica em Reabilitação Cardíaca

A ginástica em reabilitação cardíaca é, em um primeiro momento, orientada à função e à repercussão positiva de diversas funções corpóreas (músculos, articulações, tendões, sistema cardiopulmonar). As formas de exercícios em ginástica na reabilitação cardíaca objetivam, além de características básicas como *endurance*, coordenação, mobilidade e força (locais), principalmente, quanto à educação da valorização corporal e respiração, assim como a sensação de desenvolvimento e ocupação. Exercícios funcionais, que se orientam aos princípios funcionais corpóreos, são combinados com formas básicas de ginástica ritmada, o que propicia uma grande variedade de formas de movimentos e, principalmente, oferece satisfação e alegria na movimentação (parâmetros físicos).

Melhora do *endurance* geral

Para a melhora do *endurance* geral, são adequadas as formas básicas, como caminhar, alongar, andar, saltar e pular (CAPÍTULO 6) ou toda movimentação continuada, ritmada com emprego de grandes grupos musculares. Em combinação com a música, equipamentos portáteis e auxiliares, assim como em cooperação com um parceiro ou maiores participantes são possíveis incontáveis variantes (Beeren, 1996).

Escolha das formas de exercícios

A escolha das formas de exercícios direciona-se aos objetivos de treinamento e às condições dos participantes (fatores específicos individuais e do grupo) (ITEM 2.6). A dosagem da carga é mais problemática na ginástica do que no treino de *endurance* em virtude da intensidade depender de fatores distintos. Cargas do sistema cardiocirculatório são subestimadas em exercícios de ginástica (como exercícios de andar e caminhar com combinações de movimentos coordenados ou exercícios de coordenação). Em decorrência disso, ocorrem picos de carga indesejáveis, mais freqüentes quanto menor for a capacidade de *endurance* dos pacientes (Laing, 1991; Gerke, 1977, in Bjarnason, 1993). Sobrecargas por elevação excessiva da freqüência cardíaca e/ou da pressão arterial deverão ser evitadas na terapia de exercício com cardiopatas. Devido à dosagem individual de carga (ITEM 2.7), os exercícios deveriam ser adaptáveis em sua intensidade, com base nos fatores desencadeantes (TABELA 7.1). De forma geral, inicia-se com exercícios conhecidos, simples e leves, evoluindo-se a situação de treinamento a exercícios mais pesados e complexos.

TABELA 7.1 Alguns fatores para a modificação da intensidade (Bjarnasson-Wehrens,1993)

Alta	Rápida/Veloz	Longa	Grande	Grande	Grande	Grande	Complexa	Instável
Intensidade	Velocidade de movimento	Duração da caraga	Massa muscular	Alavanca	Amplitude	Exigências de força	Realização do movimento	Posição inicial
Baixa	Lenta	Curta	Pequena	Pequena	Pequena	Pequena	Simples	Estável

Equipamentos portáteis e exercícios com parceiros

Equipamentos portáteis detêm, de forma geral, um alto grau de desafio. Através deles, os exercícios podem ser modificados em sua intensidade, podem ser exercitadas habilidades coordenativas e estimulada a imaginação para os exercícios. O treinador deveria estar habilitado a selecionar exercícios que se voltem às características específicas (movimento) do equipamento (tamanho, forma, peso, elasticidade). Exercícios com parceiros em reabilitações cardíacas são normalmente os mais apreciados. Eles estimulam o ânimo e a cooperação. Além do mais, aumentam a intensidade do exercícios e os riscos de acidentes (percepção subjetiva de esforço inadequada e ambição). Torna-se vantajoso quando duas pessoas de mesmo porte e peso físico treinam em conjunto.

Técnica de respiração

A técnica "correta" de respiração (expiração forçada contra a glote fechada) é extremamente importante. A manobra de Valsalva é um comportamento tanto freqüente quanto perigoso, que, involuntariamente, ocorre em atividades corporais com elevado esforço físico. Quanto maior a intensidade da carga, maior o risco de "segurar o ar". Da pressão intratorácica, resultam picos de pressão (até 450mmHg), que podem conduzir a lesões de vasos (ruptura de artérias no âmbito periférico, acidente vascular encefálico). A partir daí, ocorre uma restrição do retorno venoso (através da manobra de Vasalva), o que levaria a uma queda do volume de ejeção e, com isso, a uma redução da irrigação sangüínea coronariana. Após pressionamento, reflexivamente é desencadeada uma redução da freqüência cardíaca, onde poderão ocorrer perigosas alterações do ritmo cardíaco (Rost,1998).

Ao lado de exercícios vigorosos, exercícios de alongamento, principalmente o alongamento ativo estático, e exercícios de alongamento para a respiração podem conduzir à respiração com pressão. A fim de auxiliar esse problema, em cada aula deverá ser enfatizada a respiração regular, principalmente em exercícios que restringem a respiração ou provocam a manobra de Valsalva. A manobra de Valsalva deve ser cortada nos casos em que o participante inspire e expire em bom som, conte junto, dialogue durante os exercícios (exercícios com parceiros) ou combine conscientemente o exercício com a respiração. Adequada é a expiração na fase concêntrica.

Posição Inicial

Para cardiopatas são adequados, de forma geral, posições iniciais ou modelos de exercícios que se assemelham ao dia-a-dia, ou que se orientam à vida cotidiana. Como posição inicial, deverão ser destacadas as posições sentado ou em pé, principalmente para o grupo de iniciantes. Devido ao maior afluxo de sangue e à conseqüente sobrecarga do coração, não deverá ser exercitado por muito tempo na posição deitada. Adequado é alternar-se exercícios deitados com exercícios sentados ou na posição de quatro.

7.1.1 Instruções Metódicas para Treinamento da Importância Corpórea

Importância – O que é alcançado?

"Cada qual movimenta-se, sente, pensa, fala de sua forma bastante peculiar, correspondendo à imagem que esse fez de si durante sua vida. Para mudar a forma e o modo de cada um, é necessário mudar a imagem que esse tem dentro de si... Uma mudança na dinâmica de nossas atitudes é de similar importância à mudança da auto-imagem e do modo de nossos movimentos-base e na mobilização de todas as partes envolvidas de nosso corpo. [...] A auto-imagem compreende-se de quatro partes, associadas à toda ação: movimento, compreensão de sentidos, sensorial e do pensamento" (Feldenkrais, 1978, pág. 31).

O desenvolvimento e o desafio à assimilação, experiência e vivência corpórea são condições para uma consciência de sobrecargas e sinais prematuros do corpo, mas também de experiências positivas e "saber viver" (Treutlein, 1996). Cardiopatas freqüentemente têm uma sensibilidade de consciência pouco desenvolvida em relação ao seu corpo; eles sentem-se como "estranhos em seu próprio corpo" ou vêem o corpo (e o coração) antes como uma máquina, que deve funcionar (Kolb,1994). Os objetivos dos exercícios de consciência corpórea compreendem:

- aprender a conhecer o corpo como um órgão sensitivo sensível;
- dedicar-lhe atenção reforçada (também em situações cotidianas normais);
- desenvolver uma consciência corpórea (modificada, ampliada);
- aprender a avaliar-se realisticamente; e, conseqüentemente;
- no âmbito de uma Reorientação, ou seja, nova orientação, construir um procedimento responsável e descontraído.

Para a dosagem de carga ideal, a sensação de movimento e de carga representam papel significante justamente na ginástica (ITEM 2.7).

Todo tratamento motor baseia-se em processos sensomotores. Estímulos são captados (estímulo sensorial e sistema aferente) pelos receptores (células e órgãos sensoriais), e são conduzidos ao sistema nervoso central. Neste local, de acordo com o estímulo sensorial, serão tratados em níveis funcionais diversos (nível da medula espinhal, cérebro) e respondidos através de uma atividade da musculatura esquelética (desempenho motor, sistema eferente). Estímulos universais (como luz, som, temperatura, tato) são registrados pelos, assim denominados, exteroceptores, estímulos do interior do corpo (alterações de comprimento musculares, alteração do alongamento dos nervos, alteração de pressão das articulações) dos interoceptores ou proprioceptores. Para a motorização são principalmente importantes a consciência visual (ver), a consciência tátil (tatear), a consciência auditiva (ouvir) e a consciência cinestésica (senso muscular e de equilíbrio).

Especialidades – O que você deve observar?

Em função de o nosso órgão sensitivo receber milhares de informações por segundo, são necessários um ver, um ouvir e um sentir conscientes, a fim de poder efetivamente assimilar os estímulos. Via de regra, a produção de diferenciais de consciência (estímulo – repouso) ou a modificação de procedimentos habituais (outra técnica de elevação, esquerda em vez de direita, com equipamentos) são bastante úteis. Ao professor, existem à disposição diversos princípios metódicos para o desenvolvimento da consciência corpórea, como:

- repetir várias vezes os exercícios com pequenas alterações;
- deixar-se movimentar, em vez de se movimentar (com parceiro);
- assimilar limites do corpo (massagem, rolar o corpo, estímulos táteis);
- desligar o sentido dominante (forma de exercício com os olhos fechados);
- promover comparações laterais;
- experimentar diferenças de tensão;
- realizar diferentes posturas ou imitar posturas;
- brincar com o equilíbrio; e
- modificar movimentos em seu tempo e em sua amplitude (Kolb,1994).

Variadas repetições (também com pequenas modificações) do exercício, a concentração em sentido individual e progressiva e introdução de novas consciências ajudam o participante, já após breve período de tempo, a sentir e perceber seu corpo.

Os participantes deveriam estar à disposição por um tempo suficiente para os exercícios. É de ajuda quando os conteúdos são concretos, visíveis, fundamentados e comprováveis. Neste caso, não existe o "certo" e o "errado". Existe somente inovador, diferente, mais claro, agradável ou não-agradável (Heringer, 1996). O terapeuta, para o treinamento da consciência corpórea, deveria selecionar elementos de exercícios simples, no qual sejam contatados, em seu todo, muitos canais sensoriais e de consciência. Oferece-se em cardiopatas exercícios de consciência corpórea que objetivam determinadas formas de comportamento de risco (excitação, agressividade, concorrência, perfeição), a fim de expressar componentes psicossociais (Fischer, 1989).

A fim de fortalecer adicionalmente a consciência, aconselha-se deixar os participantes falarem sobre si em um *feedback*.

7.1.2. Instruções Metódicas para Treinamento Comportamental Cotidiano (Escola da Coluna)

Importância – O que é alcançado?:

O conceito da Escola da Coluna encontra também na terapia de movimento para reabilitação cardíaca sua consideração, em virtude de:

- muitos pacientes sofrerem de problemas da coluna;
- posturas cotidianas (sentar, ficar em pé etc.) são premissas para muitos exercícios de ginástica; e
- valer genericamente para elevar a capacitação dos participantes, ou seja, reduzir mensuradamente cargas do cotidiano (elevar, trabalho de jardinagem etc.).

A Escola de Coluna é em sentido restrito, um *treino comportamental*, a qual objetiva, justamente no sentido da Organização Mundial de Saúde, conduzir o homem ao comportamento consciente de saúde auto-responsável (evitando comportamento de risco).

O programa de educação da coluna está estruturado em uma espécie de modelo gradativo (curso básico, curso estrutural, treinamento da coluna, escola da coluna em ação), que ganha espaço em seu grau de especialização e intensidade.

Os estruturados programas de ensino e de exercícios têm por objetivo:

- recuperação, melhora e manutenção da saúde (da coluna);
- desenvolvimento da consciência corpórea;
- introdução do participante em um procedimento saudável da coluna (redução de comportamentos prejudiciais à coluna);

- melhora do estilo de vida fisicamente ativo (flexibilidade, coordenação e força); e
- motivação em longo prazo para a realização de estratégias cotidianas eficientes (estilo de vida fisicamente ativo, movimentação, relaxamento).

De todos os conteúdos da Escola da Coluna, neste caso, serão considerados primariamente o treinamento postural e o treinamento comportamental cotidiano.

Especialidades – O quê você deve observar?

A única postura "correta", a postura ideal (comportamento de movimento), não existe. A postura habitual depende de diversos fatores (estática, capacidade funcional muscular, psique), de forma que não somente entre as pessoas, como também em uma pessoa, faça-se representar de forma diferente. Desta forma, para cada participante existem premissas, necessidades e situações a fim de poder-se elaborar para ele as formas comportamentais "certas". Isso somente pode ocorrer com a sua colaboração (ITEM 2.6). Meios de ensino indutivos e seqüências metódicas para o treinamento postural ajudam o professor no treinamento.

Uma postura é, então, normal quando, com um dispêndio mínimo de energia, puder ser mantida em um determinado período de tempo, com uma atividade mínima da musculatura estática, sem exigência extrema dos ligamentos e sem posicionamento forçado de um ou maiores segmentos do aparelho motor (Rizzi, 1979).

A modificação comportamental requer complexos processos de aprendizagem, que, paralelamente ao simples aprendizado do movimento, necessitam considerar também experiências de consciência e das situações.

7.1.3. Instruções Metódicas para a Melhora da Coordenação

Importância – O quê é alcançado?

Exercícios de coordenação objetivam paralelamente a uma atuação conjunta do sistema nervoso central e aparelho motor, principalmente o desenvolvimento de estratégias dinâmicas, voltadas ao êxito dos procedimentos (Rieder,1996).

Por coordenção *intramuscular* entende-se o mecanismo conjunto de todos os músculos envolvidos em um movimento; por coordenação *intramuscular,* o mecanismo conjunto das unidades motoras (freqüência e sincronismo) dentro de um músculo.

À coordenação, no âmbito das capacidades motoras, é atribuído um papel em especial, pois somente um sistema neuromuscular funcional (sistema nervoso intacto, consciência desenvolvida, musculatura esquelética capacitada) permite a transformação da força em movimento ou estabilização (Einsingbach,1988). Efeitos de ensino coordenativo resultam em não-treinados, já depois de alguns poucos dias de treinamento, uma elevaçao da força. Uma coordenação melhorada proporciona um aumento do consumo máximo de oxigênio, conduzindo, desta forma, para um aumento capacitacional (redução do grau de cansaço), o que é importante principalmente para pacientes que de uma forma geral não podem realizar um treinamento de *endurance* (Hollmann, 1990; Lagerstoem, 1992).

Habilidades coordenativas descrevem o volume de aprender relativamente rápido movimentos e reagir nas mais diferentes situações com segurança e economia, sem, com isso, perder a estabilidade da articulação ou o equilíbrio corpóreo. A estas habilidades pertencem, por exemplo:

- capacidade de equilíbrio: manter o corpo em estado de equilíbrio ou recuperá-lo;
- capacidade de orientação: determinar e alterar a situação e o movimento do corpo no tempo e no espaço;
- capacidade de acoplamento: coordenação de movimentos individuais ao movimento total;
- capacidade de diferenciação: ajuste fino de movimentos individuais do corpo ou fases de movimentos no movimento total – habilidade;
- capacidade de reação: rápida introdução e execução de movimentos breves a um sinal para ou de uma situação; e
- capacidade rítmica: aplicação de um movimento externo ou a "determinação própria" de um determinado ritmo de movimento (Harre, 1982).

Essas habilidades não são importantes somente no exercício, porém também em atividades cotidianas. Não podendo o corpo ser rapidamente estabilizado ao brincar, ocorrem, como conseqüência, os ferimentos. Fatores limitantes são: coordenação intra e intermuscular, estado funcional dos analisadores, capacidade de aprendizagem motora, experiência de movimento, idade e o cansaço (Weineck, 1988).

Especialidades – O quê você deve observar?

Essas capacidades são treinadas através de múltiplas funções de assimilação, movimento e equilíbrio. "O método principal consiste em exercitar, o meio principal são os exercícios corpóres" (Harre, 1982, pág. 190).

A intensidade (emprego de força) dos exercícios deverá antes ser mantida restrita, de modo a poder ser exercitado sem exercícios de desvio. Para tanto, os exercícios são repetidos muitas vezes. A fim de que ocorra o efeito do hábito, exercícios simples são variados (dificultados) através de utilizações diversificadas de medidas metódicas, por exemplo, através de:

1. alteração da posição inicial (em pé, ajoelhado e outros);
2. diminuição da superfície de proteção (em seis apoios: sentado, de joelhos, ajoelhado com uma só perna, em pé largo e estreito, parada sobre uma perna, parada na ponta dos pés);
3. utilização de bases móveis (esteira enrolada, travesseiro, colchonete para ginástica, medicineball, pião, gangorra, mini-trampolim);
4. objetos mutáveis (próximo, distante do corpo);
5. utilização de diversos equipamentos portáteis (esteira, medicineball, halteres pequeno, bolas, bolas de tênis, malabares);
6. combinação de finalizações de movimentos (movimentos simétricos e assimétricos de pernas e/ou braços assim como movimentos no ambiente);
7. variação da consciência de movimentos (espelho, olhos fechados, ouvidos tampados); e
8. variação da execução dos movimentos (elevação do tempo de movimento, atividades adicionais de raciocínio, ritmo alternante, treino no ritmo da música, treino após carga prévia).

Exercícios de coordenação fáceis são totalmente suficientes para o início do participante no programa de reabilitação cardíaca, e somente com o tempo serão substituídos por exercícios de múltipla coordenação. O treinamento objetivo da coordenação requer do participante um alto grau de concentração. Por esse motivo, ele não deveria estar cansado nem distraído. Por essa razão, o treino é adequado logo após o programa de aquecimento. Da mesma forma, durante a consciência corpórea, relaxamento, pequenos jogos e ginástica funcional as habilidades coordenativas serão estimuladas. Para a maioria dos exercícios, é adequado treinar-se descalço.

7.1.4. Instruções Metódicas para a Melhora da Flexibilidade

Importância – O que é alcançado?

A manutenção e a melhora da flexibilidade individual é o objetivo das técnicas ativas de mobilização de articulações (corcunda de gato – dorso de cavalo) e das diversas técnicas de alongamento de músculos. Flexibilidade é a capacidade de realizar exercícios em uma ou diversas articulações em limites naturais e funcionais. Essa depende da forma e estrutura das articulações, dos músculos, nervos, ligamentos e cápsulas articulares, assim como da força da musculatura em movimento.

Especialidades – O quê você deve observar?

Em técnicas de alongamento muscular, há a diferenciação entre alongamento dinâmico e estático.

- No alongamento dinâmico (balístico), em setores isentos de dores, são realizados vários movimentos amortecedores com reduzida intensidade de alongamento.
- No alongamento passivo estático (ou mantido) a musculatura é mantida na posição de alongamento por 10-60 segundos.
- No alongamento ativo estático através da contração de seu adversário (oponente), o músculo é alongado ativamente por 10 a 20 segundos em Tensão-Relaxamento-Alongamento (TRA).

Tanto no alongamento estático (*stretching*) quanto no alongamento dinâmico ocorre uma elevação da capacidade de alongamento dos músculos para a melhora da amplitude de movimento nas articulações (Wydra 1996, Freiwald 1998). Para a reabilitação cardíaca oferece-se principalmente o alongamento dinâmico ou o passivo estático. O alongamento ativo estático, em função do grande esforço físico ocasionado pelo oponente, provoca um risco de sobrecarga, igualmente no método TRD, quando a tensão ocorre por muito tempo ou com um grande emprego de força. Após o treino de *endurance* muscular, a musculatura necessita de uma boa irrigação sanguínea. Por esse motivo, sugere-se antes do alongamento uma caminhada ou formas de exercícios com reduzida intensidade de treinamento (Lockern).

7.1.5. Instruções Metódicas para a Melhora da Força

Importância – O que é alcançado?

O objetivo do treino de força (treino muscular) na reabilitação cardíaca consiste numa melhorada dinâmica e num desenvolvimento de força estático. Otimização do equilíbrio muscular, aumento muscular (hipertrofia), assim como estabilização suficiente da coluna vertebral. Uma musculatura bem desenvolvida, respectivamente, uma determinada medida de força é premissa para atividades físicas no dia-a-dia (jardinagem, esporte). A partir daí, uma situação melhorada de força para o cardiopata resulta numa visível redução do risco de sobrecarga cardíaca (Rost,1990), principalmente em situações (inesperadas) que necessitem de força.

No treinamento muscular da reabilitação cardíaca, em primeiro lugar, estão o treinamento da *endurance* muscular local aeróbia da força. De acordo com a intensidade, a relação entre intensidade de carga para intensidade da duração, serão colocadas maiores exigências à resistência ou à força, ou parcialmente a ambas as características (Ehlenz et al., 1998).

A princípio, pode ser iniciado um treinamento muscular condizente na reabilitação cardíaca com baixa intensidade (de 10 a 30% da força máxima). Em primeiro plano do treino habitual de diversas semanas, está antes a melhora da coordenação, preparação de modelos de movimentos e treinamento de consciência. Em cardiopatas com reduzida capacidade de inicialização, é suficiente uma intensidade de treinamento de 20% da capacidade máxima, a fim de objetivar elevações de força comprováveis (Germonprez, 1998).

Em seqüência ao princípio progressivo de capacitação (ITEM 2.7), para um treinamento de *endurance* muscular, a intensidade em atividades dinâmicas é elevada para acima de 30% da força máxima (reduzindo emprego da intensidade e aumentando as repetição médios até elevados). O treinamento tem por objetivo o aumento da melhoria periférica hemodinâmica, metabólica e física (Hollmann).

Continuando-se a elevar a intensidade de carga (a partir de 35 a 40%), mecanismos anaeróbios entram em ação. O *endurance* (ou *endurance* aeróbica) leva a uma considerável ampliação da capacidade aeróbia e aproxima-se bastante da necessidade diária (Radlinger et al., 1998).

Métodos da *endurance* submáxima trabalham dinamicamente com intensidades de 50 a 70% da capacidade máxima e índices de repetição médios, com os quais já se permite obter um aumento do corte transversal muscular (Rost, 1990; Ehlenz et al.,1998). Além do mais, essas

TABELA 7.2 Dosagem da capacidade de força (Lagerstrom, 1991)

Relação entre intensidade da carga e o número de repetições

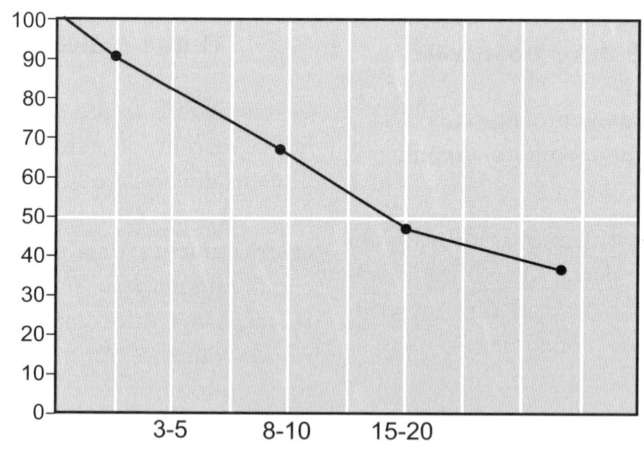

Força máxima
Número de repetições

Relação entre intensidade da carga e manutenção da postura

Força Máxima	Tempo de manutenção da postura
40-50%	15-20s
60-70%	6-10s
80-90%	4-6s

intensidades já podem estar muito altas para a reabilitação cardíaca, levando-se em conta que consultas a pacientes cardíacos comprovam que, através do treinamento de força com intensidade relativamente alta (80% da força máxima), pode-se alcançar somente um reduzido ganho adicional de força em comparação ao treinamento com intensidades reduzidas (30-40%) (Verrill et al.,1991; in Germonprez, 1998).

Para reabilitação cardíaca, não é possível, sem mais nem menos, realizar as intensidades de treinamento da força indicados na literatura (TABELA 7.2). Por esse motivo, deve-se indicar ao professor de reabilitação cardíaca que realize cautelosa e dosada elevação da carga, principalmente das intensidades de treinamento. Adicionalmente, deverá ser indicada, ou seja, treinada uma técnica correta de respiração.

Especialidades – O que você deve observar?

Para um treino objetivo de força no grupo de de cardiopatas, torna-se necessário uma longa experiência com o grupo e um acordo com o médico, igualmente uma carga correspondente (adequada >1m25 Watt por quilograma corpóreo).

Um programa de fortalecimento em reabilitação cardíaca deveria ser realizado com exercícios dinâmicos lentos e controlados. Exercícios dinâmicos que permitem um melhor controle do treino são mais motivadores, promovem a coordenação intermuscular e provocam menos a manobra de Valsalva. Devido a situação hemodinâmica insatisfatória, as cargas de força estáticas são vistas como inadequadas aos cardiopatas (Bjarnason-Wehrens, 1993). Muitos exercícios dinâmicos, no entanto, contêm componentes estáticos, principalmente os músculos estabilizadores da coluna vertebral grupos musculares grandes, o que, tendo em vista a superação cotidiana pode ser considerada adequada. Ademais, a intensidade destes exercícios deveria ficar antes reduzida à média.

Ficou demonstrado que, através de um treino de força suave, no qual a série não seja realizada até a sobrecarga muscular, é alcançado um aumento da força, principalmente no setor de *endurance* muscular (Boeck-Behrens e Buskies,1995). Os participantes treinam de forma a perceberem os exercícios com o auxílio da escala de Borg entre fácil e levemente difícil (ITEM 2.7), e quando do treinamento conseguem respirar regularmente e o exercício (postura) consegue ser mantido regularmente e correto até o final. A sobrecarga para o sistema cardiopulmonar e para nervos, ligamentos e articulações fica visivelmente reduzida.

Treinamento unilateral compromete o equilíbrio de força e leva ao comprometimento da circulação, lesões da musculatura ou da articulação e alteração estática. Em um programa equilibrado, estão incluídos exercícios de todos os segmentos do corpo (principais grupos musculares). Assim, deverão ser treinadas primeiramente as musculaturas da coluna e próximas da coluna e a seguir os músculos de extremidade.

Quanto mais participantes estiverem em condições de estabilizar seu corpo em movimentos de extremidades, menos desvios desagradáveis ocorrem. O resultado consiste de um melhor efeito do treinamento e carga mais baixa para as estruturas passivas.

A intensidade do treino (dificuldade) deixa-se elevar através de:

- aumento do peso ou objeto, por exemplo com equipamentos portáteis, exercícios com parceiros;
- ampliação do braço de alavanca, braços no corpo, postura em U, braços estendidos;
- escolha crescente de posições iniciais instáveis, decúbito ventral, dorsal e lateral, de quatro, de joelhos, sentado, em pé, parada sobre uma perna, bases móveis;
- troca de trabalho simétrico por assimétrico, que através do momento de rotação re-

sultante exige um aumento da qualidade de estabilização; e

- crescentes complexos movimentos de corpo inteiro na diagonal corpórea.

7.2. Exercícios para Treinamento da Consciência Corpórea

- *Objetivo*: consciência das partes individuais do corpo.
- *Posição inicial*: de costas, sentado.
- *Descrição do exercício*: sensação espacial das partes individuais do corpo e do corpo todo.
- *Variação*: variação do posicionamento da perna (colocação dos pés, contração das pernas)
- *Indicações*: eventualmente com suporte e utilização de música.

- *Objetivo*: consciência dos movimentos do quadril na posição deitada.
- *Posição inicial*: de costas, as pernas estão apoiadas.
- *Descrição do exercício*: deitado de costas, eleve e abaixe o quadril.
- *Variação*: movimentar o quadril entre os outros, rotacionar a coluna de um lado para outro, respectivamente, deixar circular.
- *Indicações*: tempo e volume de movimento (relógio da torre de igreja, relógio de bolso) podem ser variados, os participantes fecham os olhos durante o exercício, dado o caso. Esclarecer o exercício antes.

- *Objetivo*: consciência dos movimentos do quadril quando sentado.
- *Posição inicial*: sentado com as pernas levemente abertas ou em pé, segurar a crista ilíaca.
- *Descrição do exercício*: inclinar levemente o quadril para frente e para trás, imaginando-se esvaziando uma tigela de água e enchendo-a novamente; movimentar também para a direita e para a esquerda. Depois deixar o quadril e realizar um círculo.
- *Variação*: abraçar o joelho, conduzir a barriga até o joelho e depois empurrar de volta.
- *Indicações*: os exercícios deixam-se realizar bem com a bola de ginástica.

- *Objetivo*: elevação da caixa torácica.
- *Posição inicial*: sentado ou em pé.
- *Descrição do exercício*: empurrar a cabeça para frente e para trás, contrair levemente o queixo (pressionar levemente com o dedo sobre o queixo), pretendendo que se faça um queixo duplo e se alongue a nuca.
- *Indicações*: justamente em exercícios de musculatura abdominal, a cabeça é empurrada para frente, sobrecarregando a musculatura da nuca.

- *Objetivo*: consciência da cintura escapular.
- *Posição inicial*: sentado ou em pé.
- *Descrição do exercício*: elevar os ombros em direção às orelhas, segurar por um instante, soltar os ombros.
- *Indicações*: o controle da cintura escapular é uma postura auxiliar importante para exercícios de musculatura da cintura escapular, não elevar os ombros.

- *Objetivo*: consciência de várias posturas corporais.
- *Posição inicial*: sentado, em pé ou deitado.
- *Descrição do exercício*: sentado (em pé, deitado), "observar" (tensão muscular, a condição, a posição de cada parte em relação a outra) o corpo com os olhos fechados e assimilar.
- *Indicações*: o exercício é denominado em sua forma detalhada de "viagem pelo corpo".

- *Objetivo*: consciência da tensão muscular (termômetro da tensão).
- *Posição inicial*: sentado, em pé ou em decúbito dorsal.
- *Descrição do exercício*: tensionar cada parte do corpo, para assim conseguir sentir a tensão total.

- *Variação*: as partes do corpo podem também ser levemente erguidas.
- *Indicações*: observar na respiração uniforme e quantificar o estado de tensão (10%, 50% etc.). Esse pré-exercício é bastante útil para o relaxamento progressivo.

- *Objetivo*: consciência da tensão muscular (da sobrecarga plantar do pé) na posição em pé.
- *Posição inicial*: em pé (descalço).

- *Objetivo*: consciência dos movimentos da coluna vertebral (FIGURA 7.1).
- *Posição inicial*: sentado.
- *Descrição do exercício*: inclinar e estender a coluna vertebral (dado o caso, o parceiro faz um estímulo tátil no respectivo segmento), inclinar para o lado e a seguir torcer (a cintura pélvica permanece estável).
- *Indicações*: o exercício é muito bem realizado numa parede, a cintura pélvica deve, preferencialmente, permanecer fixa.

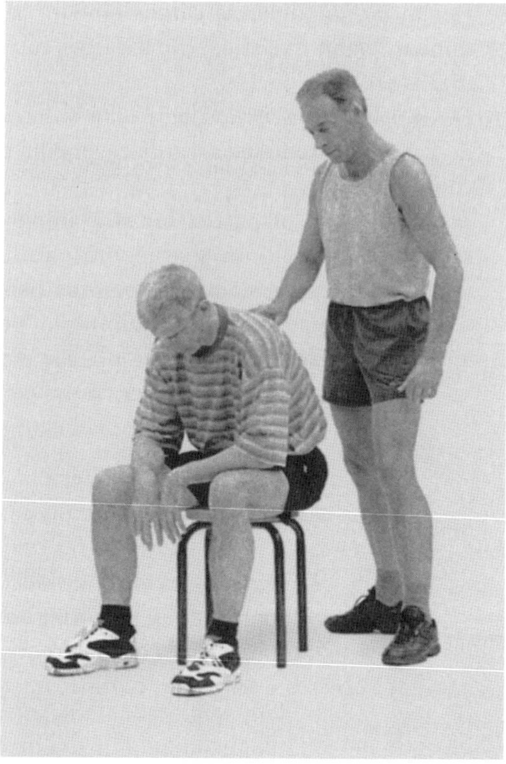

FIGURA 7.1

- *Objetivo*: consciência de diversas posturas corporais.
- *Posição inicial*: sentado, em pé ou deitado.
- *Descrição do exercício*: sentado (em pé ou deitado), "observar" o corpo (contração muscular, apoio, disposição das partes do corpo entre si) com os olhos fechados e assimilar.
- *Indicações*: o exercício é representado em sua forma completa como "viagem pelo corpo".

- *Objetivo*: consciência das contrações musculares ("termômetro de contração").
- *Posição inicial*: sentado, em pé ou deitado de costas.
- *Descrição do exercício*: contrair determinadas partes do corpo de forma distinta a fim de atribuir à contração uma sensação específica.
- *Variação*: as partes do corpo também podem ser elevadas levemente.
- *Indicações*: observar para uma respiração regular, graduar as situações de contração através de números (10%, 50% etc.). É muito útil como pré-treinamento para o relaxamento progressivo.

- *Objetivo*: consciência de contrações musculares (sobrecarga da planta do pé) em pé.
- *Posição inicial*: em pé (descalço).
- *Descrição do exercício*: em pé, fechar os olhos e deixar o corpo balançar feito um pêndulo em diversos sentidos. Nisso ter consciência das contrações musculares (sobrecargas da planta do pé). No final, colocar o corpo na perpendicular.
- *Variação*: sentado, movimentar o tronco para frente e para trás.
- *Indicações*: como "árvore ao vento", o exercício pode ser acompanhado por uma história, ressaltar a importância de colocar o corpo na perpendicular.

- *Objetivo*: consciência de alterações de contrações no pé.
- *Posição inicial*: sentado, em pé (descalço).
- *Descrição do exercício*: massagear a planta do pé com as mãos (comprimir, acariciar etc.) ou com um massageador (bola de tênis, bastão) e, a seguir, ter consciência das diferenças em relação ao pé que não foi massageado (calor, peso, relaxamento). Depois, massagear o outro pé.

- *Objetivo*: consciência da tensão corpórea na posição ereta (flexão plantar).
- *Posição inicial*: em pé (descalço).
- *Descrição do exercício*: abrir levemente os dedos e arquear o pé (flexão plantar). Sem os dedos flexionados, pressionar o joelho para fora, contrair os ombros levemente para baixo e estender a nuca para cima, consciência das contrações no pé, pernas, barriga e costas.
- *Indicações*: esse exercício (conforme Janda) ativa a musculatura eretora do corpo; observar a respiração regular.

- *Objetivo*: consciência da tensão corpórea total (FIGURA 7.2).
- *Posição inicial*: em pé.
- *Descrição do exercício*: duas pessoas (grupo) movimentam um participante como um pêndulo (homem duro) de lá para cá.
- *Indicações*: o exercício conhecido como "pêndulo" ou "homem duro" requer confiança e consideração.

- *Objetivo*: consciência da respiração nos diversos posicionamentos do tórax.
- *Posição inicial*: sentado, em pé.
- *Descrição do exercício*: consciência da respiração em diversas posições do quadril (inclinada para frente ou para trás).
- *Indicações*: através do tórax ereto, é possível uma respiração mais leve (profunda).

- *Objetivo*: utilizar a expiração para relaxamento.
- *Posição inicial*: sentado, decúbito dorsal.
- *Descrição do exercício*: em toda a expiração, deixar a tensão fluir, conscientemente, para fora de cada parte do corpo.
- *Indicações*: bom para ser combinado com a descontração respiratória.

- *Objetivo*: avaliação da própria capacitação.
- *Posição inicial*: diversas cargas (andar, caminhar, jogar, ginástica, capacitações cotidianas etc.)
- *Descrição do exercício*: avaliação dos valores de carga de freqüência cardíaca, medir e comparar.
- *Indicações*: para os participantes, é importante desenvolver um sentimento para a situação de carga, conversar com os participantes sobre a alteração de freqüência cardíaca e pressão em situações diversas (ver ITENS. 2.7, 3.5 e 8).

- *Objetivo*: consciência tátil.
- *Posição inicial*: em pé ou andando.
- *Descrição do exercício*: descalço com olhos fechados, percorrer um itinerário circular com diferentes objetos e adivinhar os objetos.

FIGURA 7.2

- *Indicações*: identificar o pé como órgão sensível, caminhar descalço sobre um gramado e realizar ginástica para os pés como conteúdo para o verão.

7.3. Exercícios para Treinamento do Comportamento Diário

Parar e caminhar

A conservação do equilíbrio do corpo é condição básica de todos os movimentos humanos e da função principal do aparelho motor. A situação adequada necessita de um equilíbrio dinâmico da postura, e somente através de uma postura de apoio estável e um regrado equílibrio do ponto central (aproximadamente no nível S1-S2) realizando-se diagonalmente sobre a área relativamente pequena do pé. O corpo realiza esse procedimento complexo através de uma série de cadeias regulares interligadas. O permanecer ereto, em pé, é possível através da atividade antigravitacional dos músculos, nervos e ligamentos. Os grupos musculares mais importantes (extensores) que permitem a permanência em pé são a musculatura para a articulação do tornozelo (triceps sural, gastrocnêmico), a musculatura frontal para a estabilização da articulação do joelho (quadríceps), a musculatura de glútea (glúteo máximo) para a estabilização da articulação do quadril, assim como a musculatura da coluna e do abdômen para a estabilização da coluna vertebral.

O caminhar é uma forma de movimentação elementar que, com a necessária regularização do equilíbrio (controle motor central), exige coordenação muscular e motora aprendida durante anos. O objetivo dessa mistura singular de movimentos arbitrários, automáticos e semi-automáticos é a movimentação com baixo dispêndio de energia sob manutenção do equilíbrio (Debrunner, 1985).

Por exemplo, para cada movimentação através de um caminhar adequado, cada perna precisa estar em condições de suportar, pelo menos por curto período de tempo, o peso total do corpo (parada sobre uma perna), até que a outra perna seja adiantada. Para poder realizar um passo, principalmente para transpor um degrau, uma perna precisa ser elevada; portanto, flexionada. Para esta situação, falando de forma simples, servem os músculos flexores das grandes articulações das coxas, assim como grupos musculares que elevam o quadril para o lado da perna de impulso (abdutores, musculatura da coluna do lado do impulso). A musculatura do tríceps sural permite o desenrolar e, na fase final da parada, os elevadores do pé, o elevar da ponta dos pés no início da fase de impulso (e com isso, o assentamento sobre o calcanhar).

Caminhar é um seqüenciamento de processamentos motores harmônicos. A imagem do caminhar apresenta-se redonda, estética e harmônica. Uma imagem quadrangular e descoordenada do caminhar é resultante na maioria das vezes da ativação temporariamente errada, excessiva e desnecessária de grupos musculares.

- *Objetivo*: consciência de sua própria parada com olhos fechados (ver ITEM 7.2).

- *Objetivo*: observação de sua própria parada.
- *Posição inicial*: caminhar.
- *Descrição do exercício*: quando interromper a música, permanecer na posição parada; observar-se em pé.

- *Objetivo*: experimentar diversas posições em pé, alegria (FIGURA 7.3).
- *Posição inicial*: parada, dois grupos.
- *Descrição do exercício*: alguns participantes mantêm posições desejadas, um participante pode ser eliminado, no caso de um outro participante apresentar-se diante desse como uma imagem reflexo ("museu de cera"/estátua).

FIGURA 7.3

- *Objetivo*: consciência da tensão muscular (carga na planta do pé) em pé (ver ITEM. 7.2).
- *Objetivo*: consciência de alterações de tensão no pé (massagem no pé) (ver ITEM. 7.2).
- *Objetivo*: consciência da tensão corpórea total ("Pêndulo", "Homem duro", ver ITEM 7.2).
- *Objetivo*: consciência da musculatura ereta (pé curto, ver ITEM 7.2).
- *Objetivo*: treinamento da capacidade de equilíbrio (ver ITEM 7.3).
- *Objetivo*: exercícios com o parceiro (ver ITEM 7.6).
- *Objetivo*: sensibilização da qualidade de caminhar.
- *Posição inicial*: caminhar.
- *Descrição do exercício*: história do caminhar. "Caminha-se": Caminha-se então, e de uma forma e de outra, e novamente diferente, e rápido, e devagar, e de outra forma rápido, e de outra forma devagar, e com ruído, e silencioso, e mais silencioso, e com ruído, e rápido, e rápido e silencioso, e os outros devagar e com ruído, e ao contrário, e novamente bem normal, e em um determinado ritmo, e para cá, e para lá, e no grupo menor, e no grupo todo, e no ritmo igual ao de... E cada um novamente para si, e rápido e com ruído, e devagar e vigoroso, e ouve-se como se está ofegante e os pés são arrastados, e como todos estão quietos, e percebem que se movimentaram (Mahler, 1981; Gimber,1996).
- *Indicações*: Entre as instruções individuais, incluir pausas para a realização, permitir tempo para experimentar os exercícios e, por outro lado, auxiliar através de instruções.

- *Objetivo*: avaliação da própria parada (FIGURA 7.4).
- *Posição inicial*: parada, encontrar os pares.
- *Descrição do exercício*: através de um teste de pêndulo, observar a postura em nível frontal e sagital.

FIGURA 7.4

Critérios de observação:

- Posicionamento do pé: toda a sola do pé no chão, pernas levemente abertas, peso do corpo mediano.
- Posicionamento do joelho: flexão mínima (sem pressão).
- Posicionamento do quadril: levemente inclinado para a frente (lordose fisiológica).
- Posicionamento do tórax: tórax elevado, ereto.
- Posicionamento da cabeça: queixo levemente contraído, coluna vertebral da garganta estendida (coluna cervical).
- Cintura escapular: os ombros estão em posição mediana e alocados soltos sobre o tórax.
- *Indicações*: demonstrar em modelo, transparência, folheto; conforme o caso, utilizar lista para complementação, o exercício treina a capacidade de assimilação (assimilação de terceiros).

- *Objetivo*: posicionamento ereto (FIGURA 7.5).
- *Posição inicial*: posicionamento de afastamento lateral das pernas, rotacionado levemente para fora.
- *Descrição do exercício*: inclinar o quadril (controle manual), elevar o tórax, alongar a coluna vertebral da garganta, controle da cintura escapular (ver ITEM 7.2), os participantes puxam-se para cima por um fio, como um marionete.
- *Indicações*: observar a respiração regular, dado o caso, trabalhar contraste entre ereto parado, em equilíbrio e ereto, e parado ereto.

FIGURA 7.5

- *Objetivo*: imitar caminhada modelo (FIGURA 7.6).
- *Posição inicial*: com o parceiro, caminhar um atrás do outro.

- *Descrição do exercício*: uma pessoa segue o seu parceiro até conseguir imitar totalmente o andar dele, ultrapassa o seu parceiro e demonstra-lhe o seu andar.
- *Indicações*: ensina consciência de terceiros e a sua própria.

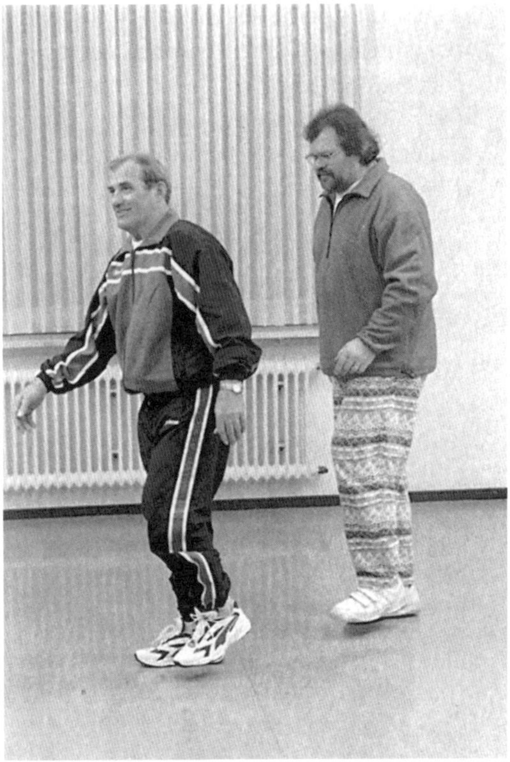

FIGURA 7.6

- *Objetivo*: consciência de diversas "qualidades de caminhada".
- *Posição inicial*: caminhar.
- *Descrição do exercício*: participantes procuram realizar as seguintes qualidades de caminhar: rápido, devagar, acelerado, ampulheta, silencioso, alto – sobre o calcanhar – sobre bolas, deslizar amortecidamente, ereto, abaixado, dinâmico, inerte.
- *Variação*: caminhar sob diversos ritmos musicais.
- *Indicações*: observar a respiração, depois comentar as experiências.

- *Objetivo*: consciência dos diferenciados estados do ambiente.
- *Posição inicial*: caminhar.
- *Descrição do exercício*: participantes tentam aplicar os seguintes estados emocionais: assustado, corajoso, cuidadoso, displicente, excitado, descontraído, amargurado, sereno, orgulhoso, humilde, feliz, triste, curioso, desinteressado, inclinado, ereto.
- *Indicações*: como se altera a postura nos diferentes estados? O que isso nos diz?

- *Objetivo*: experimentar formas de caminhar extremas.
- *Posição inicial*: andar.
- *Descrição do exercício*: experimentar as seguintes formas de caminhar: forte para frente/trás, inclinado, empurrar excessivamente para cima, passos muito grandes, passos muito pequenos.

- *Objetivo*: observar o caminhar.
- *Posição inicial*: caminhar.
- *Descrição do exercício*: uma pessoa sobe e desce, a outra pessoa observa o modelo de caminhar:
  - Como está a postura (ereta/inclinada)?
  - Como é a forma de caminhar (desritmada/ritmada, amortecida/rígida, lenta/dinâmica)?
  - Como é o ritmo da caminhada?
  - Como o pé se assenta no chão (calcanhar/sola toda/ante-pé, as costas dos pés estão voltadas para fora/dentro/frente)?
  - Os braços balançam juntos soltos, somente os antebraços balançam ou são mantidos parados?
  - A coluna lombar está alinhada? O tórax rotaciona?
  - Onde está a cabeça (olhar reto, para cima, para baixo)? A cabeça se movimenta?
- A seguir, as observações serão comentadas.

- *Objetivo*: prazer, experiências em grupo, treinamento da capacidade de adaptação (FIGURA 7.7).

- *Posição inicial*: os participantes estão bem próximos um atrás do outro.
- *Descrição do exercício*:"Doze passos iguais". Os participantes tentam, no mesmo passo (ritmo), marchar um atrás do outro.
- *Indicações*: se houver espelho, os participantes podem observar seu caminhar. No começo, restringir a poucas características.

FIGURA 7.7

- *Objetivo*: treinamento da consciência e coordenação (ver ITENS 7.2, 7.4).

- *Objetivo*: prazer.
- *Posição inicial*: todos os participantes estão em pé (sentados) em círculo. Eles são distribuídos em seis grupos (Pessoas = Grupo 1, Cidade = Grupo 2, Luz/luzes = Grupo 3, Eletricidade = Grupo 4, Carvão = Grupo 5, Átomo = Grupo 6). Quando for dita a palavra-chave, o participante do grupo mencionado anda (caminha) uma vez em volta do círculo e volta ao seu lugar.
- *Descrição do exercício*: História do caminhar "Um maravilhoso conto moderno...".

Era uma vez uma *cidade* com muitas *pessoas*, ruas compridas, prédios altos e centenas de milhares de *luzes*. Era utilizada muita *eletricidade* nesta *cidade*. Além das lâmpadas, outros equipamentos elétricos também precisavam funcionar. Durante dezenas de anos, as *pessoas* produziam sua *eletricidade* do *carvão*. Porém, os estoques estavam se esgotando e assim os melhores técnicos foram incluídos nos laboratórios, a fim de pesquisar novas fontes de energia. Um dia, devido a motivos de racionamento, a *eletricidade* havia sido novamente desligada. Um engenheiro estava sentado à luz de velas diante de um pequeno punhado de *átomos* rebeldes, que não queriam liberar energia. Em seu desespero, o engenheiro lançou mão de uma machadada na gaveta e começou a partir o monte. Houve relâmpagos e trovões e o laboratório ficou tão claro como se a *luz* estivesse acesa. Os olhos do engenheiro doíam devido à claridade e ele nem conseguia dar conta de sua descoberta. Contudo, depois lhe ocorreu como num estalo:

"Para que precisamos de *carvão*? Nós partiremos o *átomo*", pensou ele, e correu para a maior praça da *cidade* e chamou todas as *pessoas*: "Escutem, pessoal, vai haver novamente *luz* e *eletricidade* – Eureca, eu encontrei a solução!" E para provar, ele colocou um pedaço de *carvão* e um pedaço de *átomo* um ao lado do outro no chão, buscou seu machado e partiu o *carvão*. Nada aconteceu; porém, quando partiu o *átomo*, houve *luz*, e todas as *pessoas* jubilaram e comemoraram o homem e levaram-o nas costas pela *cidade*. O *carvão* partido, acreditando a partir daí ser somente útil para o fogo e não poder mais fazer *luz*, chorou amargamente, e um rio de lágrimas correu as ruas da *cidade* abaixo. Quando as *pessoas* viram isso, ficaram pensativas quanto à sua rápida credibilidade e tiveram dó. Assim, elas decidiram, de comum acordo, suprir a necessidade energética somente com as duas possibilidades. E assim, a *cidade* teve muita *eletricidade* de *carvão* e *átomo*, a fim de produzir *luz* suficiente, e viveram felizes até o final de seus dias (Koehler, 1990).

Sentar

Ao contrário de estar em pé, sentar atenua as articulações do joelho, de salto, e melhora a estabilidade da coluna, que necessita de menos energia. Por esse motivo, são apropriados exercícios sentados (o adequado é um banquinho de quatro pernas), principalmente para grupos avançados e ginástica de banquinho também em distúrbios de irrigação periféricos e arteriais, dos órgãos respiratórios ou artrose nas articulações das extremidades inferiores.

Por outro lado, sentar por longo período ou estático tem uma série de desvantagens. Por exemplo, impossibilita o fluxo sanguíneo venoso, enrijecimento ou tornando flácida a musculatura, interferências negativas nos órgãos internos e sobrecarga na coluna vertebral, quando sentar-se inclinado.

Quando as pessoas realizam atividades sentadas, as seguintes instruções comportamentais oferecem um efeito contrário à carga simultaneamente elevando a capacidade:

- Sentar menos e por períodos menores.
- Alternar o sentar e o ficar em pé.
- Sentar dinamicamente e mais freqüentemente em posições alternativas.
- Realizar pequenos intervalos de movimentos (pausa ativa).
- De vez em quando recostar e realizar intervalos de descontração.
- De forma geral, movimentar-se (como compensação praticar exercício).
- Compor o ambiente de forma ergonômica.

- *Objetivo*: consciência dos movimentos do quadril sentado, elevação do tórax, alongamento da coluna vertebral da garganta e controle da cintura escapular (ver ITEM 7.2).

- *Objetivo*: contração básica sentado.
- *Posição inicial*: sentado.
- *Descrição do exercício*: estender levemente os dedos e elevar a curvatura do pé ("pé curto", ver ITEM 7.2).
- *Indicações*: a contração básica para estabilização pode ser empregada em exercícios de fortalecimento.

- *Objetivo*: conhecer diversas posições de sentar (sentar ativo).
- *Posição inicial possível*: sentado.
- *Descrição do exercício*: simular diversas posições de sentar (posição predileta), os membros do grupo imitam a posição.

- *Objetivo*: procurar posição sentada fisiológica (FIGURA 7.8).
- *Posição inicial possível*: sentado.
- *Descrição do exercício*: inclinar o quadril o máximo possível para frente, de maneira que forme uma pequena onda na porção lombar da coluna vertebral, elevar o esterno, estender a coluna cervical e posicionar os ombros soltos na posição neutra (ver ITEM 7.2).
- *Indicações*: uma dica mais precisa é a de inclinar o quadril para trás até que se sinta a pressão no osso do púbis.

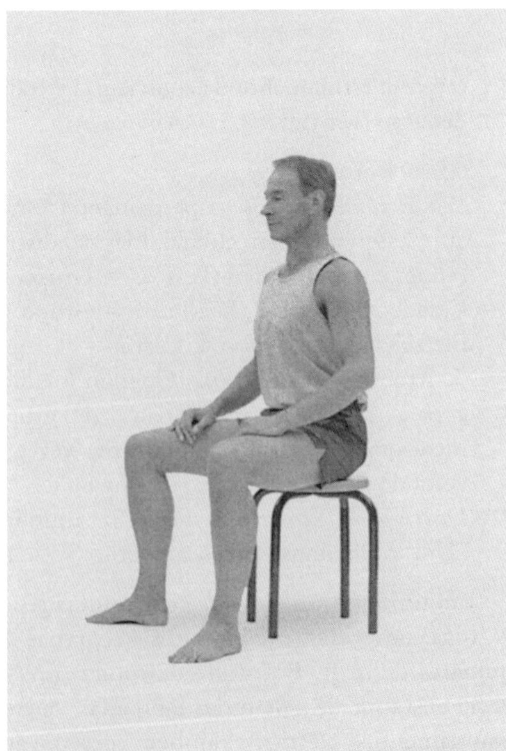

FIGURA 7.8

Critérios de observação:

- Posição do pé: planta do pé totalmente apoiada no chão, pernas levemente abduzidas.
- Posição do joelho: ângulo de, no mínimo, 90° entre a perna e a coxa, observe o eixo da perna.
- Posição do quadril: inclinada levemente para frente (lordose dorsal fisiológica).
- Posição do tórax: elevado, ereto.
- Posição da cabeça: queixo levemente contraído, coluna vertebral do pescoço estendida.
- Cintura escapular: ombros estão em posição mediana, alocados soltos sobre os ombros.
- Bases para uma postura ereta: importante como condição para grande parte dos exercícios sentados.

- *Objetivo*: sentir a contração e descontração quando sentado ("O pequeno Buddha"), (FIGURA 7.9).
- *Posição inicial*: em dupla, uma pessoa está sentada com os olhos fechados, a outra está em pé às suas costas.
- *Descrição do exercício*: a pessoa em pé realiza diversas atividades, uma atrás da outra: mãos sobre os ombros, massagear levemente com o polegar; a pessoa sentada inclina a cabeça para a frente, pressionar levemente sobre as costas; a pessoa sentada inclina a cabeça para o lado, segurar a cabeça e pressionar o ombro para baixo; leve pressão por trás contra a coluna e nuca; leve pressão de frente contra a testa e parte superior do esterno (glândula Thymus); leve pressão do lado contra o ombro e cabeça acima da orelha (também do outro lado) por trás massagear a nuca e os ombros; auxiliar o parceiro a se levantar.
- *Indicações*: o exercício pode ser bem realizado na fase de relaxamento (finalização).
- *Variação*: "Coreografia sentada" – sentar em diversas fileiras uma atrás da outra: cada linha (quatro pessoas sentadas lado a lado) imaginam quatro diferentes posturas sentadas; com música as posturas sentadas são realizadas em diferentes compassos (4 x 8, 4 x 4, 4 x 2, 4 x 1).

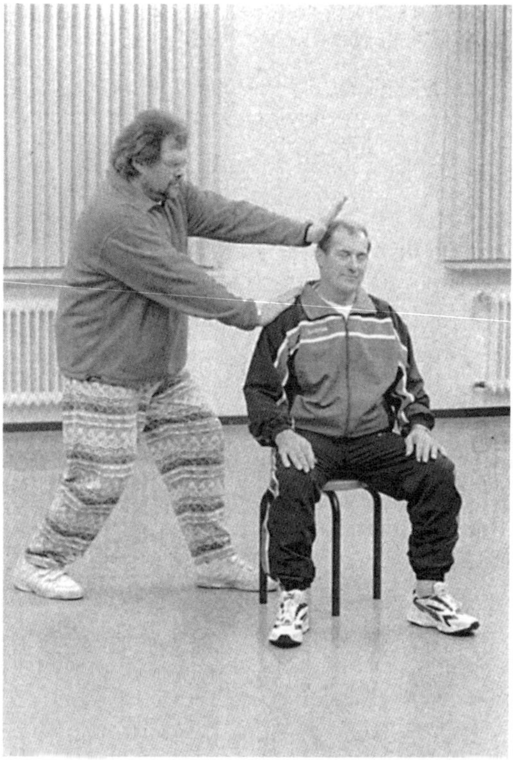

FIGURA 7.9

Agachar, elevar e carregar

A capacidade de disponibilização de cargas é determinada primariamente pela capacidade da musculatura e do sistema cardíaco (Hettinger, 1991). Danos de sobrecargas provenientes de manipulação de cargas pesadas ocorrem principalmente no âmbito da coluna lombar, para os cardiopatas, porém, principalmente a manobra de Valsalva, que ocorre freqüentemente associada com a elevação de cargas é perigosa (ver ITEM 7.1). A fim de enfrentar este problema, deverá ser treinada a técnica de respiração (ver ITEM 7.2). As três indicações mais importantes para a redução da sobrecarga mecânica ao agachar, elevar, descer e carregar são:

- observar um posicionamento mais ereto possível;
- distribuir a carga sobre diversas articulações (joelho, quadril, coluna vertebral, ombros);
- elevar regularmente, não em trancos.

Desta forma, os participantes podem observar os seguintes pontos ao levantar um peso:

- Aproximar o corpo o máximo possível e frontalmente ao objeto.
- Os pés deverão estar abertos à largura do quadril, sobre toda a sola.
- Coluna vertebral está em sua forma (inclinação do quadril, elevação do tórax, alongamento da coluna cervical, controle da cintura escapular) fisiológica (S-duplo).
- Inclinar a perna até, no máximo, 90°.
- Simultaneamente, inclinar para frente o tronco "reto" através do tombamento na articulação do quadril.
- Segurar a carga e avaliar se ela realmente pode ser elevada, ou se, dado o caso, encontra-se no limite da capacidade de carga. (A carga também pode ser empurrada ou transportada de outra forma?).
- Preparar-se conscientemente para o procedimento de elevação e contrair a musculatura da coluna (a coluna vertebral é estabilizada e, através da denominada "pressão abdominal", os discos vertebrais são aliviados).
- Elevar uniformemente a carga esticando as articulações do quadril, do joelho e da articulação do tornozelo.
- Expirar conscientemente, quando no processo de elevação, e a seguir continuar respirando regularmente.

- *Objetivo*: consciência do processamento do movimento. Experimentar mais técnicas de agachamento e elevação (ver ITEM 7.11).

- *Objetivo*: treinamento do processamento dos movimentos agachar, elevar, com alívio (FIGURA 7.10).
- *Posição inicial*: sentado.
- *Descrição do exercício*: inclinar para baixo o tronco "ereto" a partir da articulação, segurar o objeto com uma mão (objeto leve) ou duas mãos (objeto pesado), elevar o objeto e endireitar o tronco (movimentar o externo para frente/cima); elevar levemente os glúteos do assento e endireitar o tronco com alongamento das articulações do tornozelo, joelho e quadril (observar eixo da perna).
- *Variação*: procedimento de movimentação sem elevar-se da cadeira.
- *Indicações*: um bastão às costas (com parceiro) oferece um retorno tátil sobre o posicionamento alterado da coluna vertebral. Observar respiração regular.

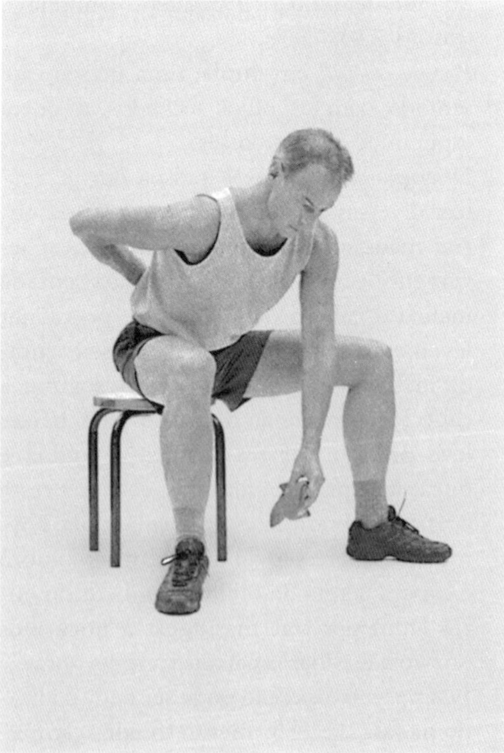

FIGURA 7.10

- *Objetivo*: treinamento do processamento do movimento de elevação.
- *Posição inicial*: em pé.
- *Descrição do exercício*: repetir o processamento do movimento do primeiro exercício de elevação, desta vez sem cadeira.
- *Indicações*: como possibilidades de controle, pode ser empregado um parceiro com um bastão ou um espelho. O adequado é um movimento de expiração quando da elevação.

- *Objetivo*: elevar e carregar diversos objetos.
- *Posição inicial*: sentado, em círculo.
- *Descrição do exercício*: no meio estão diversos objetos, os quais deverão ser elevados pelos participantes, levados a uma outra pessoa e recolocados no local.
- *Indicações*: observar uma respiração regular quando em elevação.

- *Objetivo*: fortalecimento da musculatura da perna, prazer.
- *Posição inicial*: em pé.
- *Descrição do exercício*: os participantes são membros de uma tribo em uma floresta. Todos se movimentam entre si em ritmo em uma posição de afastamento das pernas, vão à lavoura, cavam, semeiam, rezam para o Deus da chuva, e assim por diante.
- *Indicações*: uma música afro com tambores auxilia a ambientalização dos participantes.

7.4 Exercícios para Treinamento da Coordenação

- *Objetivo*: treinamento da capacidade de equilíbrio e orientação (equilíbrio estático).
- *Posição inicial*: parado sobre os dois pés.
- *Descrição do exercício*: parado sobre os dois pés e sobre base instável (com braços estendidos/flexionados).
- *Variação*: fechar os olhos.

- *Objetivo*: treinamento da capacidade de equilíbrio e orientação (balanço estático).
- *Posição inicial* : parada sobre um pé (mudar pé de apoio após 20 a 30 segundos).
- *Descrição do exercício*: parado sobre um pé e sobre base estável (com braços esticados/flexionados).
- *Variação*: exercitar-se sobre base instável, fechar os olhos.
- *Indicações*: a parada em um pé sobre base estável, com olhos abertos/fechados, serve também como teste (de 10 a 15 segundos) (ver ITEM 5).

- *Objetivo*: treinamento da capacidade de equilíbrio e orientação (equilíbrio estático) (FIGURA 7.11).
- *Posição inicial*: parado em um pé sobre base estável (instável).
- *Descrição do exercício*: girar a cabeça para a direita e para a esquerda.
- *Variação*: cabeça na diagonal da direita embaixo (olhar sobre o peito) para a esquerda acima (olhar sobre o ombro para cima).

- *Objetivo*: treinamento da capacidade de equilíbrio (equilíbrio dinâmico) (FIGURA 7.12).
- *Posição inicial*: em pé.
- *Descrição do exercício*: balançar a perna para frente e para trás (movimentar em oito).
- *Variação*: flexionar o joelho e a seguir esticar a perna para trás (movimento de caminhar); levar os braços na diagonal.
- *Indicações*: o quadril permanece em um nível; conforme o caso, realizar com o auxílio de um apoio.

FIGURA 7.11

FIGURA 7.12

- *Objetivo*: treinamento da capacidade de equilíbrio (equilíbrio dinâmico) (FIGURA 7.13 a e b).
- *Posição inicial*: sentado, em pé ou parado sobre um pé.
- *Descrição do exercício*: sentado (em pé, parado sobre um pé) sobre base estável (posteriormente base instável), os braços realizam diversos movimentos.
- *Variação*: utilizar equipamentos portáteis, por exemplo, tensores, halteres pequenos; adicionalmente elevar uma perna quando sentado.
- *Indicações*: o exercício serve também para a capacidade de estabilização. Observar uma respiração regular.

FIGURA 7.13 a

FIGURA 7.13 b

- *Objetivo*: treinamento da capacidade de orientação (FIGURA 7.14).
- *Posição inicial*: caminhar com os olhos fechados.
- *Descrição do exercício*: obedecer ao sinal (palmas) do professor.
- *Indicações*: por segurança, os participantes podem elevar os braços à frente do corpo.

FIGURA 7.14

- *Objetivo*: treinamento da capacidade de reação (FIGURA 7.15).
- *Posição inicial*: andar, caminhar.
- *Descrição do exercício*: ao sinal ou interrupção da música, "congelar" imediatamente o movimento (estátua).
- *Variação*: o sinal para parar (*stop*) e continuar a andar (livre) são dados pelos participantes.

FIGURA 7.15

- *Objetivo*: treinamento da capacidade de equilíbrio.
- *Posição inicial*: parada sobre quatro pés (quatro apoios).
- *Descrição do exercício*: estender o braço e a perna correspondente; adicionalmente elevar o pé da perna flexionada.
- *Indicações*: braço e perna formam com o tronco uma linha, flexionar o joelho.

- *Objetivo*: treinamento da capacidade de orientação (noção temporal).
- *Posição inicial*: andar, caminhar.
- *Descrição do exercício*: após prévio acordo do tempo (30, 60s), finalizar o andar (caminhar).
- *Variação*: após determinado tempo (de 60 a 120s), estimar a freqüência cardíaca.

- *Objetivo*: treinamento da capacidade de acoplamento e diferenciação.
- *Posição inicial*: andar, caminhar.
- *Descrição do exercício*: ao sinal, manter uma ou mais articulações enrijecidas.

- *Objetivo*: treinamento da capacidade de ritmização.
- *Posição inicial*: andar.
- *Descrição do exercício*: realizar determinadas combinações de passo com música.
- *Indicações*: os participantes estão em círculo e em linhas alternadas.

- *Objetivo*: treinamento da capacidade de acoplamento e capacidade de diferenciação (FIGURA 7.16).
- *Posição inicial*: andar.
- *Descrição do exercício*: combinação de diversos movimentos de braços e pernas.
- *Indicações*: poderão ser incorporados passos (de dança) simples e de aeróbia.

FIGURA 7.16

7.5 Exercícios para Melhora da Mobilidade

FIGURA 7.17

- *Objetivo*: alongamento da musculatura lateral do pescoço e da nuca (FIGURA 7.17).
- *Posição inicial*: em pé ou sentado.
- *Descrição do exercício*: fixar os ombros à mesma altura (horizontal), inclinar a cabeça para o lado.
- *Variação*: fixar a cabeça com a mão, a mão e o ombro opostos alongam-se para baixo.
- *Indicações*: fixar o olhar para frente.

FIGURA 7.18

- *Objetivo*: alongamento da musculatura peitoral (parte frontal-peitoral) (FIGURA 7.18).
- *Posição inicial*: em pé ou sentado.
- *Descrição do exercício*: ambas as mãos seguram uma corda (toalha), os polegares apontados uns aos outros, as mãos sobre a cabeça conduzem-na para trás.
- *Variação*: encostar na parede um braço esticado na altura do ombro e girar o corpo para dentro.
- *Indicações*: levar lentamente as mãos para fora.

- *Objetivo*: alongamento dos músculos da coluna (lado externo do ombro) (FIGURA 7.19).
- *Posição inicial*: parado (posição de passo) na parede.
- *Descrição do exercício*: apoiar os braços na largura dos ombros na parede, empurrar o esterno para frente.
- *Variação*: movimentar cautelosamente os ombros direito e esquerdo no sentido da parede.

FIGURA 7.19

- *Objetivo*: alongamento da musculatura da cintura escapular (FIGURA 7.20).
- *Posição inicial*: em pé ou sentado.
- *Descrição do exercício*: estender os braços para frente. Encostar o dorso das mãos uma na outra e empurrar os braços para frente.
- *Indicações*: deixar os ombros soltos em baixo.

- *Objetivo*: alongamento da musculatura da mão e dos dedos (parte interna do antebraço), (FIGURA 7.21).
- *Posição inicial*: em pé ou sentado.
- *Descrição do exercício*: puxar o dorso da mão com os dedos estendidos e, dado o caso, girar o braço para fora.

FIGURA 7.20

FIGURA 7.21

- *Objetivo*: alongamento da musculatura das costas (inferior) (FIGURA 7.22).
- *Posição inicial*: sentado ou em pé.
- *Descrição do exercício*: desenrolar o tronco levemente, "vértebra por vértebra" (conforme o caso, colocar a perna a frente).
- *Indicações*: em pé, flexionar os joelhos, respirar regularmente.

- *Objetivo*: alongamento da musculatura da coluna (costas inferiores, nuca e quadril externo) (FIGURA 7.23).
- *Posição inicial*: sentado.
- *Descrição do exercício*: cruzar uma perna sobre a outra e fixar com a mão oposta, puxar a perna para o lado e girar a cabeça, os ombros, o tronco para o lado oposto.
- *Indicações*: o exercício também é possível sentado no chão com as pernas estendidas.

FIGURA 7.22

FIGURA 7.23

- *Objetivo*: Alongamento da musculatura de flexão do quadril (Fig. 7.24).
- *Posição Inicial*: Sentado, parado com ampla flexão de joelhos.
- *Descrição do exercício*: Estender uma perna para trás, inclinar o tronco para trás e empurrar o quadril para baixo.
- *Variação*: Em pé, elevar um pé e empurrar o quadril para frente.

FIGURA 7.24

- *Objetivo*: alongamento da musculatura do quadril (lado externo do quadril) (FIGURA 7.25).
- *Posição inicial*: sentado.
- *Descrição do exercício*: apoiar o pé sobre o joelho, endireitar o tronco e incliná-lo para a frente.
- *Variação*: sentado, apoiar a perna flexionada sobre o joelho, contrair o joelho em direção ao ombro oposto.

FIGURA 7.25

- *Objetivo*: alongamento do adutor magno (músculo interno da sobre-coxa) (partes curtas, parte interna da sobre-coxa) (FIGURA 7.26).
- *Posição inicial*: sentado sobre banquinho, sentado no chão.
- *Descrição do exercício*: abrir as pernas o máximo possível e, com as costas das mãos, afastar as sobre-coxas.
- *Variação*: sentado (de costas), encostar as solas dos pés uma na outra e flexionar as pernas para fora.

- *Objetivo*: alongamento da musculatura frontal da coxa (parte frontal da coxa) (FIGURA 7.27).
- *Posição inicial*: parado na parede, sentado, de joelhos no colchonete, de lado.
- *Descrição do exercício*: abranger a articulação do tornozelo, puxar a perna para trás (dado o caso, contrair o abdômen), conduzir o calcanhar para glúteos.

FIGURA 7.26

FIGURA 7.27

- *Objetivo*: alongamento da musculatura superior da coxa (parte posterior da coxa) (FIGURA 7.28).
- *Posição inicial*: sentado, em pé, de joelhos sobre um colchonete (dado o caso, um banquinho).
- *Descrição do exercício*: estender uma perna para frente, inclinar o tronco "ereto" para frente (empurrar o banquinho para trás)

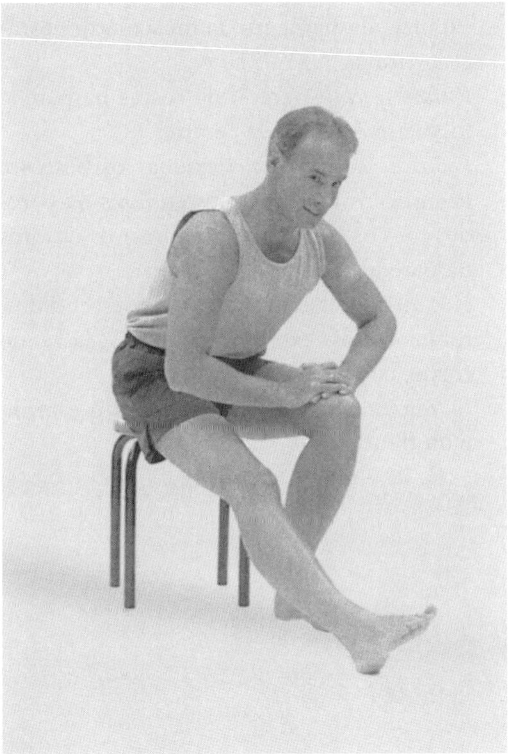

FIGURA 7.28

- *Objetivo*: alongamento da musculatura da panturrilha (FIGURA 7.29).
- *Posição inicial*: em posição de passo em uma parede (cadeira), apoiar as mãos, ambos os pés indicando para a frente; perna posterior está esticada.
- *Descrição do exercício*: movimentar a perna para a frente, inclinar a perna dianteira e pressionar o calcanhar posterior no chão.
- *Variação*: pequena posição de passo, inclinar acentuadamente o joelho posterior sem elevar o calcanhar.

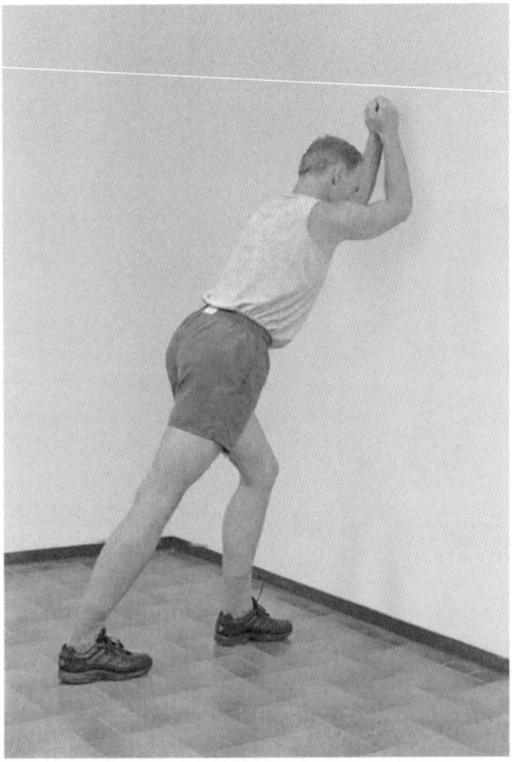

FIGURA 7.29

- *Objetivo*: mobilização das coluna cervical.
- *Posição inicial*: sentado ou em pé.
- *Descrição do exercício*: girar a cabeça levemente para o lado e, neste momento, olhar os ombros.
- *Variação*: em semicírculo, conduzir a cabeça do tórax para o lado.

- *Objetivo*: mobilização da coluna vertebral (contração e alongamento) (FIGURA 7.30).
- *Posição inicial*: de quatro.
- *Descrição do exercício*: arquear (corcunda de gato) e estender (dorso de cavalo).

FIGURA 7.30

- *Objetivo*: mobilização da cintura escapular.
- *Posição inicial*: em pé ou sentado.
- *Descrição do exercício*: colocar as mãos sobre os ombros, girá-los para frente e para trás.
- *Variação*: tocar os dedos atrás das costas; uma mão vem de cima, a outra, de baixo.

- *Objetivo*: mobilização e relaxamento das articulações da mão.
- *Posição inicial*: sentado ou em pé.
- *Descrição do exercício*: flexionar as mãos e girar para a frente (trás), depois chacoalhar.

- *Objetivo*: mobilização das articulações do quadril.
- *Posição inicial*: em pé.
- *Descrição do exercício*: balançar a perna para frente e para trás (deixar circular).

- *Objetivo*: mobilização das articulações.
- *Posição inicial*: sentado ou em pé.
- *Descrição do exercício*: movimentar o pé em sentido horário.

7.6 Exercícios para Melhora da Força

- *Objetivo*: fortalecimento da musculatura escapular, alinhamento da musculatura torácica (FIGURA 7.31a e b).
- *Posição inicial*: parado de costas na parede (distante 1 ½ pé da parede).
- *Descrição do exercício*: flexionar os braços e encostá-los levemente estendidos na parede; com os cotovelos, empurrar os ombros na parede.
- *Variação*: pressionar os braços estendidos, rotacionados externamente, ao lado do corpo, contra a parede.
- *Indicações*: empurrar ativamente o esterno para frente.

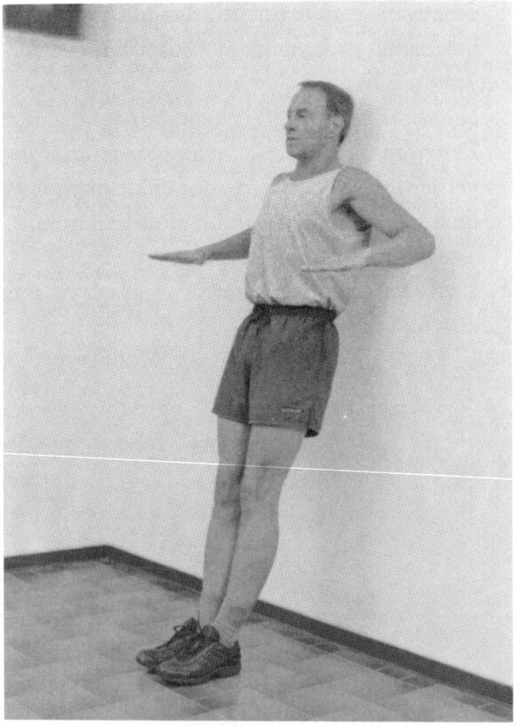

FIGURA 7.31a

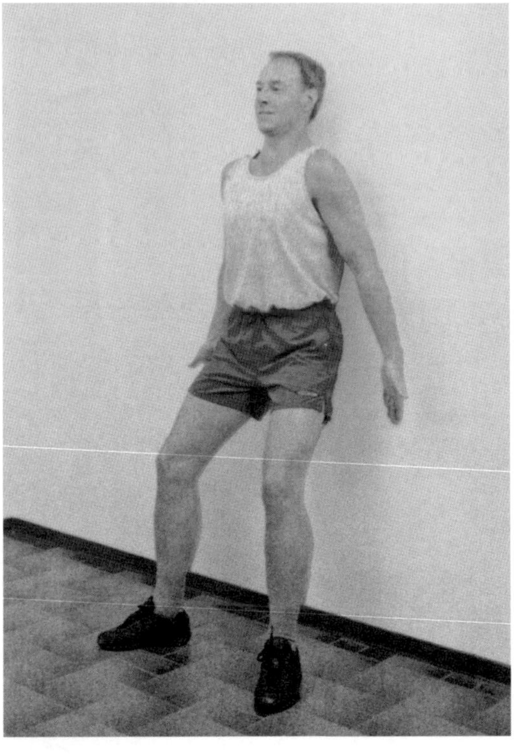

FIGURA 7.31b

- *Objetivo*: fortalecimento da musculatura extensora do braço e da musculatura da cintura escapular (FIGURA 7.32).
- *Posição inicial*: parado na parede, de quatro.
- *Descrição do exercício*: apoiar as mãos na parede, à distância dos ombros, flexionar e estender os braços (flexão modificada).
- *Indicações*: contrair a musculatura da coluna.

FIGURA 7.32

- *Objetivo*: fortalecimento da musculatura extensora do braço e da musculatura da cintura escapular (FIGURA 7.33).
- *Posição inicial*: sentado.
- *Descrição do exercício*: apoiar as mãos em uma cadeira (banquinho, banco, caixa), ao nível do quadril; alternadamente, contrair e estender os braços; simultaneamente, empurrar o quadril um pouco para baixo.
- *Indicações*: manter o tronco ereto.

- *Objetivo*: fortalecimento das musculaturas lombares e da cintura escapular (FIGURA 7.34 a e b).
- *Posição inicial*: sentado ou em pé, de bruços.
- *Descrição do exercício*: inclinar o tronco levemente para a frente, conduzir os braços flexionados na posição U; alternadamente, estender o braço para cima.
- *Variação*: estender um braço para cima e o outro para baixo.
- *Indicações*: manter o esterno para frente.

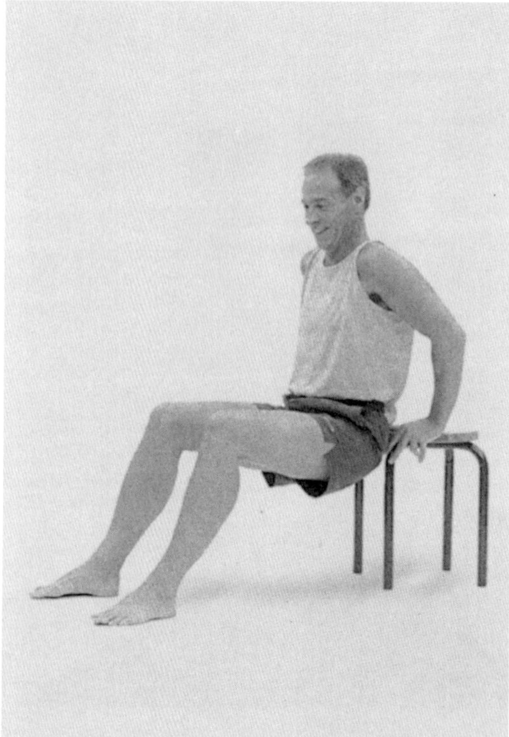

FIGURA 7.33

FIGURA 7.34 a

- *Objetivo*: fortalecimento da musculatura lombar (FIGURA 7.35).
- *Posição inicial*: em pé, pernas flexionadas.
- *Descrição do exercício*: apoiar uma mão sobre o joelho, com a outra rotacionar a cabeça e ombro externamente e para cima.
- *Indicações*: conduzir a mão rotacionada para trás, próxima ao ouvido.

FIGURA 7.34b

FIGURA 7.35

- *Objetivo*: fortalecimento de estabilizadores da coluna (mobilização do quadril) (FIGURA 7.36).
- *Posição inicial*: sentado (de cócoras).
- *Descrição do exercício*: elevar alternadamente o glúteo esquerdo e o direto; conforme o caso, elevar o braço oposto.

- *Objetivo*: fortalecimento da musculatura da coluna (estabilização dinâmica) (FIGURA 7.37).
- *Posição inicial*: sentado, em pé; conforme o caso, elevar uma perna.
- *Descrição do exercício*: movimentar rapidamente os braços ao lado do corpo, para frente e para trás, estabilizar o corpo.
- *Variação*: flexionar os braços diante do corpo e movimentar para a direita e para a esquerda, ou movimentar os braços da direita para a esquerda, como um limpador de pára-brisas.

FIGURA 7.36

FIGURA 7.37

- *Objetivo*: fortalecimento da musculatura abdominal (FIGURA 7.38).
- *Posição inicial*: sentado, em pé, de costas.
- *Descrição do exercício*: contraír uma perna, o cotovelo oposto toca o joelho.

- *Objetivo*: fortalecimento corpóreo total (FIGURA 7.39).
- *Posição inicial*: de quatro.
- *Descrição do exercício*: deixar o joelho leve, com as mãos apoiadas no chão.
- *Variação*: elevar adicionalmente o joelho.
- *Indicações*: caso o exercício seja muito intenso, de quatro, caminhar com as mãos.

FIGURA 7.38

FIGURA 7.39

- *Objetivo*: fortalecimento da musculatura do quadril (FIGURA 7.40).
- *Posição inicial*: parado, sobre um pé.
- *Descrição do exercício*: elevar o quadril lateralmente.

- *Objetivo*: fortalecimento da musculatura da perna e dorsal (FIGURA 7.41).
- *Posição inicial*: posição de passo (parado paralelo).
- *Descrição do exercício*: flexionar as pernas (máximo 90°) e conduzir os dois braços estendidos para cima.

FIGURA 7.40

FIGURA 7.41

- *Objetivo*: fortalecimento da musculatura dorsal e extensora do quadril (FIGURA 7.42).
- *Posição inicial*: de quatro.
- *Descrição do exercício*: estender um braço (uma perna).
- *Variação*: Estender alternadamente um braço e uma perna opostos e uni-los sobre o corpo.

FIGURA 7.42

7.7. Exercícios com o Parceiro

- *Objetivo*: consciência de inter-relação entre as partes do corpo.
- *Posição inicial*: em pé.
- *Descrição do exercício*: uma pessoa de olhos fechados tateia a outra e tenta imitar a sua postura.
- *Variação*: uma pessoa modela, a partir do parceiro, uma determinada figura ("escultor") (ver CAPÍTULO 8).

- *Objetivo*: treinamento da consciência tátil (FIGURA 7.43).
- *Posição inicial*: em pé, sentado, de bruços.
- *Descrição do exercício*: uma pessoa escreve algarismos nas costas do parceiro (letras), ou pressiona um determinado número de dedos nas costas, o parceiro adivinha o algarismo ou número de dedos, e assim por diante (ver CAPÍTULO 8).
- *Variação*: a pessoa tenta, com as mãos, demonstrar o tempo.
- *Indicações*: todos os participantes podem estar um atrás do outro, em círculo.

FIGURA 7.43

- *Objetivo*: treinamento da consciência tátil (FIGURA 7.44).
- *Posição inicial*: sentado.
- *Descrição do exercício*: duas pessoas estão sentadas, costas com costas, e tentam, somente com o tato, conhecer suas costas.
- *Indicações*: com música, este exercício pode ser realizado para o encerramento de aula.

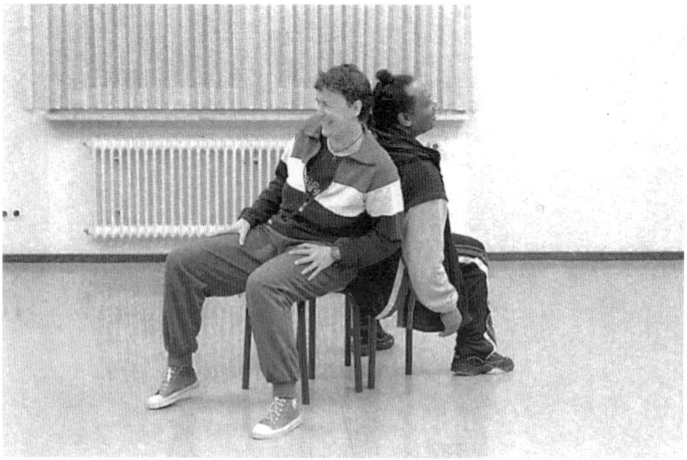

FIGURA 7.44

- *Objetivo*: aquecer, treinamento da capacidade de orientação (Fig. 7.45).
- *Posição inicial*: a pessoa de trás segura o parceiro da frente pelo ombro e fecha os olhos.
- *Descrição do exercício*: os "trenzinhos" individuais andam (caminham) desordenamente.

FIGURA 7.45

- *Objetivo*: treinamento da consciência visual.
- *Posição inicial*: em pé.
- *Descrição do exercício*: os parceiros estão um diante do outro. Uma pessoa indica os movimentos que eles devem imitar (reflexo) (ver CAPÍTULO 8).
- *Variação*: a brincadeira da "sombra" também é indicada como exercício de aquecimento.

- *Objetivo*: treinamento das capacidades de equilíbrio e reação (FIGURA 7.46).
- *Posição inicial*: aos pares, sem ou com o toque das mãos, ficar um em frente ao outro.
- *Descrição do exercício*: os parceiros travam um "duelo de pés".
- *Variação*: os parceiros tentam tocar os pés.
- *Indicações*: realizar medições de freqüência cardíaca.

FIGURA 7.46

- *Objetivo*: treinamento das capacidades de equilíbrio e reação (FIGURA 7.47).
- *Posição inicial*: aos pares, sem tocar as mãos, em posição diferenciada, ficar diante do parceiro (joelhos fechados/abertos, flexionados/estendidos, posição de passo).
- *Descrição do exercício*: os parceiros tentam, com as mãos, levar o parceiro ao desequilíbrio.
- *Indicações*: o exercício tem por objetivo o encontro de uma posição inicial segura em pé.

FIGURA 7.47

- *Objetivo*: treinamento da capacidade de equilíbrio e da estabilização corpórea total (FIGURA 7.48).
- *Posição incial*: em pé, parada sobre um pé, de quatro com uma perna estendida para trás.
- *Descrição do exercício*: uma pessoa pressiona levemente com um dedo (palma da mão) diversas partes do corpo, a pessoa adiante tenta manter a posição do corpo e o equilíbrio.

- *Objetivo*: melhora da mobilidade, treinamento da coordenação (FIGURA 7.49).
- *Posição inicial*: em posição de salto, com toque de mãos.
- *Descrição do exercício*: balançar simultaneamente os braços para a direita e para a esquerda.
- *Variação*: rotacionar juntos por sob os braços.

FIGURA 7.48

FIGURA 7.49

- *Objetivo*: treinamento da coordenação e fortalecimento da musculatura da cintura escapular (FIGURA 7.50).
- *Posição inicial*: em posição de passo, colocar as palmas das mãos umas contra as contras.
- *Descrição do exercício*: como em uma velha "locomotiva a vapor", movimentar as mãos para frente e para trás; ir variando o tempo.
- *Variação*: fornecer ao parceiro sempre uma pequena resistência.

FIGURA 7.50

- *Objetivo*: fortalecimento da musculatura da perna.
- *Posição inicial*: em pé (largura dos ombros), com toque de mãos.
- *Descrição do exercício*: inclinar levemente o joelho (máximo 90°) e estender, manter o tronco ereto.
- *Objetivo*: fortalecimento da musculatura abdominal (FIGURA 7.51).
- *Posição inicial*: sentado, em pé, a faixa elástica Thera-Band fixada lateralmente na altura do peito.
- *Descrição do exercício*: segurar a faixa elástica Thera-Band à frente do esterno e girar o tronco para o lado contrário.
- *Variação*: realizar o exercício com os braços estendidos.
- *Indicações*: o exercício também é possível com parceiro; o quadril deverá permanecer fixo.

FIGURA 7.51

7.8. Exercícios com a faixa elástica Thera-Band

Indicações especiais para exercícios com a faixa elástica Thera-Band:

- Na posição inicial, o tensor já deverá estar levemente esticado, ou seja, durante o exercício o tensor está sempre tensionado.

- Dependendo do exercício, o tensor deverá ser fixado nas mãos, pés, objetos (escada sueca) ou pessoas. Para tanto, podem ser utilizados materiais auxiliares adicionais (grifos, Thera-Band). Deverá ser observada uma fixação segura (nós, laços) do tensor.
- Para a fixação, o tensor é enrolado de tal forma na mão que se prende somente pelo empuxe.
- Para o treino, há ainda a vantagem que as musculaturas menos utilizadas da mão ou dos dedos sejam treinadas (preparo da musculatura extensora).
- Os movimentos são realizados com fluidez e num tempo regular, sem chicotear o tensor.
- A cor do tensor identifica o tensionamento. Em reabilitação cardíaca, entre outras, são indicadas pelas cores amarela e vermelha e também o verde.
- O ideal é um tensor de aproximadamente 250cm.

- *Objetivo*: fortalecimento da musculatura abdominal/estabilização corporal total (FIGURA 7.52).
- *Posição inicial*: em seis apoios, manter o tensor a 10cm do solo.
- *Descrição do exercício*: puxar o tensor pela frente, sob o corpo, e deixar estabilizar o tronco.
- *Variação*: puxar o tensor do lado sobre o corpo.
- *Indicações*: treino também é possível com parceiro.

FIGURA 7.52

- *Objetivo*: fortalecimento da musculatura de elevação (FIGURA 7.53).
- *Posição inicial*: em pé, o tensor está fixado sob um pé.
- *Descrição do exercício*: puxar o tensor, com os braços estendidos na diagonal, para cima.
- *Indicações*: durante o exercício, acompanhar o movimento com a cabeça.

FIGURA 7.53

- *Objetivo*: fortalecimento da musculatura do tronco (FIGURA 7.54).
- *Posição inicial*: em pé, fixar o tensor na altura do quadril.
- *Descrição do exercício*: flexionar as pernas e puxar o tensor com o braço estendido ao lado do corpo.
- *Variação*: puxar o tensor do lado para dentro, de trás para frente.
- *Indicações*: estabilizar o tronco. O exercício também é possível com parceiro.

FIGURA 7.54

- *Objetivo*: fortalecimento da musculatura da cintura escapular (FIGURA 7.55).
- *Posição inicial*: em posição de passo, o tensor é fixado sob o pé dianteiro.
- *Descrição do exercício*: elevar ambos os braços lateralmente.
- *Indicações*: estabilizar o tronco, manter os ombros abaixados.

FIGURA 7.55

- *Objetivo*: fortalecimento dos rotadores externos do ombro (FIGURA 7.56).
- *Posição inicial*: em pé, fixar o tensor entre as mãos.
- *Descrição do exercício*: os cotovelos são fixados ao corpo e os ante-braços virados para fora.

FIGURA 7.56

- *Objetivo*: fortalecimento da musculatura da escápula (FIGURA 7.57).
- *Posição inicial*: parado, levemente inclinado, o tensor está fixado sob o pé dianteiro.
- *Descrição do exercício*: elevar e levar ambos os cotovelos para trás, ao lado do corpo.
- *Indicações*: o tronco "ereto" pode ser inclinado levemente para frente.

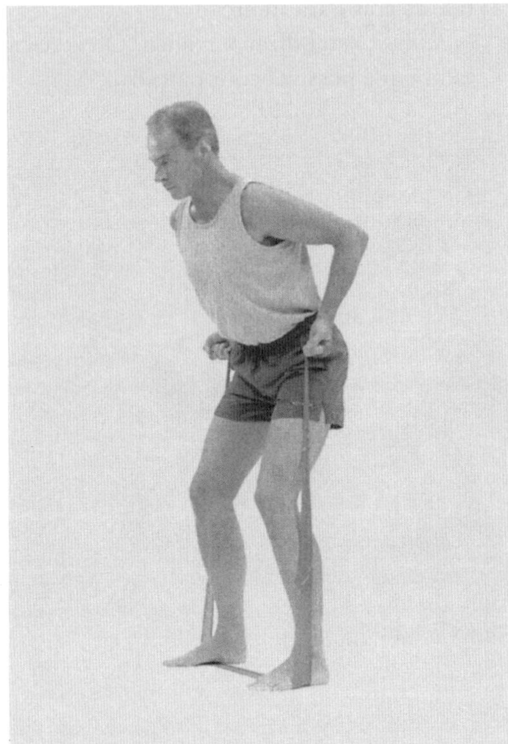

FIGURA 7.57

- *Objetivo*: fortalecimento da musculatura posterior do braço (FIGURA 7.58).
- *Posição inical*: posição de salto, fixar atrás das costas, com o tensor, os braços flexionados.
- *Descrição do exercício*: estender e flexionar ambos os braços.

FIGURA 7.58

- *Objetivo*: fortalecimento da musculatura anterior do braço (FIGURA 7.59).
- *Posição inicial*: posição de passo, fixar o tensor sob o pé e segurar com as duas mãos.
- *Descrição do exercício*: flexionar e estender ambos os braços.
- *Indicações*: fixar os cotovelos junto ao corpo.

FIGURA 7.59

- *Objetivo*: fortalecimento da musculatura do quadril e da perna (FIGURA 7.60).
- *Posição inicial*: em pé, fixar o tensor na altura da articulação do tornozelo.
- *Descrição do exercício*: conduzir a perna de frente para trás.
- *Variação*: estender, aproximar e conduzir a perna para frente.
- *Indicações*: o exercício também é possível com parceiro.

- *Objetivo*: fortalecimento da musculatura da perna (FIGURA 7.61).
- *Posição inicial*: parado, na largura do quadril, segurar o tensor lateralmente aos joelhos.
- *Descrição do exercício*: flexionar e estender as pernas, inclinar levemente para frente, o tronco ereto.
- *Variação*: estabilizar o tensor com as mãos de trás, por sobre as costas.
- *Indicações*: o exercício treina simultaneamente os movimentos de agachar e elevar; flexionar o joelho, no máximo, em 90°.

FIGURA 7.60

FIGURA 7.61

7.9 Exercício com bola Suíça ou com bola de Ginástica

Indicações específicas para treinamento com bola Suíça ou bola de Ginástica:

- Primeiramente, criar confiança com a bola, adaptar-se às características dela e de variadas posições (sentado, de frente, de costas). Primeiro sensibilizar, depois estabilizar, e mais tarde mobilizar.
- Realizar os exercícios de forma cautelosa (a bola propicia ao corpo uma base instável, de forma a poderem ocorrer acelerações incontroláveis). Realizar os exercícios de tal forma que o participante possa interrompê-los a qualquer instante.
- Observar a postura durante o treino (principalmente ao pular e balançar, a coluna vertebral deve ser mantida "ereta").
- Sentar na bola sem apoio pode ocasionar sobrecargas aos destreinados.
- Sempre observar a respiração regular.
- Utilizar em todos os exercícios as características de rolagem da bola.
- Em solos muito lisos ou muito duros, pode ser utilizado um colchonete como base.
- Ao sentar, observar se a bola Suíça realmente se encontra sob os glúteos.

- *Objetivo*: treinamento do equilíbrio, aquecimento.
- *Posição inicial*: sentado.
- *Descrição do exercício*: andar no local e mudar o posicionamento do pé, combinar movimentos das pernas com variados movimentos de braços.

- *Objetivo*: adaptação à bola, estabilização dinâmica ao sentar (FIGURA 7.62).
- *Posição inicial*: sentado.
- *Descrição do exercício*: alternadamente, depositar o tronco para frente superiormente, elevar levemente os glúteos e sentar-se novamente.
- *Variação*: amortecer levemente na bola para cima e para baixo.
- *Indicações*: observar uma postura ereta.

FIGURA 7.62

- *Objetivo*: treinamento do equilíbrio e *endurance* (FIGURA 7.63a e b).
- *Posição inicial*: sentado.
- *Descrição do exercício*: estender alternadamente as pernas para frente (dança cossaca), movimentar as pernas para a direita e para a esquerda ("saltador de ski").
- *Variação*: ao amortecer, abduzir e aduzir as pernas, conduzir os braços para cima e para baixo e bater palmas ("polichinelo"), unir o joelho ao cotovelo oposto.

FIGURA 7.63a

FIGURA 7.63b

- *Objetivo*: adaptação à bola, treinamento do equilíbrio (FIGURA 7.64).
- *Posição inicial*: sentado.
- *Descrição do exercício*: elevar as pernas alternadamente.
- *Variação*: elevar ambas as pernas.
- *Indicações*: conforme o caso, estabilizar com as mãos.

- *Objetivo*: fortalecimento da musculatura da perna e lombar (FIGURA 7.65).
- *Posição inicial*: sentado.
- *Descrição do exercício*: amortecer sobre a bola; na terceira amortecida, tirar os glúteos da bola e estender o tronco para a frente; girar adicionalmente os braços para fora.
- *Variação*: braços e tronco apresentam em cada repetição uma nova figura (manequins).

FIGURA 7.64

FIGURA 7.65

- *Objetivo*: estabilização do tronco, treinamento da postura (FIGURA 7.66).
- *Posição inicial*: parado paralela, diante da parede, bola entre o esterno e a parede.
- *Descrição do exercício*: rolar a bola para cima, elevando com isso o esterno.
- *Variação*: rolar um pouco a bola para a direita e para a esquerda, girar os braços para fora.
- *Indicações*: o exercício também é possível com parceiro; não lordotizar.

- *Objetivo*: estabilização corpórea total, treinamento da postura (FIGURA 7.67a e b).
- *Posição inicial*: em pé.
- *Descrição do exercício*: rolar a bola contra uma parede, com o tronco estabilizado no setor de movimento das pernas (a um parceiro).
- *Variação*: ricochetear na parede (ao parceiro), respectivamente, jogar e pegar.
- *Indicações*: movimentar o corpo para a direita e para a esquerda, se a bola sair do setor de movimento.

FIGURA 7.66

FIGURA 7.67a

- *Objetivo*: fortalecimento da musculatura dorsal e abdominal (FIGURA 7.68).
- *Posição inicial*: sentado.
- *Descrição do exercício*: com o corpo ereto, alternar o corpo inclinado para frente com os braços em U, movimentando os braços rapidamente para frente e para trás.

FIGURA 7.67b

FIGURA 7.68

- *Objetivo*: fortalecimento da musculatura dorsal (FIGURA 7.69).
- *Posição inicial*: decúbito ventral.
- *Descrição do exercício*: estender uma perna para trás, estender o braço diagonalmente para a frente; o corpo é mantido no prosseguimento da coluna vertebral.
- *Variação*: adicionalmente elevar o outro braço.
- *Indicações*: o exercício também é possível com parceiro.

- *Objetivo*: fortalecimento da musculatura dorsal (FIGURA 7.70).
- *Posição inicial*: decúbito dorsal, apoiar com os pés.
- *Descrição do exercício*: rolar levemente o tronco; na posição final, girar os braços para fora.
- *Variação*: conduzir os braços em posição U.
- *Indicações*: ao rolar, desprender o tronco "costela por costela".

FIGURA 7.69

FIGURA 7.70

- *Objetivo*: fortalecimento das musculaturas da cintura escapular, dos braços e das costas (FIGURA. 7.71).
- *Posição inicial*: decúbito ventral.
- *Descrição do exercício*: em decúbito ventral, caminhar com as mãos para a frente até que o quadril esteja apoiado sobre a bola (tensão corpórea); caminhar com as mãos para frente e para trás.
- *Variação*: caminhar rapidamente com as mãos no local, da direita para a esquerda, para frente e para trás.
- *Indicações*: manter o corpo tensionado sobre diversos pontos de apoio (quadris, joelho, pés), observar a respiração regular nestes pontos de apoio.

- *Objetivo*: fortalecimento da musculatura da perna (FIGURA 7.72).
- *Posição inicial*: parada de costas na parede, prender a bola entre a parede e as costas.
- *Descrição do exercício*: flexionar os joelhos (máximo 90°), elevar os braços e estender novamente as pernas.
- *Indicações*: flexão dos joelhos, a bola rola em direção à coluna dorsal. O exercício também é possível com o parceiro; neste caso, fixar a bola com as mãos ou com os cotovelos.

FIGURA 7.71

FIGURA 7.72

- *Objetivo*: alongamento da musculatura abdominal e dorsal, alongamento da coluna torácica (FIGURA 7.73)
- *Posição inicial*: de costas na bola.
- *Descrição do exercício*: apoiar cuidadosamente o tronco e a cabeça sobre a bola.
- *Indicações*: não ocorrendo dores, os braços poderão ser estendidos para trás.

FIGURA 7.73

- *Objetivo*: fortalecimento da musculatura dos glúteos e do tronco (FIGURA 7.74).
- *Posição inicial*: de costas sobre a bola.
- *Descrição do exercício*: caminhar com pequenos passos para frente, até que a cintura escapular tenha encostado na bola.
- *Variação*: apoiar os braços como pés, caminhar no lugar com os pés.
- *Indicações*: estabilizar o tronco; a cabeça também pode ser apoiada sobre a bola.

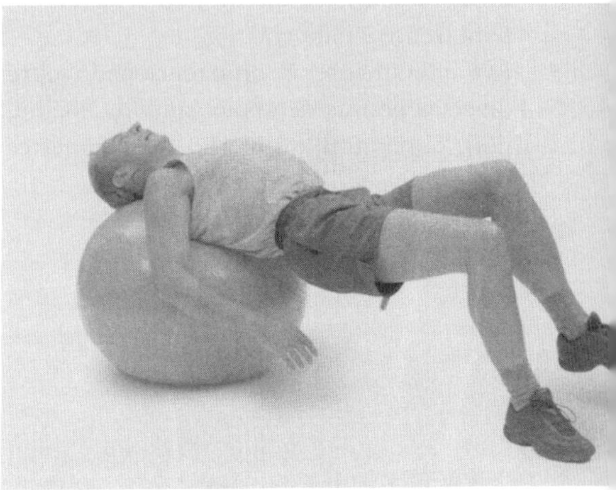

FIGURA 7.74

7.10 EXERCÍCIOS COM O BASTÃO

- *Objetivo*: treino da coordenação.
- *Posição inicial*: em pé, sentado.
- *Descrição do exercício*: balançar o bastão com diversas partes do corpo (mão, dedo, cabeça, joelho).
- *Variação*: jogar e segurar o bastão com diferenciadas variações.
- *Indicações*: o exercício também é possível com um parceiro.

- *Objetivo*: fortalecimento da musculaturas do antebraço e da mão (FIGURA 7.75).
- *Posição inicial*: em pé, sentado.
- *Descrição do exercício*: girar o bastão para frente (trás) com as mãos (dedos).

- *Objetivo*: fortalecimento da musculatura da perna (FIGURA 7.76).
- *Posição inicial*: em pé, manter o bastão nas costas.
- *Descrição do exercício*: flexionar as pernas (máximo 90°) e estender, inclinar levemente para a frente o corpo ereto.
- *Variação*: segurar o bastão na frente do corpo ("elevar halteres").
- *Indicações*: o exercício treina o agachar e o elevar, o controle do tronco com o bastão.

FIGURA 7.75

FIGURA 7.76

- *Objetivo*: fortalecimento das musculaturas da perna e das costas (FIGURA 7.77).
- *Posição inicial*: em pé, bastão sobre o peito.
- *Descrição do exercício*: flexionar as pernas (máximo 90°), levantando o bastão para cima.
- *Variação*: flexionar as pernas e abaixar o bastão na frente do corpo; estender as pernas e elevar os braços.
- *Indicações*: treino do agachamento e levantamento.

- *Objetivo*: fortalecimento da musculatura das costas (FIGURA 7.78).
- *Posição inicial*: de joelhos, em pé com joelhos flexionados.
- *Descrição do exercício*: inclinar levemente para a frente o tronco "ereto", empurrar o bastão do tórax para frente e voltar.
- *Indicações*: manter o tronco estável, a cabeça deve permanecer alongada com a coluna vertebral.

FIGURA 7.77

FIGURA 7.78

- *Objetivo*: fortalecimento da musculatura dorsal (FIGURA 7.79).
- *Posição inicial*: em pé, com as pernas flexionadas.
- *Descrição do exercício:* inclinar levemente para frente o tronco "ereto", girar cautelosamente o tronco para a direita e para a esquerda (rotação).
- *Variação*: conduzir o tronco para a direita e para a esquerda (flexão lateral).
- *Indicações*: manter o quadril estável.

FIGURA 7.79

- *Objetivo*: fortalecimento da musculatura escapular.
- *Posição inicial*: em pé, segurar o bastão por cima.
- *Descrição do exercício*: elevar os braços até que os cotovelos estejam acima dos ombros.

- *Objetivo*: fortalecimento da musculatura abdominal (FIGURA 7.80).
- *Posição inicial*: sentado no chão.
- *Descrição do exercício*: andar alternadamente para frente e para trás (direita e esquerda), com o bastão no chão.
- *Variação*: neste caso, os pés não tocam o chão.
- *Indicações*: a fim de apoiar o tronco ereto, as mãos podem servir de apoio à coluna lombar, em flexão dos braços.

FIGURA 7.80

- *Objetivo*: aquecimento, adaptação (FIGURA 7.81).
- *Posição inicial*: andar aos pares, um atrás do outro, segurar o bastão na horizontal.
- *Descrição do exercício*: a pessoa da frente demonstra um movimento, a de trás é "obrigada" a imitá-lo (caminhada rítmica com bastão).
- *Indicações*: como incentivo, é tocada uma música dinâmica.

- *Objetivo*: fortalecimento da musculatura do tronco (FIGURA 7.82).
- *Posição inicial*: aos pares, em pé, paralelamente um frente ao outro, segurar os bastões na transversal.
- *Descrição do exercício*: ambos os parceiros tentam tirar o parceiro do local.
- *Indicações*: observar a respiração regular, estabilizar o corpo, não dar trancos.

FIGURA 7.81

- *Objetivo*: mobilização da musculatura da cintura escapular.
- *Posição inicial*: aos pares, um em frente ao outro, em posição de passo, segurar os bastões na horizontal.
- *Descrição do exercício*: deixar os bastões oscilarem para a direita e para a esquerda.
- *Variação*: ambos os parceiros giram cuidadosamente sob o bastão.
- *Indicações*: estabilização do tronco.

FIGURA 7.82

- *Objetivo*: fortalecimento da musculatura da cintura escapular e do tronco.
- *Posição inicial*: aos pares, um em frente ao outro, em posição de passo, segurar os bastões horizontalmente.
- *Descrição do exercício*: movimentar os bastões simultaneamente (em sentido oposto), em pêndulo.
- *Variação*: movimentar os bastões de lá para cá sobre a cabeça.
- *Indicações*: estabilização do tronco.

7.11 Exercícios Recreativos com Outros Equipamentos Portáteis

7.1.1 Exercícios com a bexiga

- *Objetivo*: adaptação, treinamento da coordenação.
- *Posição inicial*: em pé.
- *Descrição do exercício*: tocar a bexiga com diversas partes do corpo (mão, dedo, cabeça, ombro, cotovelo, joelho, pé).
- *Variação*: em grupo, ficar bem próximo aos parceiros, e tentar manter as bexigas o máximo de tempo possível no ar através de toques.

- *Objetivo*: treinamento postural, consciência corpórea (FIGURA 7.83).
- *Posição inicial*: uma pessoa segura o bastão nas costas para o seu parceiro.
- *Descrição do exercício*: a pessoa da frente movimenta-se com oscilações cotidianas diversas e assume modificações da coluna vertebral (estímulo tátil) ao bastão.

FIGURA 7.83

- *Objetivo*: adaptação, treinamento da coordenação, levantar e deitar.
- *Posição inicial*: em pé.
- *Descrição do exercício*: equilibrar a bexiga no dedo indicador e colocá-lo devagar no chão, sentar e levantar em seguida.

- *Objetivo*: adaptação, treinamento e coordenação, levantar e deitar.
- *Posição inicial*: em pé, caminhar.
- *Descrição do exercício*: trocar as bexigas entre o grupo.
- *Variação*: escrever o nome na bexiga e trocá-la. Com a interrupção da música, achar a pessoa à qual a bexiga pertence.

- *Objetivo*: observar comportamento das costas, experimentar diversas possibilidades (FIGURA 7.84).
- *Posição inicial*: em pé, caminhar.
- *Descrição do exercício*: tocar a bexiga com a mão em diversos sentidos (para cima, para frente, com força no chão, ao longo do chão etc.); seguir a bexiga e efetuar diversas atividades: agachar, toda vez agachar de forma diferente, agachar com as costas alinhadas.

FIGURA 7.84

- *Objetivo*: adaptação, comunicação, prazer, mobilização (FIGURA 7.85).
- *Posição inicial*: aos pares, segurar uma bexiga entre os corpos.
- *Descrição do exercício*: aos pares, fixar uma bexiga entre os quadris (ombros, glúteo, testa) e se movimentar.
- *Variação*: aos pares, levar uma bexiga entre as costas e massagear um ao outro; aos pares, fixar a bexiga no corpo e girar em torno da bexiga.

FIGURA 7.85

- *Objetivo*: aquecimento, prazer, comunicação (FIGURA 7.86).
- *Posição inicial*: aos pares, permanecer um atrás do outro.
- *Descrição do exercício*: segurar uma bexiga com o corpo, como movimento segmentado, movimentar-se pelo galpão; em grupo ou como coluna vertebral total (todas as pessoas umas atrás das outras), movimentar-se pelo local.

- *Objetivo*: comunicação, mobilização (FIGURA 7.87).
- *Posição inicial*: entre quatro e seis participantes, formar um círculo, segurando-se pelas mãos.
- *Descrição do exercício*: o grupo tenta evitar que uma (duas, três) bexiga toque o chão, utilizando os pés, joelhos, ombros ou cabeça ("círculo móvel").

FIGURA 7.86

FIGURA 7.87

- *Objetivo*: consciência corpórea, desenvolvimento da confiança (FIGURA 7.88).
- *Posição inicial*: aos pares, ficar um atrás do outro (frente a frente).
- *Descrição do exercício*: segurar as bexigas entre as mãos, o parceiro de trás dirige o seu companheiro dianteiro, com os olhos fechados, somente por pressão sobre a bexiga ("conduzir às cegas").

FIGURA 7.88

- *Objetivo*: treinamento de *endurance* e reação (FIGURA 7.89).
- *Posição inicial*: aos pares, um em frente ao outro.
- *Descrição do exercício*: uma pessoa tenta, com uma bexiga, manter sempre contato com o esterno de seu parceiro; esse se movimenta para frente, para trás, para o lado etc.

FIGURA 7.89

7.11.2 Exercícios com uma Tampinha de Cerveja

- *Objetivo*: aquecimento.
- *Posição inicial*: em pé, caminhar.
- *Descrição do exercício*: caminhar em volta das tampinha (ir de tampinha em tampinha); caminhar (andar) tocando somente o meio (todo) da tampinha.

- *Objetivo*: treinamento da coordenação.
- *Posição inicial*: em pé, caminhar.
- *Descrição do exercício*: quando a música for interrompida, ficar sobre uma tampinha (com um ou dois pés, nas pontas dos dedos, no calcanhar); simultaneamente ficar com as mãos sobre dois (três, quatro) pesos (com uma, respectivamente, duas mãos, com um, respectivamente, dois pés).

- *Objetivo*: prazer, treinamento da reação.
- *Posição inicial*: em pé, andando.
- *Descrição do exercício*: todos, exceto uma pessoa, estão sobre uma tampinha (tarefa adicional); ao comando dessa pessoal, trocar rapidamente de peso.

- *Objetivo*: prazer, treinamento do agachamento.
- *Posição inicial*: em pé, agachado.
- *Descrição do exercício*: sob comando, os homens viram os lados escuros do peso e as mulheres, os claros.

- *Objetivo*: treinamento da consciência corpórea.
- *Posição inicial*: deitado.
- *Descrição do exercício*: colocar os pesos seqüencialmente sobre diversos músculos; estes músculos são contraídos pelo parceiro; a seguir, remover os pesos e relaxar os músculos (contrair – relaxar).

- *Objetivo*: treinamento da coordenação e do procedimento de agachar (FIGURA 7.90).
- *Posição inicial*: em pé, caminhar.
- *Descrição do exercício*: equilibrar o peso sobre a cabeça (ombro), variando o ritmo da caminhada; ao cair um peso no chão, permanecer petrificado até que uma pessoa pegue o peso e o recoloque na cabeça ("anjo da auxiliar").

FIGURA 7.90

- *Objetivo*: treinamento da consciência corpórea (FIGURA 7.91).
- *Posição inicial*: deitado.
- *Descrição do exercício*: colocar (remover) alguns pesos sobre diversas partes do corpo do parceiro deitado; este tenta adivinhar onde (de onde) foi colocado (removido) o peso.

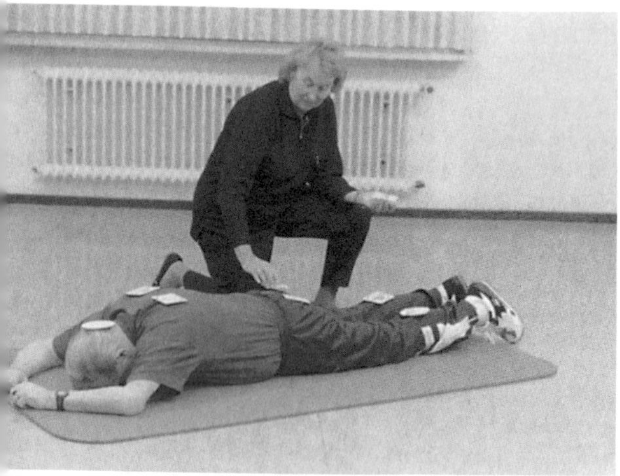

FIGURA 7.91

- *Objetivo*: treinamento da consciência corpórea (FIGURA 7.92).
- *Posição inicial*: em pé.
- *Descrição do exercício*: colocar (remover) uma quantidade de pesos na (da) mão do parceiro; este tenta, com os olhos fechados, avaliar o peso e abaixar com as mãos (*justitia*).

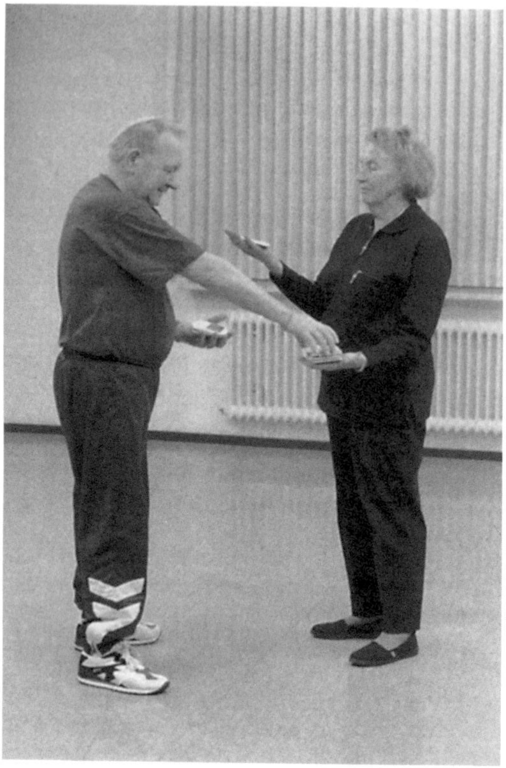

FIGURA 7.92

7.11.3 Brincadeiras e Ginástica para os Pés (Com ou Sem Equipamento Portátil)

- *Objetivo*: consciência corpórea.
- *Posição inicial*: sentado.
- *Descrição do exercício*: observar os pés, as partes que compõe o pé (planta do pé, de-

dos, calcanhar, articulações), comparar os pés entre si (pés grandes, pequenos, estreitos, largos, gordos, magros, retos, tortos).

- *Objetivo*: conhecer o próprio pé.
- *Posição inicial*: sentado, em pé.
- *Descrição do exercício*: conhecer as funções (e desta forma, a musculatura necessária, para contrair os dedos, estender, entortar para cima, elevar os pés, abaixar, girar), reproduzir o pé em uma folha de papel (dado o caso, primeiro molhar o pé em uma bacia) e comparar a impressão do pé com as respectivas prescrições (pé normal, chato, alto), misturar as folhas entre si no chão e procurar a sua impressão ("salada de folhas").

- *Objetivo*: consciência corpórea.
- *Posição inicial*: em pé, caminhar.
- *Descrição do exercício*: com os pés (de olhos fechados), tentar identificar diversos objetos.

- *Objetivo*: mobilização e sensibilização dos pés (FIGURA 7.93).
- *Posição inicial*: sentado.
- *Descrição do exercício*: sentado em círculo, contar uma história, que será representada pelos participantes com seus pés, picar gelo, desatarraxar a tampa, misturar, mexer (molho).

FIGURA 7.93

- *Objetivo*: fortalecimento da musculatura do pé.
- *Posição inicial*: sentado, em pé.
- *Descrição do exercício*: segurar diversos objetos (cordas, panos, pesos, jornais); com diversos objetos (cordas, rolhas, pequenos bastões) compor letras, modelos ou quadros; dobrar um jornal o máximo possível e depois desdobrar, a seguir rasgá-lo em tiras.

- *Objetivo*: fortalecimento da musculatura do pé.
- *Posição inicial*: sentado.
- *Descrição do exercício*: sentado em círculo, passar com os pés diversos objetos ao vizinho.
- *Variação*: com os dedos (bolas de jornal, pesos) pegar e jogar em alvos (pneus, pinos); com os pés (e um dado), lançar um número e reproduzir esse número com uma corda.

- *Objetivo*: treinamento da coordenação (FIGURA 7.94a e b).
- *Posição inicial*: em pé, caminhar.
- *Descrição do exercício*: com apoio do parceiro, equilibrar-se sobre diversos objetos (linhas, cordas, bancos, bancos ao contrário etc.); conforme o caso, fechar os olhos ou modificar a superfície de apoio.
- *Variação*: qual equipe consegue juntar mais objetos (rolhas, tiras de jornal) com os pés e levá-los a um objetivo (jogo ecológico com os pés).

FIGURA 7.94 a

FIGURA 7.94 b

7.12 Treinamento para Fortalecimento Muscular (Treinamento em Circuito)

O treinamento em circuito é a mais divulgada forma organizacional para o treinamento de força. Está identificado através de uma combinação de seqüência de exercícios que, interrompidos por intervalos de recuperação, são repetidos uma ou mais vezes em diversas estações.

As vantagens do treinamento em circuito estão em um relacionamento otimizado entre a qualidade e o efeito do treinamento, a dosagem individual, a facilidade de controle de avanços de treinamento, o reduzido material e a necessidade de material. Através de dosagens de cargas adequadas, torna-se possível o desenvolvimento da força e *endurance*, bem como suas variantes, de forma ideal. Como em todo treinamento, torna-se necessário determinar o objeto, método, exercícios e, eventualmente, os equipamentos utilizados no treinamento.

Os exercícios precisam ser dominados, pelo menos em grosso modo, pelos participantes, e serem tão fáceis que possam ser realizados sem risco mesmo em um alto grau de cansaço. Quando do treinamento de duas pessoas em uma estação, por exemplo, uma pessoa pode observar a realização do exercício do parceiro e, conforme o caso, corrigir ou prestar auxílio.

Os efeitos do treinamento em circuito são dependentes da capacidade individual, da escolha do exercício e sua organização, do grau de esforço e de dificuldade dos exercícios e da escolha do método de carga. A fim de evitar sobrecargas, para o Grupo de Reabilitação Cardíaca, são especialmente adequados o treinamento pelo método de intervalo extensivo ou método de resistência (vide CAPÍTULO 7). Um reduzido grau de estímulo (exercícios com baixo grau de esforço) e um ampla quantidade de repetições caracterizam essa forma de treinamento.

Essa seqüência de exercícios está elaborada de forma a permitir que o máximo possível de grupos de músculos sejam treinados. A fim de evitar a sobrecarga de um grupo de músculos, os exercícios deveriam ser escolhidos adequadamente, nos quais ocorram, seqüencialmente, exercícios para musculaturas do braço, ombro, perna e tronco.

O período de carga corresponde entre 30 e 60 segundos, o intervalo (estação de troca com relaxamento), entre 30 a 90 segundos (relação 1:1 até 1:2).

> Importante no treinamento em circuito de cardiopatas é o controle da carga (controle da freqüência cardíaca, respiração, percepção subjetiva de esforço; ver ITEM 2.7), que apesar das indicações adequadas podem ocasionar uma situação de competição.

Estação 1

- *Objetivo*: fortalecimento da musculatura da cintura escapular (ereção da coluna torácica).
- *Posição inicial*: de pé, de costas para a parede.
- *Descrição do exercício*: contrair os antebraços e encostar os braços levemente estendidos na parede; com os cotovelos, empurrar os ombros na parede.

Estação 2

- *Objetivo*: fortalecimento da musculatura extensora abdominal.
- *Posição inicial*: em pé, tensor está fixado lateralmente em altura peitoral.
- *Descrição do exercício*: segurar o tensor com braços estendidos diante do esterno e girar o tronco para o lado no sentido do objeto.

Estação 3

- *Objetivo*: fortalecimento da musculatura extensora do quadril.
- *Posição inicial*: em pé, fixar o tensor na altura do calcanhar da musculatura da articulação do tornozelo
- *Descrição do exercício*: conduzir a perna da frente para trás.

Estação 4

- *Objetivo*: fortalecimento da musculatura das costas.
- *Posição inicial*: em pé.
- *Descrição do exercício*: inclinar o tronco levemente para frente, estender um braço para cima e outro para baixo.

Estação 5

- *Objetivo*: fortalecimento da musculatura extensora do braço e da cintura escapular.
- *Posição inicial*: em pé, na parede.
- *Descrição do exercício*: apoiar as mãos na largura dos ombros na parede, flexionar e estender alternadamente os braços (flexão modificada).

Estação 6

- *Objetivo*: fortalecimento dos rotatores externos do ombro.
- *Posição inicial*: em pé, tensor fixado entre as mãos.
- *Descrição do exercício*: os cotovelos são fixados ao corpo, girar os antebraços para fora.

Estação 7

- *Objetivo*: fortalecimento da musculatura das pernas e costas.
- *Posição inicial*: em posição de passo (parada paralela).
- *Descrição do exercício*: flexionar as pernas (máximo 90°) e conduzir ambos os braços estendidos para cima.

Estação 8

- *Objetivo*: fortalecimento da musculatura do tronco
- *Posição inicial*: em pé, fixar o tensor na altura do quadril.
- *Descrição do exercício*: flexionar as pernas e puxar o tensor com os braços estendidos do lado para dentro do corpo.

Literatura

BEEREN S. In: RIEDER H, HUBER G, WEHRLE J. *Sport mit Sondergruppen*, Schorndorf: Hofmann; 1996, 171-184.

BJARNASON-WEHRENS B. *Probleme der Belastungsdosierung im Gymnastikprogramm der kardiologishen Rehabilitation*. In: BINKOWSKI H, HUBER G. (Red.) *Gymnastika in der Therapie*. Waldenburg: Sport consult; 1993, 167-183.

BOECKH-BEHRENS WU, BUSKIES W. *Gesundheitsorientiertes Fitnesstraining*. Bd1. Winsen: Dr. Loges; 1997.

DEBRUNNER AM. *Orthopädie*. Die Störungen des Bewegungsapparates in klinik und Praxis. Bern: Hans Huber; 1985.

EHLENZ H., GROSSER M., ZIMMERMANN E. Krafttraining: Grundlagen, Methoden, Konzepte, Leistungssteuerung, *Trainingsprogramme*. München: BVL; 1998.

EINSINGBACH T, KLÜMPER A, BIEDERMANN L. *Sportphysiotherapie und Rehabilitation*. Thieme Verlag: Stuttgart; 1998.

FELDENKRAIS M. *Bewußheit durch Bewegung*. Frankfurt: Suhrkamp; 1978.

FISCHER WD. *Zur psychologischen Bedeutung der Bewegungstherapie* – Aus der Sicht eines Sportpädagogen. In: HALHUBER MJ., KRASEMANN EO., MÜCKE F. (Hrsg.) *Ratgeber zur Betreuung von Herzgruppen*. Köln: Echo Verlag; 1989, 153-158.

FROBÖSE I., NELLESEN G. *Training in der Therapie*. Wiesbaden: Uslltein Medical; 1998.

FREIWALD J. DEHNEN – *Möglichkeiten und Grenzen*. Therapeutische Umschau. 1998;55: 267-272.

GERMONPREZ R. *Die Auswirkungen eines Kraftausdauertrainings auf das kardiopulmonale System bei Patienten mit koronarer Herzkrankheit*. Dissertation, Köln 1998.

GIMBER M. *Einsatz von Musik, Rhythmus und Tanz in der Rückenschule*. Kursuntelagen 1996.

HARRE D. Trainingslehre. Berlin: Sportverlag; 1982.

HERINGER A. *Körperwahrnehmung in der Rückenschule*. In: KEMPF HD., HERINGER A. (Red.) Kursleitermappe – Ausbildung zum Rückenschulleiter. Wiebaden 1996.

HOLLMANN W., HETTINGER T. *Sportmedizin*: Arbeits- und Trainingsgrundlagen. Stuttgart: Schattauer; 1990.

KEMPF HD. *Die Rückenschule*. Das ganzheitliches Programm für einen gesunden Rücken. Reinbeck: Rowohlt; 1990, 1995.

KEMPF HD. *Jetzt Sitzen Sie richtig*. Reinbeck: Rowohlt; 1997.

KEMPF HD. *Trainingsbuch Fitnessball*. Reinbeck: Rowohlt;

KEMPF HD. *Fit am Bildschirm*. Reinbeck: Rowohlt; 1998.

KEMPF HD. (Hrsg.) *Rückenschule*: Grunlagen, Konzepte und Übungen. Müchen: Urban & Fisher; 1999.

KEMPF HD., HERINGER A. (Red.) *Kursleitemappe* – Ausbildung zum Rückenschulleiter. Wiesbaden 1996.

KEMPF HD, SCHMELCHER F, ZIEGLER C. *Trainingsbuch Thera-Band*. Reinbeck: Rowohlt; 1996.

KEMPF HD, SCHMELCHER F, ZIEGLER C. *Trainingsbuch Rückenschule*. Reinbeck: Rowohlt; 1996.

KEMPF HD, LOWIS A. *Fit und schön mit dem Thera-Band*. Reinbeck: Rowohlt; 1999.

KEMPF HD, STRACK A. *Krafttraining mit dem Thera-Band*. Reinbeck: Rowohlt; 1999.

KLEIN-VOGELBACH S. *Funktionelle Bewegunslehre*. Berlin: Springer; 1984.

KÖHLER E. *Bewegungsgeschichte*: Ein modernes Märchen... unveröff. 1990.

KOLB M. *Ziel und Methode der Entwicklung der Köperwahrnehmung im Herzsport*. Gesundheitssport und Sporttherapie. 1994;10/ 2: 4-7.

LANGERSTØM D. *Pädagogische Grundlagen*. In: Rost R. Sport und Bewegungstherapie bei inneren Erkrankrugen. Köln: Deutscher Ärzteverlag; 1991, 283-300.

LANGERSTØM D. *Programmaufbau in der ambulanten Herzgruppe*. In: BRUSIS OA, WEBER-FALKSAMMER H. (Hrsg.) *Handbuch der Herzgruppenbetreuung. Nürnberg*: perimed; 1992, 228-234.

RADLINGER L. et al. *Rehabilitatives Krafttraining*. Stuttgart Thieme; 1998.

RIEDER H. *Koordination*. In: Rieder H, Huber G, Wehrle J. *Sport mit Sondergruppen*., Schorndorf: Hofmann; 1996, 185-196.

RIZZI MA. *Die menschliche Haltung und die Wirbelsäule*. In: *Die Wirbelsäule in Forschung und Praxi*, Bd. 85. Stuttgart: Hippokrates; 1979.

ROST R. *Herz und Sport. 2*. Aufl. Erlangen: perimed; 1990.

Rost R. *Sport* – und Bewegungstherapie bei inneren Erkrankugen. Köln: Deutscher Ärzteverlag; 1991.

Schmidtbleicher D. *Grundlagen des Krafttrainings*. In: Beuker F. (Hrsg.). *Fitness* – Heute. Erkraht: Deutsche Gesellschaft für Freizeit; 1993, 72-78.

Spring H, Dvorák J, Dvorák V, Schneider W, Tritschler T, Villinger B. *Theorie und Praxis der Trainingstherapie*. Stuttgart: Thieme; 1997.

Treutlein G. Körpererfahrung – *Beitrag zu einen erweiterten Sportverständnis*. In: Rieder H, Huber G, Wehrle J. *Sport mit Sondergruppen*. Schorndorf: Hofmann; 1996, 126-142.

Weineck J. *Sportbiologie*. Erlangen: perimed; 1988.

Wollring U. *Gymnastik im Herz- und Alterssport*. Aache: Meier & Meier; 1997.

Wydra G. *Gesundheitsförderung durch sportliches Handeln*. Schorndorf: Hofmann; 1996.

8. JOGOS EM REABILITAÇÃO CARDÍACA

U. Hanke

8.1 Observações Prévias

Sob os elementos da aula, sugeridos para a composição de exercícios-proposta de terapia de movimento em reabilitação cardíaca (compare Rieder, Hanke e Eckert, 1986) assim como o Capítulo 2.5 deste volume, a proposta de jogos, em virtude de diversos fatores, adquire uma conotação especial. Os outros elementos de aula (aquecimento, ginástica, treinamento) são relativamente fáceis de serem dosados pelo professor e pelos participantes. Na incidência de sobrecargas, os participantes podem interromper os exercícios sem conseqüências para o grupo. Em contrapartida, a situação em jogos apresenta-se distintamente em dois motivos centrais.

1. Principalmente em propostas de jogos com caráter competitivo, sem um correspondente preparo pedagógico do grupo, apresenta-se sempre uma pressão por parte do grupo, o qual não se deixa eliminar facilmente. A obrigação, para o êxito do jogo e até por querer contribuir para a "vitória" da própria equipe, possibilita o surgimento do perigo de o participante extrapolar seu limite pessoal de carga e, assim, prejudicar-se. Esse problema ocorre principalmente em participantes caracterizados como *Tipo-A* (ver CAPÍTULO 4), que precisam ser caracterizados como o segundo aspecto de problema para a proposta de jogo em reabilitação cardíaca.
2. *Tipos-A*, principalmente quando foram ativos esportivamente em sua juventude, tendem freqüentemente a esgotar o espaço aberto à situação do jogo. Esse mecanismo pode, desta forma, ser explicado sob a perspectiva psicológica de que esses participantes tiveram anteriormente, na juventude, contato com atividades esportivas. Nesses, há principalmente um elevado risco de simularem o seu verdadeiro quadro doentio e, através da vivência do jogo e da competição, reviverem o jogo e a competitividade perdidos com o infarto ou a doença coronária.

Quais as conseqüências decorrentes para o professor dessas duas fontes de risco?

Um simples passo, porém sob pontos de vista psicológico-motivadores não indicado, seria eliminar totalmente jogos em programas de reabilitação cardíaca para iniciantes, bem como para avançados. No entanto, isso significa que o professor elimina um relevante elemento de motivação para participação em reabilitação cardíaca. Paralelamente aos conteúdos predominantemente funcionais da oferta de ginástica e exercícios com pesos, as propostas de jogos contribuem muito, em uma composição adequada, para a melhora do clima do grupo. Brincadeiras alegres, com participantes sorridentes, sem necessidade de vitória, possivelmente sem vencedor ou perdedor e em uma atmosfera descontraída freqüentemente são, para os participantes, o ponto alto da aula em grupo. Para que isso possa ser utilizado sem riscos para os pacientes – ao iniciar e também no jogo vivenciado como elementos de tensão e relaxamento, como fatores adicionais de motivação para uma participação regular nas noites do programa de reabilitação cardíaca – a proposta de brincadeiras precisa estar desenvolvida coerente e plenamente quanto à pedagogia.

8.2 Reflexões Básicas para Jogos Pedagógicos

Muitos participantes, principalmente de grupos avançados, demonstram freqüentemente o desejo de, além de "pequenos jogos", brincar também em "campo aberto", jogando futebol, vôlei, basquete e hockey de ginásio. Esse desejo obriga os professores a refletirem através de quais ofertas correspondentes de preparo, indicações psicológicas e alterações de regras poderão ser atendidos neste pedido.

Partindo do pressuposto de que muitos pacientes cardiopatas foram, ou estão, sujeitos aos conhecidos fatores de risco em diferentes combinações e apresentações, esses são acompanhados de um procedimento que podem ser caracterizados como "falta de consciência corporal" ou "baixa habilidade para detectar sinais corpóreos":

- Sinais de alarme, ameaçadores do corpo ou não, são assimilados ou reprimidos.
- O relacionamento com o próprio corpo em muitos aspectos está interrompido.
- Os sinais do corpo sobre eventual sintoma não são assimilados suficientemente.

Uma tarefa importante da proposta pedagógica consiste em recuperar, nas atividades de brincadeiras, entre os e as participantes, esse natural relacionamento perdido com o próprio corpo, suas reações, principalmente sob carga e tensão emocional.

Para estimular a auto-avaliação, aconselha-se incluir no contexto das situações de brincadeiras uma variante da forma normal de medição da freqüência cardíaca: antes da medição da freqüência cardíaca propriamente dita, os participantes são convidados a estimar o mais próximo possível do real a sua pulsação; ou seja, através do "sentir-se", estimar o prognóstico sobre sua atual freqüência cardíaca. A seguir, da freqüência cardíaca é medido na forma convencional, perguntado quem conseguiu estimar mais acertadamente ou próximo a sua freqüência (ver ITEM 2.7 e CAPÍTULO 7).

O professor deverá observar que, no desenvolvimento de uma descontraída habilidade de jogo, trata-se de um processo em longo prazo, no qual é importante não ater-se a ele com um mal necessário. Muito mais, a condução ao "grande jogo" deve ser principalmente prazerosa, descontraída e motivadora.

Os pequenos jogos e atividades posteriores têm por objetivo melhorar o relacionamento do participante com seu próprio corpo, assim como com o corpo dos outros participantes do grupo. Principalmente em grupos recém-formados, o professor defronta-se com o fenômeno de uma maior inibição em expor seu próprio corpo e de um contato direto do próprio corpo com o dos outros participantes. Essa inibição deverá ser trabalhada e melhorada através da escolha de um jogo com crescente tematização do próprio corpo, com aprendizagem do relacionamento do contato corpóreo com outros parceiros.

A conseqüência dos exercícios consiste em um aumento do contato com o parceiro, associado a uma sensibilização do próprio corpo e dos sinais do mesmo. Trata-se aqui de conteúdos que poderão ser utilizados em diversos pontos das aulas.

8.3 Brincadeiras de Apresentação

Principalmente em grupos recém-formados, é importante que os participantes sejam estimulados a um contato social com os membros do grupo. Inicialmente, tem-se as formas simples de apresentação através da informação dos nomes. Paralelamente às formas comuns, como a utilização de crachás, deverão ser mencionadas formas que associem a apresentação com elementos de movimentação.

- O grupo senta-se em um cercado, composto por quatro bancos suíços, transformando a grande e impessoal sala de ginástica em um ambiente menor e transparente. Neste caso, através da "corrente de nomes", sob o princípio acumulativo, acrescentar sempre mais nomes na seqüencia.
- Jogar uma bola falando o próprio nome ou, em forma mais avançada, indicando o nome do receptor da bola propicia a habilidade de memorização.
- Simular a apresentação do nome com a caracterização de um movimento ou postura do corpo propicia a forma de aprendizagem associativa. Todos os participantes são estimulados a repetir, em coro, o nome em conjunto com o movimento.
- O jogo *Zipp-Zapp* é mais uma variante: um jogador fica no centro do cercado ou círculo composto por participantes. Ao falar "*Zipp*", esse deve falar o nome do parceiro à sua esquerda e, ao "*Zapp*", o nome do parceiro à sua direita. Desta forma, todos os participantes do círculo precisam perguntar rapidamente o nome de seus parceiros à sua direita e à sua esquerda. Se o participante não souber mencionar o nome, ou trocar os nomes da direita e da esquerda, o participante do meio da roda será "solto". Quando já tiverem sido perguntados todos os nomes, ou seja, conhecidos pelo participante do centro, é possível a seguinte regra a fim de "soltar" o participante do centro: ao participante do centro chamar "*Zipp-Zapp*" todos do círculo caminham pelo centro até o outro lado, trocando de lugar. Desta forma, eles recebem novos, na maioria das vezes, desconhecidos parceiros. Neste momento, o participante do centro aproveita-se da situação para rapidamente chamar "*Zipp*" ou "*Zapp*".
- No âmbito de diálogos em grupo, existe ainda a possibilidade de os participantes formarem pares e se apresentarem reciprocamente ao grupo.

8.4 Fazendo Contato

A seqüência de brincadeira ou exercício a seguir remete ao princípio de aproximação física, relacionada a uma melhora da confiança com o próprio corpo e com o manuseio com o corpo dos outros. Essas brincadeiras podem ser distribuídas por diversas aulas, com a crescente cumplicidade dos parceiros entre si.

8.4.1 Refeição Predileta

Dentro do já descrito cercado de bancos, os participantes caminham, cumprimentam-se e mencionam (eventualmente com a indicação adicional de seus nomes) sua refeição predileta. A seguir, o professor solicita que diversos grupos alimentares se unam (massas, carnes, saladas, doces). Através desse "truque", os participantes superam rapidamente medos de contato social e físico e, desta forma, informam-se brincando sobre o nome, paladares e preferências de seus parceiros.

8.4.2 Desenhar Números ou Letras nas Costas

Para o participante, uma região não problemática para contato físico é a das costas. Quando os parceiros estão um atrás do outro, o de trás desenha, com os dedos, números ou letras nas costas. O da frente precisa adivinhar o que foi desenhado. Quando puderem ser combinadas letras de forma e de escrita manual, advém daí uma tarefa não muito fácil.

8.4.3 Jogos de Confiança: Guiar o Paciente com Variantes

As cinco formas de jogos de confiança a seguir elucidam a crescente dificuldade e ao crescente grau de confiança que precisam ser atribuídos ao parceiro.

- A forma mais segura de conduzir um parceiro "cego" dentro do cercado de bancos é a do condutor à sua frente com os olhos abertos e o conduzido, atrás deste com as duas mãos sobre os ombros do parceiro da frente. Vale salientar que não deve caminhar em círculo, porém em sentido contrário ao dos outros parceiros.
- No caso inverso, os participantes relatam uma sensação desagradável. Como observador externo, nota-se aqui freqüentemente a tendência de o cego à frente elevar as mãos rapidamente para proteção. Resultam em algumas dificuldades, devido à área de contato com o parceiro conduzido ser reduzida.
- Se o parceiro é seguro somente pela mão, é reduzida a possibilidade de condução, ocorrendo freqüentemente de os conduzidos se tocarem dentro do reduzido cercado.
- Uma posterior redução consiste na elevação do dedo indicador do conduzido: o condutor direciona somente com o polegar e o indicador, quase num "joy-stick", necessitando adaptar-se rapidamente a cada situação.
- A forma mais difícil apresenta-se na "brincadeira do robô", no qual os robôs cegos movimentam-se sob o pressionamento de "botões de comando" no corpo: toque rápido no ombro esquerdo ou direito significa que o robô deve se movimentar nesta direção; toque entre os ombros significa seguir em frente, reto; breve toque no peito, sob o queixo, significa caminhar para trás; e, em situações urgentes, pode ser acionado o "botão de emergência", batendo-se levemente sobre a cabeça do parceiro com a palma da mão. De acordo com a experiência adquirida, essas cinco brincadeiras são consideradas para o conduzido crescentemente difíceis, requerendo uma maior confiança em relação ao parceiro. Esses exercícios podem ser realizados seqüencialmente em uma aula.

8.4.4 Jogo de Troca de Lugar no Cercado de Bancos

As atividades desse jogo possibilitam um crescente contato físico com o parceiro, associado com um simultânea consideração para com os outros jogadores. Nesse, os participantes estão sentados em quadrado (quatro por banco); o professor solicita-lhes, do centro (ou seja, somente na área interna dos bancos) trocar de lugar com os parceiros do banco oposto. Inicialmente, somente dois bancos, posteriormente também quatro bancos juntos. Associada a uma competição, o comando seria: "Qual banco senta primeiro do outro lado?" Deve ser observado o risco de os bancos poderem tombar se muitos sentarem-se muito rápido ou bruscamente no banco.

Paralelamente ao princípio de competição, o jogo permite a possibilidade de realizar uma atividade em grupo: "Como o grupo consegue, o mais rápido possível (ou seja, contra o relógio), trocar de lugares". As sugestões propostas pelos participantes deveriam ser experimentadas com calma (por exemplo, um atrás do outro, em círculo, em brechas etc.). Aproximadamente seis horas são boas e suficientes. Em muitos grupos, o "princípio do caos" é o melhor, porém não deverá ser revelado pelo professor. O tempo deverá ser contado em voz alta por este.

8.4.5 Seleção por Altura às Cegas

Neste jogo, é importante que a atribuição de atividades somente ocorra após os participantes, de olhos fechados, terem se encontrado (bem juntos) no "quadrado". O professor informa que os olhos devem ser fechados imediatamente, ninguém deve conversar e que os participantes devem se enfileirar por ordem de tamanho. Como auxílio, o professor determina o lugar do mais alto, assim como indica a direção em que os participantes devem se enfileirar, ombro a ombro, lado a lado. Os contatos físicos com o parceiro ficam "legitimados", devido aos olhos fechados de todos os participantes, e contribuem para diminuir as inibições.

8.4.6 Destruir Estátuas

Aqui, dois parceiros estão frente a frente. Um parceiro assume a posição de uma estátua, monumento ou manequim (preferencialmente com os braços elevados); o outro tem por função, através do toque da articulação mais alta, fazê-la flexionar de cima para baixo. Os próprios participantes devem descobrir se os prováveis pontos de toque são: articulação da mão, cotovelo, ombro, abaixo do queixo, barriga, joelho. Importante que a flexão ocorra de baixo para cima.

8.4.7 Reflexo e Sombra

Esses dois jogos têm por objetivo preceder a função, a assimilação do parceiro e suas posturas corpóreas, ou seja, melhorar os movimentos e a integração na própria movimentação. No exercício do reflexo, um parceiro fica diante de um espelho imaginário. O outro tem a função, como reflexo, de imitar o melhor possível seus movimentos. No exercício de sombra, o parceiro dianteiro movimenta-se pela ala, o de trás simula ser sua sombra e imita todos os movimentos do da dianteira.

8.4.8 Bater Palmas e Girar

Dois parceiros estão frente a frente e batem palmas juntos. A seguir, ambos dão uma volta completa e batem novamente nas mãos de seu parceiro. De olhos abertos, esse exercício é relativamente fácil. Em virtude de facilmente poderem ocorrer vertigens, principalmente em idosos, deverá ser orientado para inverter o sentido da rotação. O exercício fica mais difícil se realizado de olhos fechados. Em virtude de o tatear às cegas para encontrar as mãos do parceiro se tornar bastante engraçado para os observadores, existe a possibilidade de dividir os grupos: um grupo faz o exercício e o outro observa.

8.4.9 Dança Folclórica

Como jogo, esse elemento da dança folclórica da Bavária eleva a consciência corpórea e o sincronismo do próprio movimento com o do parceiro. Esse funciona sob o princípio Stuntmen, utilizado em lutas em duplas. Um parceiro simula acertar um "sopapo" com a palma da mão no rosto do outro parceiro; poucos instantes antes, interrompe o movimento próximo ao rosto do parceiro. O outro parceiro desvia-se desse movimento e simula ter sido atingido. O barulho do "sopapo" é produzido pelo "atingido", batendo suas palmas no exato momento em que for "atingido". O objetivo consiste em realizar sempre alternadamente. Neste momento, o barulho de palmas, movimento de batida e de desvio têm que ser muito sincronizados.

8.4.10 Brincadeira do Robô

Sob o mesmo princípio de condução do parceiro mencionado acima, com os mesmos pontos de comando no corpo, a brincadeira do robô é realizada em trio. Nisso, dois robôs, costas a costas, movimentam-se de forma robotizada, com olhos abertos e passos lentos, após terem sido "acionados" por um terceiro parceiro com um toque nas costas, entre os ombros. Sendo tocados no ombro direito, realizam um ângulo na respectiva direção. A função do condutor dos robôs é direcioná-los de modo a se abraçarem no final. A área de brincadeira compreende toda a ala.

8.4.11 Nós Górdicos

Esse jogo, bem como o próximo, provém do *New Games* e deve ser de conhecimento da maioria dos professores. Difícil é o início do jogo, no qual são propostas duas variantes:

- Os parceiros estão em círculo, caminham juntos, com os braços elevados em direção ao centro e pegam com cada mão a mão de qualquer participante. Nesta variante, espera-se freqüentemente que sejam seguradas as mãos do parceiro à direita, ou à esquerda, que facilite desfazer o nó.
- Todos os parceiros estão no cercado (sem que haja espaço vazio no centro), fecham os olhos e estendem os braços para cima. Com os olhos fechados, procurar um parceiro para cada mão. O professor assiste de fora e verifica que realmente somente sejam seguradas duas mãos. Abrindo lentamente o espaço, os parceiros tentam desfazer esse nó. Em princípio, existem três formas de solução, que ocorrem freqüente e distintamente:
  – Raramente: a dissolução do nó resulta num círculo.
  – Mais freqüentemente: ocorrem vários círculos independentes com números variados de participantes.
  – Freqüentemente: resultam círculos individuais com círculos internos que não podem ser desfeitos (comparável com dois círculos interpostos).

Tão logo o professor perceba os círculos interpostos, deverá avisar o grupo e encerrar o jogo.

Uma variante simples desse jogo consiste em manter todos os participantes em círculo e entre as mãos dos parceiros correr uma corda. O terapeuta é membro desse círculo e começa a emaranhar essa roda, na qual procura uma passagem acima ou abaixo da corda; o resto da roda o segue. Após ter sido criado um considerado emaranhado, o professor solicita aos participantes desfazê-lo sem soltar a corda. Nisso, pode surgir no lugar do círculo interno um círculo externo.

8.4.12 Fileira Sentada

No primeiro instante, esse jogo parece problemático para cardiopatas, principalmente quando se trata de membros idosos e obesos. Com conseqüente observância das seguintes indicações, o jogo pode ser realizado sem que haja perigo de ferimentos.

O objetivo do jogo consiste em que os participantes em pé no círculo sentem-se nos jogos dos parceiros de trás. Neste caso, a seqüência a seguir deverá ser observada o máximo possível, tornando o jogo mais fácil, sendo os participantes em número superior a 15.

- Todos os participantes estão em círculo e apóiam as mãos sobre os ombros do parceiro à frente. O professor observa para que um parceiro grande e pesado não esteja diante de um parceiro pequeno e leve.
- O círculo é reduzido para dentro, de modo que o participante encoste o tórax nas costas do parceiro à sua frente.
- O professor precisa controlar para que se forme um círculo redondo, sem cantos.
- O sentar para trás é a tarefa mais difícil. Por esse motivo, o terapeuta precisa instruir que os participantes carreguem o máximo possível o seu próprio peso. Adicionalmente, os participantes são instruídos a inclinar o tronco para frente e, com o corpo inclinado, sentar-se lentamente sobre as coxas do parceiro atrás. Nisso, inclinar os ombros para frente, para não sentar-se tangencialmente para fora, porém somente na perna do parceiro atrás.
- Quando todos os participantes estiverem sentados adequadamente, para controlar

o êxito, o professor pode solicitar que eles estendam os braços para fora. Desta forma, os participantes têm a impressão de ter tido sucesso na sua realização.

- Para levantar, sob a indicação do professor, o tronco deverá ser inclinado ativamente.

8.4.13 Cumprimento Cronometrado

Esse jogo exige uma bem desenvolvida confiança entre os membros do grupo e, freqüentemente, apesar da facilidade da atividade, é considerado desafiador e difícil. No jogo, ambos os parceiros, escolhidos mutuamente, ficam a uma distância de 1,5m. Antes do esclarecimento do jogo, o terapeuta avisa que os parceiros, de imediato, não poderão mais conversar entre si, principalmente a fim de não combinar verbalmente a forma do cumprimento.

A tarefa consiste em os parceiros darem um passo a frente e se cumprimentarem de forma não verbal. A seguir dão um passo para trás. A dificuldade consiste no fato de precisar empregar 90 segundos. Isso significa que certos movimentos desenvolvam-se como em um cronômetro. No início, os participantes tendem a realizar o movimento muito rapidamente, por não terem desenvolvido um sentido temporal. Desta forma, é importante que o professor informe o tempo a cada 10 ou 15 segundos e que o cumprimento somente esteja realizado após 45 segundos. A seguir os participantes podem retornar lentamente à sua posição inicial. Neste jogo, é especialmente importante que o grupo discuta o jogo após seu término. O professor pergunta:

- Qual dos dois parceiros definiu a forma de cumprimento?
- De que forma foi reconhecida a forma escolhida pelo parceiro?
- O que foi especialmente difícil neste jogo?

Os participantes mencionam, por exemplo, a dificuldade, o passo em sentido ao parceiro a fim de manter o equilíbrio sobre um pé e, quando realizado devidamente, a dificuldade de fixar o olhar no parceiro.

8.5 Pequenos Jogos e Suas Variantes

O objetivo desta contribuição não é repetir a infinita quantidade de pequenos jogos. Mais importante para o terapeuta é poder avaliar os jogos conhecidos, ou no âmbito de especializações ou remanescentes literários de novos jogos – se e através de quais modificações esses podem ser empregados em grupos de exercícios – ou de treinamento. Além da apresentação de jogos exemplares, esse item tem por objetivo enfocar a problemática da dosagem e evitar as sobrecargas.

8.5.1 Preto e Branco

Com base no conhecido jogo de "siga o mestre" e "pega-pega", Preto e Branco apresenta bem a possibilidade de uma variante com carga. Comparada à forma original, dois parceiros ficam frente a frente, no meio da sala, a fim de pegar; ou seja, eliminar o parceiro do próprio grupo de cores à sua frente, o que em primeira impressão não é aceitável para um cardiopata. A rápida largada, a velocidade de aceleração e o perigo de quedas impediriam o jogo na sua forma clássica. Através de quais alterações esse jogo é possível para cardiopatas?

A mais importante possibilidade, evitando a velocidade de aceleração, consiste em reduzir consideravelmente a área na qual o parceiro pode ser pego. Para grupos de iniciantes, pode ser introduzida a regra de somente poder caminhar rapidamente, sem correr. Ausência de velocidade de reação, trocas, esquecimentos sobre qual grupo pertence e outros contribuem adicionalmente para que, na maioria dos casos, somente a metade dos elementos caminhe. Esse efeito apenas se aplica, principalmente, quando são introduzidas alterações às quais os participantes sempre reagem de acordo, ficando dessa forma aos risos no centro.

Variante 1: Números pares e ímpares

Neste, uma equipe somente pode pegar se for chamado um número ímpar, e a outra, se for chamado um número par. Após ter sido chamado por duas ou três vezes um número unitário, o professor deve propor um pequeno caos quando chamar, lenta e pausadamente, o "cin" e a seguir "qüenta" com a reação de que o grupo do cinco quisesse reagir e pegar. Por cinqüenta ser par, o grupo par pega corretamente, o que contribui para um bom divertimento.

Variante 2: Nomes masculinos e femininos

Um grupo pode pegar sob a chamada de nomes masculinos, e outro sob a chamada de nomes femininos. Em "João" e "Maria", a reação é clara; em "Francis-ca" ou "Joa-na" ocorrem pequenos caos como em "cin-qüenta".

Variante 3: Pedra – Tesoura – Papel

Primeiramente, a base do jogo é explicada e esclarecida, com relação a qual um movimento da mão vence o outro (pedra vence tesoura, tesoura vence papel e papel vence pedra. Para simplificar, não é empregado o movimento "poço"). A seguir, as partes se encontram em separado e combinam, sussurrando, quais os movimentos que apresentarão após o comando do professor, sendo excluídos três movimentos. Isso significa que na primeira chamada do professor é apresentado em conjunto o primeiro movimento combinado. Os participantes estão frente a frente e, sob "1, 2, 3" do professor, todos eles do grupo à esquerda mostram, por exemplo papel e os do grupo à direita mostram tesoura. O grupo tesoura pega o outro grupo. Ocorrendo os mesmos movimentos existe empate e ninguém é pego.

Variante 4: Vovózinha – Caçador – Lobo

Esse jogo é realizado analogamente ao anterior, onde Vovozinha, Caçador e Lobo devem ser representados mimicamente. Isso será treinado primeiramente em conjunto, por todos: Vovozinha está com as pernas trêmulas apoiada por uma bengala, o Caçador segura uma espingarda e atira, o Lobo é representado com garras estendidas e boca arreganhada. O Caçador ganha do Lobo, o Lobo ganha da Vovózinha e a Vovózinha ganha do Caçador.

8.5.2 Passar e Andar em X

Com base neste jogo, pode ser esclarecido que (similarmente ao jogo triangular no exercícios com pesos, compare ITEM 6.2) é possível uma diferenciação num grupo, sem basicamente ter de atribuir atividades diferentes.

O objetivo da diferenciação interna no âmbito do jogo consistiria em jogar várias vezes o mesmo jogo conjuntamente, assimilando diversificadas capacitações. Neste caso, quatro grupos, com o mesmo número de integrantes, estão frente a frente a uma distância de 5m entre si. Os dois jogadores da frente de grupos vizinhos seguram uma bola. A tarefa consiste em jogar a bola ao primeiro jogador da equipe da frente e, em seguida, realizar distintos percursos de caminhada. O percurso mais curto compreende posicionar-se no final de seu próprio grupo. O segundo percurso mais longo seria um quarto de volta, onde o jogador do grupo, após ter lançado a bola, posiciona-se no final do grupo à sua direita. Mais longo ainda seria uma meia volta, no final do grupo à frente, caminhando por fora e posicionando-se no final desse. O percurso mais longo consiste em uma volta completa.

Quando todos os participantes realizarem os mesmos percursos, ainda não ocorrerá uma diferenciação. O orientador pode dividir o grupo de forma que os participantes que não andam tão rápido ou que preferem caminhar fiquem em dois grupos, um de frente para o outro. Aqueles que gostariam de andar mais rápido compõem os outros dois grupos. Desta forma, é possível que dois grupos realizem meia volta, enquanto os outros dois grupos andem ou percorram uma volta inteira.

8.5.3 Jogos com Aros (Bambolê)

A possibilidade de rolar e manusear o aro nos oferece uma boa oportunidade de "frear" participantes mais afoitos e treinar a jogar mais relaxado.

A tarefa de rolar o bambolê em círculo bem lentamente, onde se possa andar ao lado dele, faz que a pessoa diminua a rolagem rápida demais, associada a um andar agitado de início.

Um resultado semelhante pode ser conseguido com a seguinte tarefa: os participantes estão em pé, dispostos em círculo, cada um começa a girar o bambolê em seu próprio eixo e dá uma volta por fora do bambolê. Ao sinal do professor, cada um deve tentar alcançar seu próprio aro antes que esse caia no chão. Nas próximas tentativas, o participante deverá calcular a duração da rotação do aro e evitar andar rápido e agitadamente, para conseguir pegar o aro quando esse fizer sua última movimentação.

- A tarefa "Qual bambolê gira mais tempo?" é um jogo indicado para os intervalos, onde a quantidade de aros girando, associado com o ruído assim produzido, cria uma alegria tanto ótica quanto acústica. Quando os participantes estão bem quietos, pode-se ouvir melhor qual aro ainda está se movimentando. Importante aqui é que cada participante comece a girar o aro ao mesmo tempo e tenha uma certa distância um do outro, para que os aros não colidam. Brincadeiras igualmente excitantes, mas ao mesmo tempo relaxantes, são acertar os bambolês e acertar o bambolê num alvo.
- Na brincadeira *de acertar os bambolês,* metade dos participantes está disposta na linha lateral da quadra e a outra metade na linha de fundo. Cada participante tem um bambolê e ganha um número (cada participante tem um número equivalente na outra linha da quadra); os com números iguais jogam juntos. O participante da linha do fundo, cujo número o professor deve falar, começa a rolar o seu aro e o participante de número correspondente na linha lateral vai tentar acertar o aro rolando seu próprio aro. Ao final da primeira sessão, troca-se de lado, permanecendo os números.
- Na brincadeira de *acertar o bambolê num alvo,* deve-se acertar dez bastões em pé, dispostos na linha central, com os participantes emparelhados na linha de fundo. Fica proibido arremessar os aros na horizontal. Essa tarefa é bastante exigente e leva, na maioria das vezes, mais do que três minutos, uma vez que é muito difícil acertar com um aro de 1cm de espessura num bastão com 5cm de espessura, dispostos a aproximadamente 10m de distância.

8.5.4 Jogos com a Bola Flutuante

Da infinidade de acessórios, a bola flutuante é especialmente apropriada para a reabilitação cardíaca. A bola flutuante é de borracha (mais indicada sem inflar num comprimento de 40cm), que se deixa inflar até um diâmetro de 70 a 90cm. Aqui se faz necessária uma bomba de pé ou uma moto-bomba. Nesta última, leva-se aproximadamente 10 minutos para inflar.

Quanto mais inflada estiver a bola, tanto mais ela flutuará. Como normalmente não fica em forma redonda simétrica, surgem trajetórias curvas. Ao jogar vôlei em uma roda, principalmente homens fortes e supermotivados aprendem a se conter para manter a bola flutuando somente por meio de um leve toque de ponta de dedos. Um arremesso brusco conduz irremediavelmente a trajetórias descontroladas e grandes, atrapalhando o jogo ideal de tocar o máximo possível a bola antes que essa toque o chão.

Também uma variante do jogo de basquete pode ser realizada com a bola flutuante. Nesse prevalece a regra de que não se poder caminhar com a bola na mão. O ponto dá-se quando for alcançada a tabela de basquete, inclusive rede e aro. Pode-se jogar ou bater a bola.

8.6 Jogos de Consciência Corporal

Os seguintes exercícios, até hoje, foram pouco tematizados na literatura; e suas possibilidades raramente utilizadas para reabilitação cardíaca. Sendo utilizados adequadamente, eles possuem um alto potencial de promover a consciência corporal, autoconfiança e dosagem do próprio relacionamento de movimento. Esses jogos, assistidos externamente, não devendo ser vivenciados por eles próprios, não são fáceis de serem reproduzidos. São aceitos bem pelos participantes e, apesar de sua aparente facilidade inicial, são tidos como desafiadores.

8.6.1 Estimar Distâncias

Todos os participantes estão com o parceiro ao lado na extremidade da sala, e recebem a atividade de informar ao parceiro quantos passos são necessários de uma determinada linha estabelecida pelo professor até a outra extremidade da sala. Nisso, os passos deverão permanecer sempre de igual tamanho. Para controle, após atingida a quantidade de passos estimada, os participantes deverão ficar parados. No retorno, a estimativa será melhor.

A seguir, os participantes deverão executar a mesma atividade, porém em um leve trote, ou corrida. Aqui, muitos superestimam uma quantidade superior de passos, por eles não terem se conscientizado de que passos de caminhada ou mesmo pequenos passos de corrida são maiores do que passos normais de andar. Este fato não deverá ser revelado anteriormente pelo professor, porém, provado o efeito surpresa. Na maioria dos participantes, a quantidade de passos estimada resulta em outro extremo da sala. A fim de elevar o grau de dificuldade, os percursos de andar e caminhar podem ser variados, sendo importante destacar que a noção de distância não é "desenvolvida pela cabeça", onde se realizam cálculos.

8.6.2 Atingir ao Alvo

Neste caso, um parceiro de uma extremidade da sala procura estimar a distância até a linha central, caminhar de olhos fechados até ela e parar exatamente sobre essa. O parceiro guia o acompanhante e o conduz pela mão sem, no entanto, fazer qualquer indicação quando o centro for atingido.

8.6.3 Direcionamento

Nesta atividade, o parceiro guia conduz o acompanhante de olhos fechados ao seu lado apenas por segurança. Esse último deverá atravessar um portão de cones, com uma largura de 80cm, sem derrubá-los. Na linha central, são colocados cinco desses cones.

8.6.4. Estimativa de Direcionamento e Distância

Como no exercício anterior, um parceiro, de olhos fechados, deve colocar-se exatamente entre os dois cones.

8.6.5 Caminhar em Slalom

Para este exercício, os cones deverão ser colocados na linha central, a uma distância de 1,5m. Os participantes devem, de olhos fechados, locomover-se em slalom entre os cones, sem derrubá-los. Quatro cones podem ser considerados um bom desempenho.

8.6.6 Caminhar na Diagonal

Essa atividade realmente difícil necessita, de um lado, de uma boa habilidade para estimar distâncias, de outro, da superação de medos; além de sinalizar aos outros membros observadores a respeito da linguagem corpórea do praticante e de sua sensibilidade.

Na sala, numa extremidade, está uma metade do grupo. Na diagonal em frente, a outra metade forma um quarto de círculo, evitando que o praticante possa se chocar contra a parede. A atividade é a seguinte:"Caminhar em diagonal através da sala, com os olhos fechados, e permanecer o mais próximo possível diante do grupo, sem, no entanto, entrar nele. Procurar interromper a caminhada bruscamente, em vez de caminhar lentamente quando da aproximação ao grupo, tateando.

O efeito freqüente a ser observado é que os participantes param muito longe do grupo alvo e, já a partir da linha central, modificam sua caminhada. A caminhada torna-se insegura, os braços são elevados, o semblante do rosto fica com aspecto assustado etc. Incrivelmente, os observadores não levam vantagem alguma quando de sua caminhada posterior, mesmo tendo observado que os colegas pararam muito antes. Após um grupo ter caminhado, efetua-se a troca e o grupo que compunha o quarto de círculo caminha na diagonal. Com participantes idosos, que reclamam de vertigens, ou em grupos de exercícios, o percurso é simplesmente reduzido, ou é escolhida uma variante para a caminhada.

8.7 Modificação de Princípios para Grandes Jogos

Quando de jogos menores, ficou evidente que, antes do emprego na reabilitação cardíaca, precisa ser avaliado se o jogo original pode ser mantido ou se precisam ser realizadas modificações. Por este motivo, a seguir, são apresentados cinco princípios que se aplicam tanto a jogos pequenos como a jogos grandes de campo, que precisariam ser observados antes de sua aplicação. Alguns destes princípios se relacionam mutuamente.

Área do jogo

Um dos fatores mais importantes, a fim de reduzir a sobrecarga dos participantes, está na escolha adequada da área do jogo. Campos de jogo maiores condicionam quase que obrigatoriamente também a maiores percursos para os participantes, contribuindo para extrapolação de seu limite de carga. Por esse motivo, tende-se antes a optar por uma área menor ou a considerar o seguinte princípio.

Relação área do jogo – participantes

Em muitos jogos, a área pode corresponder a um terço do ginásio, em virtude de ocorrer uma divisão interna da equipe (defesa, meio de campo, ataque). Se ocorrer de os jogadores se envolverem muito intensivamente com o jogo – tentando constantemente estar em contato com a bola, utilizando todo o espaço disponível – aplica-se a seguinte alteração de regra: toda equipe será dividida, uma metade joga primeiro na parte posterior do campo (quase como defesa) e a segunda metade no ataque. Cada parte da equipe não pode ultrapassar as linhas de frente e de fundo. Após um determinado período de jogo, é realizada a troca.

A suposição de que em um campo mínimo a carga seja reduzida não é condizente, em virtude de pequenos espaços proporem um aumento da concentração interativa, não possibilitando intervalos para os jogadores. Desta forma, eles estão quase sempre em contato com a bola, ou integrados aos fatos do jogo.

Restrição da mobilidade

Em conjunto com a divisão do campo em áreas, as quais precisam ser obedecidas, regras adicionais podem reduzir a carga da caminhada. Uma sugestão freqüente consiste no fato de os jogadores – por exemplo em Hockey, no ginásio – ficarem dentro de um bambolê e terem de arrastá-lo com o pé sempre que se deslocarem. Inicialmente, essa forma é com certeza adequada, porém rapidamente eliminada pelos participantes e o bambolê tido como instrumento desagradável (o bambolê atua como uma corrente no pé).

Por isso, seria mais vantajoso que o jogo se desenvolvesse mais descontraído, reduzindo-se os percursos. Uma outra possibilidade, a fim de reduzir o percurso com a bola, consiste no fato de o jogador ter de parar tão logo tenha segurado a bola. Porém, surge freqüentemente o problema que jogadores mais fracos ou menores, que estejam em posse da bola e após três passos, tem que parar, sejam cobertos pela defesa, não tendo qualquer possibilidade de passar a bola sem que essa se perca para o adversário. Neste caso, uma regra foi sugerida com sucesso, e traz grandes vantagens principalmente a jogadores mais fracos: a regra do tapa. A fim de evitar uma defesa muito fechada, o jogador de posse da bola pode eliminar o adversário com uma mão. Essa eliminação conta como um gol. Para iniciar é preciso adaptar-se, principalmente no caso de jogadores experientes, porém, a regra é bem-aceita, proporcionando interessantes variantes táticas.

Escolha de equipamentos

Tendo-se como exemplo a bola flutuante, fica claro que uma adequada escolha de equipamentos contribui consideravelmente para uma fluidez da brincadeira. No lugar da bola dura de vôlei, podem ser utilizadas bolas leves, bolas de água ou bexigas. O objetivo consiste em tornar mais lenta a trajetória da bola, ou seja, prolongar a fim de evitar lesões. Para o futebol de tênis descrito abaixo já é mais apropriada uma bola bem cheia de vôlei, em função de pular mais fácil e freqüentemente.

Mudança de regras

A mais importante e também a mais difícil tarefa consiste em adaptar as regras ao conhecimento técnico dos jogadores. Isso deve ser mencionado exemplarmente nas alterações de regras para dois jogos.

Basquete

Para todos os jogos a serem elaborados, assim como as variantes de jogos de basquete, é indicado iniciar-se com uma bola de vôlei. O peso da bola normal de basquete (se usado, no tamanho juvenil) ocasiona facilmente lesões nos dedos e dificulta para jogadores debilitados o arremesso na cesta.

A minoria dos participantes dispõe de conhecimento prévio de basquete. Também o conhecimento das regras não pode ser pressuposto, e condições básicas do jogo sem bola (caminhar e defender) em grande parte estão somente disponíveis inicialmente. Desta forma, é adequado realizar jogos preparatórios antes do efetivo jogo de basquete. Neste caso, indica-se principalmente o jogo *Passa-Bola*, no qual deve ocorrer o maior número de passes sem perda da bola. Em um determinado número de passes (10 ou 15), a equipe ganha um ponto.

Um outro jogo preparatório consiste em modificar a forma do gol. Como gol, vale a largura do ginásio na extremidade, onde é definido que a bola deve ser lançada atrás de uma linha de gol contra o chão, porém, o arremessador deve estar com um pé sobre a linha do gol. Em campo, deve ser aplicada a já explanada regra do proibido andar (após o recebimento da bola, no máximo três passos) e o lance desimpedido (eventualmente através da regra do tapa). Havendo muitos jogadores afoitos, deverá ser incluída a já mencionada determinação de área.

Após esses jogos preparatórios, no jogo de basquete propriamente dito ocorre o problema de serem acertadas poucas cestas, em virtude da precisão do arremesso, principalmente sob a pressão dos defensores, estar pouco desenvolvida. Aqui se apresentam três alterações de regras:

- Para jogadores melhores, uma cesta normal vale dois pontos, jogadores mais fracos têm a possibilidade de variação, de fazer um ponto, jogando a bola contra a tabela ou caindo a bola diretamente no chão, sem que a equipe defensora possa pegar essa bola. Com a variante do ponto, os jogadores precisam avaliar se preferem a arriscada variante de dois pontos (cesta tradicional) ou, de acordo com a posição da defesa, preferindo a variante do ponto de rebote.
- Em alteração à regra do rebote, pode ser introduzido que valerá um ponto quando do rebote da bola da tabela um outro jogador da mesma equipe pegar a bola.
- Em vez da tabela de basquete, toda a extremidade do ginásio, acima de uma linha de 2,50m, pode ser considerada como área de rebote.

Em habilidade avançada de jogo e arremesso, a seguinte alteração de regra mostrou-se eficiente: abaixo da tabela é definida uma "área de proteção". Esta pode ser do tamanho do trapézio do basquete ou ser marcado por uma linha transversal. Dentro da área, o condutor de ataque de posse da bola pode, sem qualquer ação de defesa da equipe adversária, lançar a bola ao cesto. No entanto, não pode se aproximar da tabela. Não permitir que um adversário ataque é, principalmente para jogadores experientes, uma tarefa difícil, em virtude de a defesa ocorrer como situação reflexa. Essa regra proporciona, principalmente para jogadores(as) menores e fracos, muito alegria em virtude de, dessa forma, vivenciarem, muitas vezes pela primeira vez, experiências de sucesso através de cestas marcadas.

Futebol

Principalmente por parte de participantes masculinos, muitas vezes é externado o desejo de jogar futebol. No caso de jogadores experientes, ocorre naturalmente o perigo, ao querer resgatar as capacitações da juventude associadas à técnica preservada, de conduzir imediatamente à sobrecarga. O caminhar, derrapar, brecar com ou sem bola com a respectiva tensão leva freqüentemente muito rápido a valores muito elevados de frequência cardíaca. Um outro problema consiste no fato de jogadores inexperientes muito rara e dificilmente serem integráveis e o desenrolar do jogo ocorrer sem a sua participação. Isso leva a uma rápida desmotivação dos jogadores mais fracos e ao desejo de outros jogos.

Uma forma de modificação do jogo de futebol é o "futebol-tênis". A idéia do jogo consiste em acertar a bola com o pé em uma rede situada na linha de meio de campo, mais facilmente formado com bancos de ginástica (ou seja, bancos sobrepostos). Após experimentação, o professor encontra-se freqüentemente diante da questão: qual a forma de "contagem" a ser adotada. Experiências de longos anos com grupos distintos demonstraram que o professor necessita de coragem à "regra original". Uma aceitação de regras quanto à pontuação do tênis ou vôlei não é possível. Para a "regra original", corresponde a renúncia a qualquer ponto decorrente de saídas laterais ou de linha de fundo. A tentativa de regulamentar a quantidade de bolas lançadas fracassa muito rapidamente por parte dos jogadores mais fracos. Em virtude do jogo ocorrer muito melhor com uma bola de vôlei bem cheia, é apresentada a seguinte variante de pontuação: a equipe adversária faz ponto quando a bola não estiver mais quicando na própria equipe, porém rolando. Um outro ponto ocorreria quando a bola não fosse jogada sobre o banco, banco duplo. Somente após evolução da técnica do futebol, a incidência de contatos com a bola pelos jogadores da mesma equipe deve ser limitada, de forma a, somente após o quarto ou quinto jogador, a bola poder ser quicada para o outro lado. Logo de início, deve ser prescrito um número mínimo de contatos com a bola, como a proibição de que o primeiro jogador receba a bola de volta. "No mínimo dois e no máximo cinco toques de bola" poderia significar uma regra interessante.

Com essas alterações de regras, jogadores mais fracos são integrados ao jogo relativamente rápido. Desaparece a pressa de necessitar jogar a bola imediatamente, pois preferencialmente a bola pode ser trocada mais vezes. Desta forma não interrompe o fluxo do jogo, quando constantemente interrompido por ponto realizado ou perdido. Jogadores mais fortes assumem aqui facilmente uma postura de equipe, passando a bola aos demais membros, de forma a permitir que companheiros de equipe joguem mais facilmente no campo adversário.

Um jogo descontraído e prazeroso com respectivo desenvolvimento de entendimento do jogo compreende que, naturalmente, os jogadores vibrem com um gol, os pontos sejam somados e o desejo de vitória esteja, entretanto, em um segundo plano. Ocorre também que às vezes, através do prazer do jogo, a contagem de pontos seja esquecida e nenhum dos jogadores saiba o verdadeiro placar do jogo.

Freqüentemente, no âmbito de formação e especialização de sugestões, pode ocorre de coibir afoitos *Tipos A,* através de individualização de regras e limitações, tornando-se essa uma situação problemática, pois o jogador pode interpretar como um castigo e, na sua possibilidade de contribuir com a vitória de seu time ser boicotado. Faria mais sentido se o professor realizasse um reunião, na presença de todos, solicitando aos jogadores especialmente bons – reforçando as suas competências – que o auxiliassem na responsabilidade integração, mantendo-se mais contidos pelo menos parcialmente.

As indicações anteriores devem explanar que o desenvolvimento de uma "descontraída" habilidade de jogo, também sob a amenização da situação de competição, seja um processo demorado, que está sob a responsabilidade do professor. Os jogos empregados durante as aulas ou o jogo final correspondem normalmente ao ponto alto da proposta de movimento. O seu potencial de movimento deveria, por esse motivo, ser empregado adequadamente, a fim de desenvolver a "motivação de ficar" dos participantes.

8.8. Observações Finais

A "tarefa principal" do professor consiste em desenvolver a capacidade de jogo dos participantes, no sentido de que o instrumento regulador se adapte às capacidades técnicas dos jogadores. Simultaneamente, precisa ser destacada a não relevância à "vitória ou derrota".

Literatura

Rieder H., Hanke U., Eckert W. *Bewegungstherapie und Sport in Herzgruppen*. Lehrfilm im Auftrag der Schwarz Pharma. *Vertrieb*: Hammer Film Celle. 27 Min. Magneton 16mm Farbe und als VHS-Kassete.; 1986.

9. RELAXAMENTO EM REABILITAÇÃO CARDÍACA

A. Rudolf

Na proposta terapêutica para reabilitação cardíaca, é atribuído grande valor à descontração. Do professor em reabilitação cardíaca é, por esse motivo, exigido um considerável volume de sensibilidade, mas, também, conhecimento em colocar-se posição dos participantes cardíacos quanto aos problemas decorrentes da experiência da doença e entendê-los. Medos, insegurança, desesperança, carência, baixa autoestima e muitos outros desencadeiam tensões que inibem a sensação de vida.

É conhecido ampla e individualmente o estado físico dos participantes da reabilitação cardíaca, não se estando, no entanto, às claras quanto aos seus sentimentos, ou seja, emoções. Não existe um perfil único da sensibilidade física dos cardiopatas. Deparamo-nos com pessoas que ainda não aprenderam a lidar com seus medos, os quais mascaram, desmentem ou oprimem, e relegam com exagerado otimismo. Alguns trabalham a marcante experiência de adoecimento, aceitam a modificada situação de vida e organizam novamente a sua vida. Quando o professor do Programa de Reabilitação Cardíaca conseguir manter um diálogo, externar suas emoções, então ele alcançou uma boa vantagem de poder prestar auxílio. A essas medidas de auxílio, inclui-se a proposta de relaxamento.

9.1 O que é Relaxamento

O relaxamento normalmente é tido como um estado físico ou liberdade psíquica, o qual está associado a sensações como calor e peso (às vezes também com a sensação de leveza), sendo acompanhado por estados psíquicos como descontração e bem-estar. Na seguinte confrontação do efeito físico de relaxamento, é apresentada a sua relevância para a saúde:

- Modificação do tônus muscular esquelética (redução de tensão).
- Vasodilatação.
- Regulagem da respiração (minimização da freqüência, acréscimo da intensidade).
- Alteração de ondas cerebrais (modificação a uma freqüência mais lenta para ondas-alfa)

Ocorre, então, uma economia das funções corpóreas, que influi positivamente em cardiopatas.

No âmbito da tensão e do relaxamento, fica evidente a estreita dependência entre corpo e psique. Emoções como alegria e satisfação reduzem o tônus muscular. Em contrapartida, tensoes psíquicas, sim, até a suposição de situações de tensão levam à contração da musculatura. Do conhecimento dessas relações resultaram pontos de referência para a escolha de métodos de relaxamento (ITEM 9.6).

O mais freqüente motivo para a utilização de métodos de relaxamento em reabilitação cardíaca está em sua função de equilíbrio. Relaxamento significa regeneração e recuperação, onde se libera a situação de tensão e transforma todo o indivíduo em calma. Nisso deve ser estimulado, superado o relaxamento até uma Eutonia, chegando a uma situação de bem-estar. Ela o auxilia a enfrentar as tensões do dia-a-dia.

Os *objetivos* de nossa proposta de relaxamento consistem no fato de o participante do grupo cardíaco:

- tornar-se sensível a situações de tensões;
- conhecer possibilidades de relaxamento e praticá-las;
- poder descontrair-se em situações difíceis;
- estabilizar-se emocionalmente, alcançando um comportamento cotidiano equilibrado.

Isso somente pode ser alcançado quando se consegue motivar os participantes de reabilitação cardíaca a relaxarem freqüentemente, no cotidiano. Exercícios de relaxamento devem fazer parte dos hábitos de vida.

9.2 Relaxamento Através do Movimento

A terapia de movimento é um oásis de relaxamento?

É conhecido que após cada sessão de exercício ocorre uma reação vagatônica no organismo, ou seja, constata-se um efeito de relaxamento. Pesquisas abrangentes demonstraram que atividades físicas contribuem para o relaxamento e a calma. Desta forma, Weber (1986) comprovou com 600 pesquisados que caminhar pode ter um efeito sedativo (calmante), eliminando tensões emocionais, relaxando, contendo impulsos, vitalizando e refrescando.

Assim sendo, em cada aula há um potencial de relaxamento.

Quando pretender orientar a aula, ou parte dela, sob o enfoque do relaxamento, então deverá ser observado o seguinte:

- Realizar movimentos cíclicos com intensidade média.
- Permitir a escolha de seu próprio limite: tempo próprio, duração própria.
- Colocar os exercícios sob o aspecto da consciência corpórea (ITEM 9.3).
- Permitir o prazer dos exercícios – prazer requer tempo.

Exercícios adequados

Andar, caminhar em todas as variantes, oscilar lenta e correntemente, exercícios em pêndulos, exercícios de descontração, desenvolvimento de movimentos impregnados de ritmo, brincadeiras com a tensão, exercícios com parceiros, como relaxar e sacudir partes do corpo do parceiro, deixar-se cair e ser segurado pelo parceiro às suas costas, deixar-se carregar em posição relaxada por diversos parceiros, entre outros.

O jogo é um segmento próprio sob o aspecto do relaxamento. No jogo, existe tensão impregnada de vontade. Jogos de movimentos, como os que são praticados nas aulas de exercícios, trazem alegria, prazer e uma gama de possibilidades de experiências. Descontração com objetivo é desordenada no jogo. Ela ocorre, na maioria das vezes, por só. Quando nos dedicamos ao fazer, estamos presentes de corpo e alma, então pode ser alcançada uma situação de fluxo (Czikzen-mihalyi, 1985). Isso é como um fluir de um momento para o outro, uma aglutinação do nosso eu com corpo e meio ambiente. Essa esquecida euforia de tratamento conduz a uma sensação de felicidade, bem-estar e relaxamento.

A suposição de esporte como um mero oásis de relaxamento deverá ser restringida. Os participantes nem sempre se encontram automaticamente e em uma situação de relaxamento nas aulas. Isto está associado ao fato de carga e recuperação serem marcos da terapia de movimento. Se é pretendido um efeito fisiológico, quando são requeridos relevantes processos de adaptação, precisam ser superadas as exigências sobre o atual volume de capacidade. Isso é física, freqüente e psiquicamente vivenciado como tensão. Fisicamente como tensionamento da musculatura, aceleração da respiração, da freqüência cardíaca etc. No aspecto psíquico, ocorrem cargas através da valorização da situação e da insegurança resultante.

Nos muitos anos de observação das aulas, demonstrou-se que pode-se obter sobrecargas quando:

- os resultados pretendidos ficam aquém dos alcançados;
- o esforço realizado é vivenciado como fracasso: "Antigamente eu fazia isso muito melhor";
- ocorre uma sensação de insegurança: "Será que eu conseguirei?" (Sobrecarga de expectativa);
- a atividade é tida como arriscada (sobrecarga devido à adaptação);
- medos surgem por receio:
  - de ridicularizar-se
  - de mensurar o próprio corpo
  - de lesões físicas
  - diante de situações esportivas
  - diante de exercícios de relaxamento (medo induzido de relaxamento).

Muitos desses medos são reduzidos ou totalmente superados no decorrer da participação na reabilitação cardíaca. Os participantes desenvolvem uma nova sensação física, eles se tornam novamente seguros na valorização de sua capacidade de carga, a auto-estima se valoriza. O contato humano no grupo, no qual muitos se encontram em situação similar, e a experiência de ser aceito são outros meios auxiliares. Ao orientador do curso atribui-se a função, apesar das dificuldades iniciais, de esgotar e utilizar todos os potenciais de relaxamento obtidos na terapia de exercício.

Literatura

CSIKSZENTMIHALYI M. *Das Flow-Erlebnis*. Jenseits Von Angst und Langeweile im Tun aufgehen. Stuttgart: Klett-Cotta; 1985.

WEBER A. *Seelisches Wohlbefinden durch Laufen*. Oberhaching: Sportinform; 1986.

9.3 Relaxamento Através da Consciência Corporal

Descobriu-se que cardiopatas freqüentemente sofrem de déficit de consciência, ou seja, uma fraca e desenvolvida capacidade de consciência com relação ao próprio corpo e à sua lin-

TABELA 9.1 Nível fisiológico e psicológico da consciência

Fisiológico Consciência através de órgãos de sentido	Psicológico Na tansformação sistema nervoso central que transforma sentidos em figura
Exteroceptores	*Consciência*
Olhos (ver)	Visual
Ouvido (ouvir)	Acústica
Pele (sentir)	Tátil
Língua (sabores)	Gustativa
Nariz (cheirar)	Olfativa
Interoceptores	
Aparelho Vestibular	
Receptores Musculares	Cinestésico: consciência do auto-movimento.
Receptores Articulares	Auto-consciência do organismo.

guagem de órgãos. Por esse motivo, os grupos de reabilitação cardíaca estimulam a sensibilização para o próprio corpo, o conhecimento corpóreo e com o auto-conhecimento um setor de experiências e, também, uma fonte de relaxamento, que deverá ser utilizada nas aulas. A utilização da atenção em movimentos e exercício para o próprio corpo, partes individuais do corpo, alongamento e flexão, sensações da superfície do corpo (sensações da pele como calor, frio, vento, ao caminhar descalço, a sensação do chão sob os pés) podem contribuir para a liberação de emoções como alegria, bem-estar e uma alta sensação de descontração e liberdade. Quanto ao direcionamento da atenção para sensações orgânicas, como frequência cardíaca, a ele deverá ser dada especial atenção (ITEM 9.6.3).

As formas de consciência são apresentadas rápida e superficialmente. A consciência apresenta-se em dois patamares (TABELA 9.1). É válido estimular múltiplas consciências de sentido.

Objetivo e princípios metódicos para aulas de consciência corporal

Objetivo

- Estimular e explorar os sentidos.
- Utilizar os sentidos.

Princípios Metódicos

- Estabelecer necessidades no setor mediano de carga.
- Realizar atividades ricas em consciência e experiências.
- Direcionar a atenção em consciência de sentidos.
- Tornar conscientes e refletir sobre experiências de movimentos e consciências.

Exemplos

- Concretizar troca de tensões na musculatura no movimento.
- Alternância de velocidade na realização de movimentos: por exemplo, realização de movimentos em câmara lenta.
- Abertura de automatismos: destros exercitam a esquerda e canhotos exercitam a direita com bolas, cordas, tiras, bastões, pneus etc.
- Manusear conscientemente objetos distintos: quais as características das bolas (grande, pequena, dura, macia, áspera, lisa etc.)?
- Realizar alternativas de caminhar, andar com atividades de consciência: Como eu ando (triste, agressivo, lento, com vitalidade)? Qual a sensação de caminhar sem o emprego dos braços, com punhos cerrados e cabeça inclinada, recuada etc.? Ao caminhar ao ar-livre, observar o ritmo da caminhada, o vento em contato com a pele, ruídos e odores etc.

Como complemento à correspondente consciência corporal, o exercício a seguir é especialmente indicado. O exercício é realizado em uma das posições de relaxamento sentado ou deitado (ITEM 9.6.1).

Viagem pelo corpo

Concentre-se em seus pensamentos na mão direita – experimente sentir o polegar direito, o indicador, o mediano, o anelar e o mindinho – e permaneça por um momento neste local – direcione sua atenção ao dorso da mão, ao ante-braço e cotovelo – continue até o braço, para o ombro direito, através da clavícula, por dentro, até o esterno e permaneça lá – respire tranqüilamente – e direcione seu pensamento à clavícula esquerda até o ombro esquerdo e permaneça um pouco aí – direcione-se para baixo no braço esquerdo, ante-braço até o dorso da mão, concentrando sua atenção seqüencialmente em cada dedo – todo o restante do corpo permanece quieto e relaxado – respiração tranqüila e regular, direcione sua atenção ao tronco – onde o corpo se distende e contrai no ritmo da respiração – na profundidade é sentido o calor da zona abdominal – siga para baixo no sentido da perna direita – quadríceps – tibial – pé – permanece o tempo desejado – concentre-se no pé esquerdo – sobre a barriga da perna, joelho, quadríceps, virilha – e retorno ao tronco.

Recuperar o relaxamento, estender os braços, flexionar, inspirar e expirar mais uma vez e profundamente, abrir os olhos.

9.4 Relaxamento Através de Viagens Imaginárias

Uma forma relativamente rápida de aprendizado de relaxamento ocorre na forma de viagens imaginárias. Estas acalmam na visualização da natureza, mar, luz, campos, florestas e situações agradáveis, como estar em uma ilha, deitado na praia, caminhar em uma paisagem bonita ou em seu local predileto. Esta forma de relaxamento tem o poder de vivenciar seu próprio potencial de imaginação e é, ao mesmo tempo, um bom preparo para formas de relaxamento mental, como o treino autógeno.

Treino do quadro de relaxamento

Em um posicionamento escolhido a gosto individual, os participantes deixam-se envolver pelo seguinte texto, o qual é falado pelo orientador com voz tranqüila e bem pausada:

"Imagine um local no qual você se sinta bem: um local de sua lembrança ou de sua imaginação...

Se você tiver muitos locais para escolher, reflita com calma, escolha tranqüilamente seu local, escolhendo, porém, um em específico.

Concentre todos os seus pensamentos neste local – observe todas as características deste local.

Observe os ruídos, o que pode ser ouvido.

Registre bem as formas e as cores que o rodeiam.

Talvez exista um perfume neste local com o qual você possa assimilar agora, e talvez você sinta algo sobre a pele, calor ou vento ou uma outra sensação agradável que te associe a este local...

Guarde as imagens que lhe surgem e observe tranqüilamente esse local à sua volta. Armazene o máximo possível de sua tranqüilidade, de sua força e de sua energia.

Permaneça ainda um momento neste local escolhido por você.

Então, despeça-se lentamente, diga adeus e retorne ao seu círculo aqui. Percorra novamente seu corpo com relação à tensão e ao relaxamento e realize o relaxamento na forma e modo tradicionais. (Olschewski, 1995).

Nem todos conseguem se identificar imediatamente com essa forma de relaxamento. O grau de imaginação pode ser rapidamente treinado e melhorado. É imprescindível dialogar com os participantes sobre a experiência. É tido como motivador, quando esses têm a oportunidade de discutir entre si as suas expectativas.

Auxílio ao exercício e literatura

Friebel V. *Die sanfte Kraft der inneren Bilder*. Stuttgar: Thieme; 1997, CD1,CD2.

Olschewski A. *Atementspannung*. Heidelberg: Hüthing; 1995, S. 128-141.

9.5 Relaxamento Através da Respiração

O relaxamento respiratório tem um efeito não somente no conjunto corpóreo, mas também no estado psíquico-emocional, seu bem-estar e sua saúde. A relação entre formas respiratórias (peitoral, abdominal ou diafragmática), ritmo respiratório (relação entre inspiração e expiração, assim como intensidade) e o fenômeno tensão-relaxamento foram pesquisados cientificamente. Nisso, é interessante saber que a respiração é a única função orgânica, que nos influencia voluntariamente, podendo também ser conduzida involuntariamente através do sistema nervoso. Com o auxílio da respiração, podem ser influenciados estados de excitação. Respirar também pode ter um efeito ativador.

Nos exercícios de respiração para relaxamento o expirar, o deixar acontecer passivo é acentuado. Todos os relaxantes processos psicoregulativos nesse setor são fortemente orientados no movimento de expiração.

O respirar "certo" é importante para todas as aulas de treinamento, estando ou não sob o enfoque do relaxamento. O professor observará sempre a fluidez de transferência entre o sincronismo da expiração e inspiração com os movimentos realizados. Igualmente, evitará os seguintes erros:

- Supressão da respiração.
- Respiração com pressão.
- Respiração pela boca após esforço para acalmar a respiração, em vez de respirar pelo nariz.

Exercícios respiratórios relaxantes

Os participantes deveriam ter sido informados a respeito dos processamentos de respiração e das formas de respiração. É importante permitir o ritmo normal da respiração e solicitar aos treinados que deixem a respiração fluir. O primeiro passo sempre é o de conhecer a respiração:

- Deitado: observar o ritmo da respiração sem tentar interferir, sentir a respiração, ao inspirar observar como o peito e o abdômen se dilatam, como a respiração flui novamente para fora e como a inspiração e expiração se sucedem uma à outra. Quando a atenção é reduzida, retornar a observar a respiração, acompanhada das palavras "ins e ex".
- Deitado: apoiar os pés no chão, flexionar levemente as pernas, colocar uma mão sobre o tórax e sentir o movimento da respiração. Depois, colocar a mão sobre a região pélvica e sentir a respiração. Acentuar a expiração através dos lábios levemente entreabertos. Deixar a respiração fluir, sem tentar interferí-la. Em ambos os exercícios, a expiração pode ser estendida enquanto se duplica o tempo de inspiração e expiração.
- Em pé: as pernas estão afastadas na linha dos ombros e levemente flexionados. Deixar os braços e ombros caídos. Quando da inalação, elevar os braços estendidos, depois deixar cair como em um círculo e expirar. Permitir que o inspirar e o expirar flluam normalmente.
- Em pé: inspirar e expirar algumas vezes. Ao expirar, ficar de cócoras e se encolher o máximo possível. Permitir que o momento da total expiração permaneça até que a respiração ocorra novamente por si. Quando da inspiração, alongar-se, estender os braços sobre a cabeça, ficando na ponta dos pés. Repetir várias vezes.

Professores interessados no relaxamento através da respiração podem se orientar nos conceitos das inúmeras escolas de respiração, que objetivaram o relaxamento e, ademais, experiência própria. Destaca-se o conceito da Profa. Ilse Middendorff que, através do lema "assimilar a respiração, sentir a respiração, esgotar meios de respiração, encontrar a própria respiração", oferece uma gama de exercícios e técnicas da escola de respiração sob o aspecto do relaxamento.

Literatura

LODERS H. *Atme richtig München*: Bastei Lübbe; 1985.

MIDDENDORFF I. *Das erfahrbare Atmen*. Paderborn: Jungfermann; 1984.

OLSCHEWSKI A. *Atementspannung*. Heidelberg: Hüthing; 1995.

9.6 Métodos de Relaxamento

Neste âmbito, não é possível realizar toda a variedade de métodos de relaxamento. A escolha pelos métodos clássicos, treinamento autógeno e relaxamento muscular profundo parece fazer sentido, principalmente considerando-se que experiências comprovam sera bem aceitos em reabilitação cardíaca. Quando da apresentação, sob o aspecto da empregabilidade nas reabilitações cardíacas, somente o essencial poderá ser comentado. Deverão ser apresentadas informações sobre a estrutura dos métodos. Apoios para a divulgação e pontos de referência para a escolha de formas de relaxamento apropriadas para os participantes dos grupos. Maiores esclarecimentos poderão ser obtidos da literatura mencionada.

Nos métodos de relaxamento relativo às necessidades individuais, a seguinte distinção é de grande auxílio.

Existem duas linhas de métodos de relaxamento:

- Métodos de relaxamento fisiotrópicos: partem do corpo ou estão direcionados a ele (relaxamento muscular profundo).
- Métodos de relaxamento psicotrópicos: partem da psique ou estão direcionados a ela (treinamento autógeno).

Existe uma distinção em relação ao grau de ativação:

- Métodos ativos (relaxamento muscular profundo, Tai Chi etc.).
- Métodos passivos (treinamento autógeno, meditação etc.).

O relaxamento respiratório assume uma posição especial.

Constata-se sempre que para alguns participantes de grupos é difícil agir passivamente quanto à imaginação ou às instruções de um texto. Outros se sentem protegidos e transportados nesta forma de procedimento. Alguns se encontram em seu elemento, quando podem agir ativamente no processo de relaxamento, outros não se sentem bem nessa situação. Relaxamento é individual e pessoal. É válido encontrar o seu próprio método de relaxamento.

9.6.1. Instruções Metódicas e Organizacionais para a Prática de Métodos de Relaxamento

As instruções a seguir referem-se ao treinamento em um ginásio esportivo, em virtude de geralmente não haver uma área específica nem tempo suficiente disponível e o relaxamento ser realizado no âmbito da terapia de movimento. Para a área, são necessários espaço suficiente para deitar e uma quantidade suficiente de colchonetes ou mantas grossas. Aconselha-se ordenar os colchonetes em um círculo concêntrico, de forma a permitir uma sensação de isolamento. Em um ginásio grande, quando possível, o ambiente pode ser limitado com bancos ou caixas. É importante manter-se uma distância pessoal. Os participantes são aconselhados a manter a distância mais agradável a eles.

Como normalmente se usa o ginásio para treinamento, nem sempre é possível realizar a redução da iluminação. Os participantes sensíveis à luz, que não acham suficiente fechar os olhos, podem adicionalmente ser vendados.

O ginásio freqüentemente não corresponde às expectativas de um local silencioso. Por esse motivo, torna-se necessário aprender uma nova adaptação. Isso é possível através do condicionamento: "ruídos externos indiferentes". O professor também pode incluir a problemática ruído em seu texto falado: "o barulho é alto, mas nós não o observamos."

Posições de relaxamento

- De costas: a posição relaxada, de costas, é considerada a mais adequada por não haver necessidade de trabalho muscular para estabilização do corpo. Os braços estão soltos ao lado do corpo, com as palmas da mão na base. As pernas estão estendidas e abertas, as pontas dos pés estão voltadas para fora.
- Banco de cocheiro: obtém-se uma posição relaxada sentando-se na parte frontal da superfície de assento. A altura da superfície de assento deve ser escolhida de forma a apoiar os pés com a sola no chão. As coxas estão levemente abertas em posição horizontal, as pernas em posição vertical. A seguir, o corpo é totalmente alinhado, deixando ele "cair" (não caindo para frente) e apoiar a cabeça sobre o peito. Os braços estão sobre a coxa e as mãos não se mexem.
- Banco do Avô: em tensões na área dos ombros e nuca, a cabeça e os ombros são apoiados no encosto ou na parede e a cabeça é inclinada levemente para a frente.

Certamente, posições de relaxamento podem ser variadas individualmente em relação ao próprio bem-estar e, de acordo com a necessidade, utilizados meios auxiliares como travesseiro e rolos de toalha, se servirem à sensação de relaxamento.

Elaboração de uma unidade de relaxamento

- *Introdução* e *entrosamento:* para a primeira unidade de relaxamento a uma nova metodologia a ser aprendida, é necessário planejamento de tempo. Ela deveria ocorrer em uma aula especial. É imprescindível que os participantes estejam familiarizados com as premissas e conduzam suas expectativas no rumo certo. Num outro momento, é suficiente uma breve conversa sobre as experiências com o relaxamento na semada passada. A seguir, o entrosamento pode ocorrer através de exercícios respiratórios ou alguns exercícios de ginástica relaxantes.
- *Parte de Relaxamento:* são realizados somente os passos de relaxamento do respectivo método (ITENS 9.6.2, 9.6.3).
- *Diálogo Posterior:* a troca de experiências entre os participantes é um aspecto importante. No espelho dos parceiros de treinamento, cada um pode reconhecer, entender e aceitar bem melhor muitos problemas. Encontrar o vocabulário adequado para sensações não é fácil. Neste caso, o professor e o participante que sabem se expressar melhor podem auxiliar. O professor deveria levantar problemas que notou e tentar intensificar a capacidade de assimilação.

Música para relaxamento

Música pode estimular e relaxar. Músicas suaves, sem acentuação de ritmos, jogo associado (Legato), leve fluir da melodia têm um efeito vagotônico e propiciam o estado do relaxamento. Na maior parte, a música facilita a entrada no método de relaxamento. Por quase todos os participantes – ocorre no treinamento autógeno na fase de relaxamento, após os exercícios respiratórios, quando o estado da hipnose (estado de relaxamento total) se instalou totalmente – é considerado agradável. Os participantes podem apreciar plenamente esse estado com música e o relaxamento intensifica-se. O efeito mais intenso ocorre empregando-se a mesma música. Desta forma, ocorre um reflexo vinculado do relaxamento.

Quando se opta por uma música ambiente durante todo o decorrer do relaxamento, tem-se por vantagem que os participantes, devido aos sons produzidos pela música, estejam mais protegidos contra os ruídos externos. Há também o perigo de que a música os domine demais e provoque dependência.

Bons resultados são conseguidos através da inclusão dos participantes do curso na escolha da música, principalmente em virtude da experiência musical ser individual e distinta.

São apropriadas, conforme a experiência, composições clássicas lentas e instrumentais (Largo, Andante, Adagio). São tidos como instrumentos de efeito relaxante o Oboé, a Harpa e a Flauta Pan. Em quase todas as lojas de livros e música, obtém-se CD´s e fitas cassete com músicas relaxantes. Estímulos para peças musicais apropriadas podem ser obtidos na literatura abaixo.

Literatura

Muller E, Augustin W. *Entspannungsmethoden in der Rehabilitation*. Perimed S.; 139-140.

Premissas para o professor

Para a divulgação dos métodos de relaxamento, o professor precisa dispor das seguintes premissas e competências:

- Poder fundamentar teórica e concretamente os métodos de relaxamento, de forma assimilável para todos. Isso requer habilidade pedagógica e didática, em virtude de os participantes possuírem premissas diferenciadas.
- Estar familiarizado com os problemas e medos no relaxamento. Oferecer auxílio discreto e solidário. Motivar e estimular sem ser muito dominante.
- Conseguir manter o equilíbrio entre proximidade e distância, simpatia e barreira.
- Saber lidar com expectativas muito altas de sucesso dos participantes, apoiá-los e motivá-los a exercitarem-se regularmente, com própria responsabilidade.
- Ser verdadeiro e autêntico.

9.6.2. Relaxamento Muscular Profundo/Relaxamento Progressivo

Este método foi criado pelo interno Edmund Jacobson, em 1934. Contração e Relaxamento são os elementos centrais de seu método. Em seu livro *Progressive Relaxation* (1938) cita: "como reconhecer uma tensão e se livrar dela". Progressivamente, ele cita seu método, em virtude de relaxar seqüencialmente todos os grupos principais da musculatura esquelética e, além disso, evolutivamente relaxar ainda mais o respectivo grupo muscular.

O tensionamento serve para a escola de assimilação para diferenciais de tensão. Conseqüentemente, torna-se sensível aos estados de tensão e desenvolve-se, com o tempo, um sentido de músculo. Essa é a habilidade de representá-la de modo intencional, liberá-la e entregar-se ao relaxamento. Esse método tem a vantagem de o efeito, ou seja o relaxamento paupável através da Musculatura voluntária, poder imediatamente ser assimilado por todos.

O método de Jacobson é uma forma ativa do relaxamento. Ele parte do corpo.

Os exercícios abrangem 4 segmentos principais, aos quais estão subordinados 16 grupos musculares.

A apresentação detalhada na TABELA 9.2. representa o princípio da progressividade. A tensão de 60% da contração máxima deverá durar de 3 a 5 segundos em cardiopatas, o relaxamento de 30 segundos até 2 minutos. A contração poderá ser reduzida, quando o sentido muscular encontrar-se mais desenvolvido. Ele é simplesmente auxiliador do relaxamento.

Importante é a respiração regular, mesmo durante a fase de tensionamento, evitando-se a respiração com pressão.

É aconselhado introduzir-se rapidamente na teoria do método e, mediante o auxílio de demonstrações ou exercícios dos participantes, experimentar o procedimento de tensionamento e relaxamento. O rebater da bola no punho, a sensação de diferentes graus de tensão, assim como a consciência do estado durante e após o relaxamento podem ser de ajuda.

TABELA 9.2 Estrutura do relaxamento muscular progressivo

Segmentos Principais	Grupos Musculares
Mãos e braços	Mão dominante, antebraço Braço dominante Mão não-dominante, antebraço Braço não-dominante
Rosto, pescoço, ombros e cintura escapular	Testa Parte superior da face, nariz Parte inferior da face, queixo Nuca, pescoço
Peito, barriga e costas	Peito, ombros, parte inferior das costas Musculatura abdominal
Músculos de assentamento, pernas e pés	Coxa dominante Perna dominante Pé dominante Coxa não-dominante Perna não-dominante Pé não-dominante

Indicação de leitura para a unidade de exercícios: "relaxamento dos braços"

"Sente-se ou deite-se bem relaxado, inspire e expire profundamente (de 2 a 4 vezes), inspirando pelo nariz e expirando pela boca.

Feche a mão direita no formato de um punho. Lenta, porém continuamente, aumente a pressão. A tensão sobe ao cotovelo até o braço – agora relaxe. Você percebe como a tensão sai do braço. Respire calma e descontraidamente. Calmamente, inspire e expire. Os olhos estão fechados. As pernas estão à vontade, você inspira e expira tranqüilamente.

Agora, pegue os dedos da mão esquerda e pressione lenta, porém continuamente, até formar um punho. A pressão vai através do ante-braço e da articulação do cotovelo até o braço, a musculatura está totalmente rígida, e agora você relaxa. Você sente como a tensão sai do corpo. Você inspira e expira tranqüila e descontraidamente.

Agora você fecha os dois punhos. Você inicia calmamente, porém sempre mais forte, e aperta, pressionando os dedos. A pressão sobe por sobre o antebraço ao cotovelo, ao braço até os ombros. Você pressiona, aperta e relaxa. Você inspira e expira traqüila e descontraidamente. Você percebe como a tensão sai do braço, e do ante-braço, as mãos e os dedos estão relaxados e descontraídos. Você inspira e expira tranqüilamente (Buchmann 1974).

As unidades de exercício de braços e pernas provaram formas de relaxamento rápido, assim como as formas dos 7 ou 4 grupos musculares de relaxamento (Bernstein e Borcovec, 1982, p. 85-90).

O programa de exercícios completo pode ser extraído da literatura mencionada.

Marcas externas do relaxamento

- Retardamento da respiração.
- Leve queda do queixo.
- Rotação externa das articulações dos quadris de costas.
- Dormência da musculatura ao tato.
- Repentinas contrações de uma parte do corpo.

Instruções a distúrbios no relaxamento da musculatura profunda e propostas de soluções

- Contrações musculares, espasmos.

Auxílio: O esclarecimento no final da unidade de exercício é suficiente no sentido de que espasmos musculares são um indicativo para um bom relaxamento.

- Cãibras (ocorrem freqüentemente na musculatura da perna e do pé).

Auxílio: Desafio, reduzir a tensão, eventualmente interromper o exercício e movimentar a parte do corpo afetada.

- Necessidade aumentada de movimento, inquietação.

Auxílio: Tranqüilas e variadas repetições das instruções de relaxamento, deixar acontecer.

As interrupções são todas tidas como sinais indicadores do procedimento de relaxamento, devendo ser estimuladas, com exceção da cãibra.

O método de relaxamento da musculatura profunda é fácil e rápido de ser aprendido. Ela também é rapidamente ativável quando não tiver sido realizado durante muito tempo. Não requer iniciação morosa e é bem empregado em grupos heterogêneos, como os cardiopatas.

Pode ser realizada em qualquer lugar sem grande dispêndio, também no final das aulas de exercícios no ginásio, quando não for possível estabelecer um horário específico.

Literatura

Bernstein DA, Borcovec TD. *Entspannungstraining*. München: Klett-Cotta; 1982.

Buchmann KE. *Tiefenmuskelentpannung*. Sportunterricht: 8; 1974.

Ohm D. *Stressfrei durch Progressive Relaxation*. Stuttgart: Trias; 1999.

9.6.3 Treinamento Autógeno

No extremo da popularidade de métodos de relaxamento encontra-se o treinamento autógeno, desenvolvido pelo médico berlinense de Nervos e Psiquiatra, J. H. Schultz. As primeiras experiências nesta área foram realizadas em 1908. Seu livro *Das Autogene Training* (O treinamento autógeno) foi publicado em 1932. Conversas com pacientes, que eram tratados com a hipnose, sempre lhe relataram sobre sensações de peso e calor. Concluiu-se que todos, mesmo sem hipnose, podem alcançar a sensação do relaxamento autógeno, isso significa através da auto-instrução. Essa forma do auto-relaxamento concentrativo, da auto-sugestão, ele finalmente nominou treinamento autógeno. Trata-se de uma forma de concentração passiva, ou seja, a gente se volta sem esforço a alguma coisa, a gente se entrega.

O treinamento autógeno abrange um nível básico e superior. No nível básico, é estimulado o relaxamento e, com isso, o equilíbrio do sistema nervoso vegetativo. Quando é alcançado o relaxamento, pode apoiá-lo com o propósito formulado. O nível superior não é um pré-desenvolvimento do nível básico. Ele percorre outros caminhos e ocupa-se de suposições e fatos das camadas mais profundas de nossa personalidade, trabalhadas com o auxílio de técnicas psicoterapêuticas.

Como forma de relaxamento, somente será tratado o nível básico do treinamento autógeno (Tabela 9.3.) Essa forma passiva de relaxamento é especialmente indicada para reabilitação cardíaca, em virtude de, em realizações freqüentes, provocar uma mudança vagotônica do sistema nervoso vegetativo, assimilada como uma situação de paz, recuperação e equilíbrio psíquico e tem um alto valor de saúde.

Experiência de muitos anos comprovou que, com um volume limitado de paz, peso, calor e exercícios respiratórios, já se pode obter um bom resultado. A decisão para essa forma reduzida de auto-relaxamento também é realística, em comparação ao reduzido tempo das aulas de exercícios. Além disso, demonstrou-se que a extensa corrente de concentração de todos os exercícios do treinamento autógeno é difícil de ser mantida. Além do mais, requer grande dispêndio de tempo orientar os exercícios orgânicos na forma correta. Ao exercício do coração – quando se decide pela forma de exercício completa – m.E. deveria-se ser restringido. Cardiopatas, cujos pensamentos inevitavelmente giram em torno do coração, reagem, freqüentemente, com sensações de medo e aumento da frequência cardíaca. Também no caso de exercícios em grupo ocorrem tensões, como no exercício da testa dores de cabeça. O trabalhar desses problemas requer muito tempo em nosso âmbito.

Instruções para os exercícios da forma compacta do treinamento autógeno

Exercícios de Calma

O exercício de calma "Eu estou muito calmo" é o motivo-guia do treinamento autógeno. Ele não só induz ao relaxamento, como também é sempre incluído nos exercícios individuais: Paz – Peso – Paz – Calor – Paz – Respiração – Paz.

A transposição da terapia de movimento a essa sintonia no treinamento autógeno deveria ocorrer cautelosamente. Solicitar aos participantes fechar os olhos e se concentrar totalmente no corpo, assimilá-lo conscientemente. Então, inspirar e expirar profundamente e incluir a fórmula da calma ao procedimento respiratório.

Pensamentos, que não se deixam desligar imediatamente, o participante deveria aceitar, deixá-los ir e vir. Através desse exercício, pretende-se alcançar uma atmosfera além de atividades, a qual está impregnada de paz, relaxamento e conjuntos.

Exercício de Peso

No exercício de peso, a concentração está direcionada à musculatura. Ele inicia com "Eu-próximo Braço", para o destro, a direita,

TABELA 9.3 A estrutura em níveis do treinamento autógeno de acordo com J.H. Schultz

Exercícios e sua ação	Formas de execução
Exercício realizados vagarosamente Elevam a predisposição ao exercício	• Estou muito calmo • Nada me aborrece
Exercícios com conscientização em relação ao peso Descontração muscular	• Meu braço esquerdo/direito está muito pesado • Meus braços estão pesados • Meus braços e pernas estão pesados
Exercícios de aquecimento Descontração dos vasos	• Meu braço esquerdo/direito está quente • Sinto calor nos braços • Meus braços e pernas estão quentes
Exercícios respiratórios Regulação do sistema respiratório	• Minha respiração é calma e regular • Respiro com facilidade
Exercícios cardiocirculatórios Regulação das funções cardíacas	• Meu coração bate calmo e compassado
Exercícios abdominais Descontração na região abdominal através do plexo solar	• Meu abdome irradia calor
Exercícios para cabeça "esfriar a cabeça"	• Minha testa está agradavelmente fria

e, para o canhoto, o esquerdo: "Meu braço direito/esquerdo está muito pesado".

Logo ocorre uma difusão da sensação de peso. Então, a concentração pode ser direcionada aos dois braços: "Ambos os braços pesados". A difusão da sensação de peso quase alcança também as pernas: "braços e pernas pesados". Eventualmente, aconselha-se a fórmula "agradavelmente pesado" a fim de evitar tensões.

Quando for sentido que o peso se espalhou por todo o corpo, a fórmula: "Meu corpo está totalmente pesado, livre e relaxado" pode intensificar a sensação de peso.

Exercício de Aquecimento

O exercício de aquecimento é estimulado através da fórmula: o braço direito/esquerdo está muito quente. Através da concentração sobre a sensação de calor, ocorre uma alteração no sistema de vasos. Como no exercício de peso, rapidamente ocorre uma generalização da sensação de aquecimento auxiliado pela fórmula: "Ambos os braços quentes", "Braços e pernas quentes". Em conexão ao exercício precedido resulta finalmente a seguinte fórmula: "Braços e pernas pesados e muito quentes".

Exercício Respiratório

Quando, nos exercícios precedidos, a concentração e auto-sugestão tiverem como conseqüência imediata reações corpóreas, estas se voltam somente ao processo respiratório, que já ocorre. A respiração consiste na fase de inspiração ativa e na passiva, relaxante, fase de expiração, na qual a nossa respiração flua como que por si só para fora. A esse processo passivo, no qual ocorre um relaxamento de todos os músculos tensionados durante a inspiração, o treinado deve se entregar conscientemente. Através da auto-sugestão "Sou respirado", atinge-se uma respiração reflectiva, que ocorre involuntariamente.

O exercício respiratório requer tempo. Sendo alcançado, na maior parte, é atingida a barreira para o relaxamento intensivo e alcançada a transposição do sistema nervoso vegetativo.

Devolução

O treinado necessita sair da modificada situação consciente. Entre a última fórmula de exercício e a recuperação, deveria haver um intervalo de 1 a 2 minutos. Posteriormente, poderá haver um maior período de tempo, de acordo com as necessidades dos participantes. A fórmula de recuperação pode ser: "Braços firmes, braços tensionados, esticar-se, inspirar e expirar profundamente, abrir os olhos".

Fase de Relaxamento

A fase entre a última fórmula e a devolução pode ser utilizada adicionalmente, introduz-se frases padrão no tipo de fórmula. Elas devem ser curtas e positivas, bem como corresponder ao indivíduo, "Eu estou calmo e tranqüilo". Isso somente pode ocorrer quando os exercícios estão sob controle e for alcançada uma transposição orgânica. (Lindemann, que atravessou sozinho o oceano em um inflável, utilizava-se da frase "Eu vou conseguir", Kurs West).

Instruções a distúrbios no treinamento autógeno e sugestões de soluções

- Dificuldades para a transposição em calma.

Auxílio: Preceder o exercício de calma com exercícios de descontração.

- Incapacidade de desligar pensamentos.

Auxílio: Estimular a imaginação para paisagens como: "Os pensamentos vêm e vão como nuvens que passam no céu".

- Vertigem.

Auxílio: Permitir, primeiramente, o treino em um ponto específico, com os olhos abertos.

- Contrações musculares.

Contrações da musculatura às vezes ocorrem como um paradoxo.

Auxílio: Utilizar a fórmula "pernas agradavelmente pesadas", deixar mexer a parte do corpo atingida.

- Braços e pernas não aquecem.

Auxílio: Aquecer mãos e pés antes dos exercícios. Não se trata de uma manobra de enganação, porém um auxílio a uma errônea adequação vegetativa.

- Adormecer.

Não é indicado associar exercícios de relaxamento ao sono, em virtude de poder incluí-los durante o dia e sentir-se revigorado.

Auxílio: O professor avalia se suas instruções estão muito monótonas e, dado o caso, modula melhor sua voz. Muitas vezes auxilia quando se aproxima do sono e o efeito é eliminado ao tocá-lo levemente.

- Tensões na cabeça e área da nuca.

Auxílio: Alterar a postura ao sentar, encostar a cabeça, apoiar as mãos e ante-braços sobre os braços de cadeiras/poltronas.

A introdução no nível básico do treinamento autógeno requer, no mínimo, 6 a 8 semanas. Esse método de relaxamento não é fácil de ser aprendido. Ele necessita de habilidade de concentração alta e de longa duração, e condiciona influenciabilidade e habilidade de abstração. Tem-se sempre de novo que alguns pacientes apresentam dificuldade em entregar-se a influências estranhas, reagindo até com medo. Quando as dificuldades não conseguem ser superadas, deveria apoiar-se a saída do treinamento autógeno. Métodos orientados ao corpo, que permitem atividade própria, são alternativos.

Os participantes do curso precisam ser orientados no sentido de que somente através do de cotidiano do treino o efeito da transposição vegetativa e o equilíbrio podem ser alcançados, também em situações de tensões do cotidiano.

A exigência primária, de que somente médicos podem transmitir o treinamento autógeno, atenuou-se. Em escolas públicas de nível superior e respectivas instituições, pode ser alcançada uma qualificação e, com isso, a competência pode ser no treinamento autógeno de reabilitação cardíaca. Deveria haver uma legitimação.

Literatura

GUNZINGER E. *Ebtspannung durch Autogenes Training*. München: Heyne Taschenbuch; 1999.

LANGEN D. *Autogenes Training für jeden*. München: Gräfe & Unzer; 1988.

SCHULTZ JH. *Das Autogene Training, Konzentrative Selbstentspannung*. Stuttgart: Thieme; 1982.

9.7 Generalidades Sobre Outros Métodos de Relaxamento

Nos parágrafos a seguir, serão apresentados brevemente outros métodos de relaxamento, com os quais tivemos boas experiências nas reabilitações cardíacas.

9.7.1 Tai Chi Chuan

Tai Chi Chuan era, originalmente, uma técnica chinesa de defesa pessoal. No entanto, desenvolveu-se sob o aspecto da meditação do movimento e experiências corpóreas suaves para a arte do movimento Tai Chi. Desta forma, tornou-se também popular em nosso meio cultural.

Os pólos Ying e Yang – um par referencial da filosofia chinesa, que não citaremos em detalhe – estão no centro. Esses opostos polares da natureza devem proporcionar harmonia. O fluxo contínuo de lentos, suaves e descontraídos movimentos, onde a respiração profunda e regular está adaptada aos movimentos, serve para o desenvolvimento da assimilação corpórea permitir o fluxo de energia e alcançar o estado de harmonia, tranqüilidade interna e recuperação profunda. O resultado está na minimização de tensões corpóreas. Somente o fato de o Tai Chi em seu repertório conhecer o *Princípio da paz do coração* confirma que ele é adequado para reabilitação cardíaca.

Literatura

MÖGLING B u. K. *Sanfte Körperefahrung*. Kassel: Goldmann; 1984.

9.7.2 Hatha Yoga

Yoga é, na realidade, o nome dos seis sistemas clássicos da filosofia hindu. Atualmente, é mais empregado em nosso círculo cultural como um supraconceito para uma infinidade de formas de exercícios corpóreos, que servem a saúde, relaxamento e bem-estar. O componente espiritual original, na maioria dos casos, é desprezado. Alguns exercícios simples são apropriados para participantes de grupos de reabilitação cardíaca. Os exercícios devem ser escolhidos criteriosamente, a fim de que tensões e cargas muito intensas sejam evitadas.

Esses exercícios são: respiratórios, de pêndulo em pé ou em posição triangular, que servem para a assimilação do relaxamento e tensionamento.

A um professor experiente em Hatha Yoga não será difícil encontrar exercícios adequados, que se deixam facilmente incluir no conceito de relaxamento.

Literatura

VAN ANDRÉ L. *Klassische Yoga Übungen für Menschen von heute*. München: Heyne; 1987.

HOARE S. *Yoga, Geschenkte Philosophie und ein komplettes Übungsprogramm*. Ravensburg: Ravevensburgs; 1984.

9.7.3 Feldenkrais

Através do método nominado por seu fundador, Moshe Feldenkrais, o esforço da *Conscientização* através do *Movimento* está no ponto central. É um método de unidade total, centrado ao corpo. Através de modelos de movimentos simples e não-usuais, Feldenkrais pretende intervir na consciência e imagem corpóreas, ampliá-las e variá-las. Desta forma, pretende avivar o pensamento e os sentimentos, ativar habilidades, conduzir a um elevado bem-estar e reduzir as tensões.

A formação para um professor Feldenkrais é dispendiosa e cara, porém deve-se informar os participantes de grupos de reabilitação cardíaca sobre esse método, oferecido em escolas superiores e em Workshops das respectivas instituições.

Literatura

FELDENKRAIS M. *Bewusstheit durch Bewegung*. Frankfurt: Suhrkamp; 1981.

SHAFERMANN S. *Die Feldenkraisschule*. München: Heyne Taschenbuch; 1998.

9.7.4 Eutonia

Eutonia significa, em tradução livre do grego, tensão total. O método foi desenvolvido por Gerda Alexander. Através da eutonia, deve ser alcançado um *otimizado equilíbrio da tensão* de todo o sistema muscular e nervoso. Não se trata de mera ginástica, porém de um sentir dentro de determinadas regiões do corpo, em órgãos e músculos sobre a pele até a estrutura profunda. Gerda denomina-o "atravessar o corpo com forças conscientes". O método pode ser indicado a participantes de grupos de reabilitação cardíaca. Exercícios selecionados podem ser muito bem incorporados à terapia de movimentos.

Literatura

ALEXANDER G. Eutonie. *Ein Weg der körperlichen Selbsterfahrung*. München: Kösel; 1984.

Generalidades sobre métodos de relaxamento podem ser obtidos em:

BRENNER H. *Das große Buch der Entspannungstechniken*. Humboldt

VAITL D, PETERMANN F. *Handbuch der Entspannungsverfahreb*. Weinheim: Beltz; 1993.

10. EXEMPLOS DE AULAS

10.1 Ginástica com a Argola de Tênis

G. Ganzhorn

Tema da Aula: Ginástica com a Argola de Tênis (TR) — *Local:* Ginásio de Esportes
Grupo: Grupo Avançado, Fase de Rotina — *Duração da aula:* 60min.
Objetivo da Aula: Aprendizagem de exercícios simples, treinamento da flexibilidade e coordenação

Tempo	Conteúdo/Exercício Proposta	Objetivo	Organização/Material	Observações
▪ Saudação				
3´	Saudação com perguntas sobre a situação atual/ incluir	Introdução, determinação da situação subjetiva	Distribuição descontraída	Disponibilizar material de primeiros socorros
3´	Controle de freqüência cardíaca e anotação em lista	Medição da freqüência cardíaca	Hora / Anotar a freqüência cardíaca	
▪ Aquecimento				
4´	Escola de Andar - Andar com elevação e abaixamento dos ombros - Andar com braços estendidos lateralmente: abduzir e aduzir, assim como flexão dos braços - Andar com leve balanceio dos braços na lateral do corpo - Andar com circundução dos ombros para frente e para trás - Andar com elevação lateral de ambos os braços e "deixar cair" - Andar, à frente e atrás do corpo bater palmas uma vez	Escola de Andar Aquecimento da musculatura para profilaxia de lesões Estimulação do sistema cardiocirculatório através de uma carga leve	Participantes andam em círculo externo	Participantes andam em círculo externo; professor no círculo externo a fim de poder observar todos os particpantes Observações: - Respiração regular - Postura - Descontração entre os exercícios - Dosagem individual de carga

Tema da Aula: Ginástica com a Argola de Tênis (TR) | *Local:* Ginásio de Esportes
Grupo: Grupo Avançado, Fase de Rotina | *Duração da aula:* 60min.
Objetivo da Aula: Aprendizagem de exercícios simples, treinamento da flexibilidade e coordenação

Tempo	Conteúdo/Exercício Proposta	Objetivo	Organização/Material	Observações
6	Exercícios Sentados - Apoiar os calcanhares: abrir e fechar os pés - Apoiar os calcanhares/ponta: desenrolar - Apoiar pé esquerdo: perna direita circula, encostar a lateral do pé no joelho - Apoiar um pé, estender a outra perna e flexionar - Envolver ombros e tronco sobre os braços cruzados na frente do peito, alinhar lentamente, estender os braços, espreguiçar-se	Treinamento da postura	Participantes sentam-se em círculo de cadeiras Uma cadeira por participante	
4´	Exercícos em pé - Oscilação frontal e posterior das pernas - Flexionar joelho e tocar no encosto posterior - Oscilações da perna cruzando diante do pé de apoio - Exercícios na ponta dos pés e flexão leve de joelho apoiado sobre todo o pé	Movimentação das extremidades inferiores	Participantes em círculo com apoio de mão sobre o espaldar da cadeira. Uma cadeira por participante	S.O.

Tema da Aula: Ginástica com a Argola de Tênis (TR) *Local:* Ginásio de Esportes
Grupo: Grupo Avançado, Fase de Rotina *Duração da aula:* 60min.
Objetivo da Aula: Aprendizagem de exercícios simples, treinamento da flexibilidade e coordenação

Tempo	Conteúdo/Exercício Proposta	Objetivo	Organização/Material	Observações
Parte Principal				
16´	Cadeira de ginástica com a argola de tênis (sentado) - Balançar a argola com a mão lateralmente ao corpo - O mesmo, porém lançando para o alto e pegando a argola - Lançar a argola sobre o corpo, por sobre a cabeça, de mão em mão - Circundar a argola de tênis pelo corpo e pelo encosto da cadeira - Passar a argola de tênis sobre a cabeça e sob os joelhos, trocando de mãos - Jogar a argola de tênis para cima com as duas mãos, pegar, levantar e passar sob o assento - Estender a argola de tênis para o lado sobre a cabeça - Circundar a argola de tênis na altura do joelho, em forma de oito, ao redor das pernas - Colocar a argola sobre o pé, jogá-la para cima e pegá-la	Exercícios de flexibilidade e de coordenação Demonstrar prazer no exercício e alegria no grupo Leve carga cardio-circulatória	Participantes sentam-se em um círculo de cadeiras Para cada participante uma cadeira e uma argola de tênis (inflada com ar)	S.O.
	Participantes deitam-se no chão, com a parte interior de um pé pressionar a argola de tênis contra o outro pé			
1´	Controle de freqüência cardíaca	Fortalecimento	Hora	
5´	- "Caminhar rápido"	Carga cardiocirculatória para melhora da resistência /economia do trabalho cardíaco	Andar livre, em cruz ou atravessado Hora	Observar tempo de andar individual

Tema da Aula: Ginástica com a Argola de Tênis (TR) *Local:* Ginásio de Esportes
Grupo: Grupo Avançado, Fase de Rotina *Duração da aula:* 60min.
Objetivo da Aula: Aprendizagem de exercícios simples, treinamento da flexibilidade e coordenação

Tempo	Conteúdo/Exercício Proposta	Objetivo	Organização/Material	Observações
2´	- Controle de freqüência cardíaca e registro em lista	Medição da freqüência cardíaca	Registro em lista de freqüência cardíaca Hora/listar	
6´	"Pequena caça à bola" Participantes estão no círculo interno e jogam um após o outro com distância em sentido pré-destinado duas bolas (equipe 1/equipe 2 cada com uma bola). Através de jogo habilidoso uma bola deve passar a outra	Jogo de habilidade: desenvolvimento de prazer, comunicação e concentração, consideração recíproca	Participantes no círculo da cabeceira, Participantes deixar contar 1-2 Bola de plástico	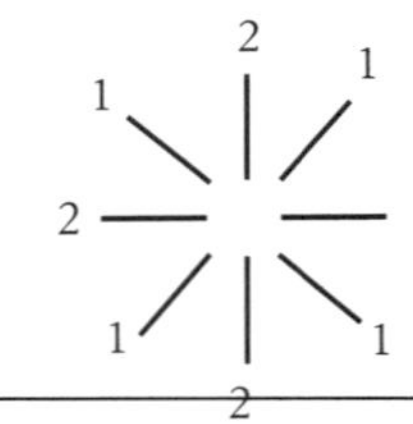
▪ Finalização				
7´	"Viagem através do corpo"	Relaxamento/ Assimilação corpóreos, Eliminação do estresse, Encontro da paz	Participantes estão relaxados nas cadeiras com os olhos fechados, o professor lê um texto adequado Por participante uma cadeira Música de Arnd Stein	
3´	Diálogo de encerramento com despedida		Disponbilização relaxada	

10.2 Exercícios com a Corda de Ginástica

G. Ganzhorn

Tema da Aula: Ginástica com a Corda de Ginástica — *Local:* Ginásio de Esportes

Grupo: Grupo Avançado, Fase de Rotina — *Duração da aula:* 60min.

Objetivo da Aula: Aprendizagem de exercícios simples, treinamento da flexibilidade e coordenação

Tempo	Conteúdo/Exercício Proposta	Objetivo	Organização/Material	Observações
▪ Saudação				Disponibilizar material de primeiros socorros
3´	Saudação/com perguntas sobre a situaçã atual/incluir	Introdução, determinação da situação subjetiva	Distribuição descontraída	
3´	Controle e Anotação da freqüência cardíaca em lista	Controle da freqüência cardíaca	Freqüencímetro, lista da frequência cardíaca	

Tema da Aula: Ginástica com a Corda de Ginástica — *Local:* Ginásio de Esportes
Grupo: Grupo Avançado, Fase de Rotina — *Duração da aula:* 60min.
Objetivo da Aula: Aprendizagem de exercícios simples, treinamento da flexibilidade e coordenação

Tempo	Conteúdo/Exercício Proposta	Objetivo	Organização/Material	Observações
▪ Aquecimento				
5´	Escola de andar - Andar para frente e para trás - Caminhada de futebol, caminhada na sola do pé - Andar circulando os ombros - O mesmo nos cantos internos/externos - Andar com a ponta dos dedos nos ombros, aduzir o cotovelo diante do corpo e abduzir novamente - Andar elevando o joelho	Treinamento da caminhada Aquecimento da musculatura para profilaxia de lesões Estimulação do sistema cardiocirculatório através de carga leve	Participantes andam em círculo externo	Participantes andam no círculo externo. Professor em sentido contrário no círculo interno, a fim de poder observar todos os participantes Instruções: - Respiração regular - Postura - Relaxamento entre os exercícios - Dosagem individual de carga
4´	Exercícios em pé - Alongamento dos braços para trás, na altura dos ombros, acompanhando a mão com o olhar - Elevar o quadril com a perna estendida - Braços lateralmente, mão direita segura no joelho esquerdo flexionado e ponta do pé elevada - Exercícios de oscilação dos braços em oito diante do corpo	Escola de Postura	Participantes estão em pé na extremidade do círculo	
▪ Parte Principal				

Tema da Aula: Ginástica com a Corda de Ginástica — *Local:* Ginásio de Esportes
Grupo: Grupo Avançado, Fase de Rotina — *Duração da aula:* 60min.
Objetivo da Aula: Aprendizagem de exercícios simples, treinamento da flexibilidade e coordenação

Tempo	Conteúdo/Exercício Proposta	Objetivo	Organização/Material	Observações
17´	Exercícios com a corda de ginástica Em pé, pegar a corda dobrada - Formar grandes e pequenos círculos ao lado e diante do corpo - Com uma e com duas mãos, diante do corpo, ao longo do chão deixar a corda oscilar, com disposição do peso para o lado - Conduzir a corda tensionada, com os braços estendidos sobre a cabeça, alongar levemente para o lado e soltar relaxado - Segurar a corda tensionada na altura dos ombros, com uma mão – tronco imóvel – alongar para o lado	Exercícios de flexibilidade coordenação Fortalecimento e alongamento para eliminação de desequilíbrios musculares	Para cada participante uma corda de ginástica Participantes estão em pé, posição descontraída, com a corda ao meio	S.O.
	No caminhar, enrolar a corda em uma bola - Levar a corda ao redor do corpo - Jogar a corda para o alto/pegar		Participantes cruzam de todos os lados e de atravessado com a corda enrolar	
	A corda está na transversal no chão diante do participante - Andar na corda para frente e para trás, nisto deixar o pé movimentar-se da ponta até o calcanhar - Andar na corda para frente e para trás com passos em *xis* - Todos os participantes andam em slalom ao redor das cordas no chão		Participante deita a corda estendida no chão, na extremidade do círculo com o meio do círculo TN 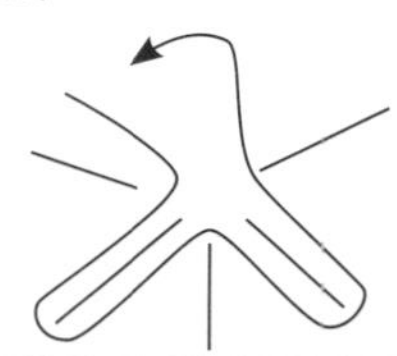	

Tema da Aula: Ginástica com a Corda de Ginástica — *Local:* Ginásio de Esportes
Grupo: Grupo Avançado, Fase de Rotina — *Duração da aula:* 60min.
Objetivo da Aula: Aprendizagem de exercícios simples, treinamento da flexibilidade e coordenação

Tempo	Conteúdo/Exercício Proposta	Objetivo	Organização/Material	Observações
	Cada um sozinho dá uma volta pelo *slalom* pelas cordas com várias tarefas - Na ponta dos pés - Nos calcanhares - Na borda interna - Na borda externa		Participantes contam de 1 a 2	
1´	Controle da freqüência cardíaca	Avaliação da freqüência cardíaca	Freqüencímetro	
8´	"Andar rápido"	Sobrecarga cardiocirculatória para melhora das resistência/economicidade do trabalho cardíaco	Andar livre de atravessado /relógio	Observar velocidade individual de caminhada
2´	Controle da freqüência cardíaca e inclusão em listas	Medição da freqüência cardíaca	Inclusão em listas da freqüência cardíaca/ relógio/listas	
'10´	- Através da manutenção da bola acima e abaixo do saco de lixo, deixar rolar para lá e para cá - Jogar a bola com o saco de lixo e pegá-la novamente - Jogar a bola com o saco de lixo, deixar bater 1x no chão e pegar novamente com o saco de lixo	Exercícios de habilidade Estímulo do prazer e comunicação "amontoar-se"	Cada participante segura um saco de lixo pelas quatro extremidades/coloca a bola no meio do saco Aos pares uma pequena bola de plástico, um saco de lixo	
	- Jogar a bola de saco para saco de lixo - Idem, a bola pula no intervalo 1x no chão		Dois pares com dois sacos de lixo/1 bola Dois pares/dois sacos de lixo/1 bola de plástico	

Tema da Aula: Ginástica com a Corda de Ginástica — *Local:* Ginásio de Esportes
Grupo: Grupo Avançado, Fase de Rotina — *Duração da aula:* 60min.
Objetivo da Aula: Aprendizagem de exercícios simples, treinamento da flexibilidade e coordenação

Tempo	Conteúdo/Exercício Proposta	Objetivo	Organização/Material	Observações
▪ Finalização				
5´	Participante massageia as costas do parceiro à sua frente com a pequena bola de ginástica	Relaxamento do parceiro - Eliminação do estresse - Treinamento da consciência corpórea	Trabalho em parceria com colocação descontraída Aos pares, uma pequena bola de ginástica	
3´	Diálogo de encerramento e despedida		Disposição descontraída	

10.3 Exercícios e Brincadeiras com a Bola de Ginástica

G. Ganzhorn

Tema da Aula: Ginástica com a bola de ginástica — *Local:* Ginásio de Esportes
Grupo: Grupo Avançado, Fase de Estabilização — *Duração da aula:* 60min.
Objetivo da Aula: Aprendizagem de exercícios simples, treinamento da flexibilidade e coordenação

Tempo	Conteúdo/Exercício Proposta	Objetivo	Organização/Material	Observações
▪ Saudação				Disponibilizar material de primeiros socorros
3´	Saudação/com perguntas sobre a situação atual/ incluir	Introdução, determinação da situação subjetiva	Distribuição descontraída	
3´	Controle da frequência cardíaca e anotação em lista	Controle da frequência cardíaca	Frequencímetro, frequência cardíaca	
▪ Aquecimento				
13´	Escola de Andar - Andar para frente e de ré - Andar nas extremidades internas e externas - Andar em bolas de futebol, mãos pegam por cima - Andar sobre calcanhar, tipo "nado peitoral" com as mãos - Andar, braços lateralmente: girar os braços da ponto dos dedos até a cintura escapular - Andar batendo palma à frente e atrás do corpo, sobre a cabeça e abaixo das pernas	Escola de caminhar Aquecimento da musculatura para profilaxia de lesões Estímulo do sistema cardio-circulatório através de carga leve. Escola de postura	Participantes andam no círculo externo	Participantes andam no círculo externo. Professor no interior em sentido contrário a fim de poder observar todos os participantes Instruções: - Respiração regular - Postura - Relaxamento entre os exercícios - Dosagem individual de carga
	Exercícios em pé - Com as pernas afastadas, braços lateralmente: mão direta bate com deslocamento do peso na mão esquerda – braço permanece estendido) - Leve oscilação do braço – paralela e alternadamente – com leve flexão de joelho - Elevar o joelho - Girar os pés no sentido interior e lateral		Participantes estão no círculo interno	

Tema da Aula: Ginástica com a bola de ginástica — *Local:* Ginásio de Esportes
Grupo: Grupo Avançado, Fase de Estabilização — *Duração da aula:* 60min.
Objetivo da Aula: Aprendizagem de exercícios simples, treinamento da flexibilidade e coordenação

Tempo	Conteúdo/Exercício Proposta	Objetivo	Organização/Material	Observações
▪ Parte principal				
4´	Exercícios e brincadeiras com a bola de ginástica Participantes caminham pelo campo e jogam as bolas	Melhora da sensibilidade com a bola	Disposição descontraída na área do campo: caminhar de todas as formas, até de atravessado Uma bola de plástico por participante	Participantes primeiro fazem contato visual, depois jogam as bolas entre si
15´	- Lançar a bola para o alto, deixar quicar, pegar - O mesmo, pegar a bola com o dorso das mãos, equilibrar - Em pé, rolar a bola da cabeça até o pé, em torno do corpo, bater a bola ao caminhar - Jogar bola de mão em mão, passar embaixo da perna direita e da perna esquerda - Em pé, com as pernas afastadas: bola na mão direita, estender o máximo possível para a frente com transferência de peso quicar para a esquerda e voltar	Exercícios de flexibilidade e coordenação Treinamento da memória, da consciência visual, estímulo da dinâmica de grupo Dinâmica de grupo	Idem ao anterior	
	Em parceria - Em pé, simultaneamente jogar a bola com a mão direita e pegar com a mão esquerda - Um parceiro joga, um parceiro quica a bola - Pressionar a bola entre os joelhos - Um parceiro joga bola em pé, de mão em mão, o outro parceiro pressiona a bola entre os joelhos e anda em volta do parceiro - Um parceiro tem duas bolas: jogar a 1ª bola, rolar a 2ª. bola com o pé		Trabalho em parceria com disposição descontraída	Se o esforço for muito grande, utilizar somente uma bola
1´	Controle freqüência cardíaca	Avaliação freqüência cardíaca	Freqüencímetro	
8´	"Andar rápido"	Esforço cardiocirculatório para melhora da resistência/economia do trabalho cardíaco	Caminhar livre, em todos os sentidos, de atravessado relógio	Observar o tempo individual de caminhada

Tema da Aula: Ginástica com a bola de ginástica | *Local:* Ginásio de Esportes
Grupo: Grupo Avançado, Fase de Estabilização | *Duração da aula:* 60min.
Objetivo da Aula: Aprendizagem de exercícios simples, treinamento da flexibilidade e coordenação

Tempo	Conteúdo/Exercício Proposta	Objetivo	Organização/Material	Observações
2´	- Controle da freqüência cardíaca e registro em lista	Medição da freqüência cardíaca	Inclusão em lista da freqüência cardíaca Freqüencímetro, listas	
6´	"Bola sobre a corda": 2/3 min. Participantes estão em duas equipes frente a frente. Bola precisa ser jogada após jogo: (5x de cada lado dos jogadores da coluna posterior) 3x de cada lado sem tocar o solo, antes de ser jogada sobre a corda. Cada erro corresponde a um ponto para a equipe adversária. Erro: bola fora, menos ou mais de três toques no campo	Treinamento de prazer e de comunicação	Dois campos Corda / uma bola de plástico	
▪ Finalização				
6´	- Relaxamento - Seqüencialmente contração e descontração da mão, ante-braço, braço/musculatura escapular, glúteos e pernas – cada 2x - Diálogo de encerramento e despedida	Relaxamento para treinamento da consciência corpórea, eliminação do estresse	Disposição descontraída	

10.4 Ginástica com a Toalha

G. Ganzhorn

Tema da Aula: Ginástica com a toalha — *Local:* Ginásio de Esportes
Grupo: Grupo Avançado, Fase de Rotina — *Duração da aula:* 60min.
Objetivo da Aula: Aprendizagem de exercícios simples, treinamento da flexibilidade e coordenação

Tempo	Conteúdo/Exercício Proposta	Objetivo	Organização/Material	Observações
5´	Saudação, medição de freqüência cardíaca, registro		Freqüencímetro	Disponibilizar material de primeiros socorros Lista de freqüência cardíaca
▪ Aquecimento				
10´	- Caminhar em volta da toalha, passar sobre ela, flexionar alternadamente o joelho e calcanhar nos glúteos - Tocar a toalha com os dedos - Passar sobre a toalha, estender todo o corpo e ir às bolas - Pegar as toalhas e puxar na frente continuamente - Com os braços acima da cabeça e estendidos para trás, andar ao mesmo tempo - Remadas individuais ⇒Todos as tolhas coloridas iguais/diferentes juntos - Andar um atrás do outro e remar sincronizadamente - Oscilar as toalhas como um laço, à direita/esquerda sobre a cabeça. - Segurar as toalhas com as duas mãos sobre a cabeça e fazer vibrar.	Aquecimento Alongamento da musculatura peitoral Mobilização da cintura escapular Coordenação braço/perna, mobilização Cintura escapular	Toalhas estão espalhados de atravessado no chão Participantes andam Segurar as toalhas nas extremidades como uma mangueira Caminhada rápida Trotar	Com as costas eretas
▪ Ginástica				

Tema da Aula: Ginástica com a toalha — *Local:* Ginásio de Esportes
Grupo: Grupo Avançado, Fase de Rotina — *Duração da aula:* 60min.
Objetivo da Aula: Aprendizagem de exercícios simples, treinamento da flexibilidade e coordenação

Tempo	Conteúdo/Exercício Proposta	Objetivo	Organização/Material	Observações
20´	- Embolotar as toalhas com uma mão à frente, fechar bem a mão, depois jogar as toalhas para o alto e "pegar" com os ombros/cabeça/perna/braço - Massagem das costas até a parte posterior dos joelhos ⇒Transpassar de frente/costas, massagear de vez em quando - Posição ereta, braços sobre a cabeça e inclinação lateral - Posição ereta, flexão do joelho lateral para a direita e esquerda, braços para direita e esquerda em posição lateral - Dar um nó na toalha, segurar atrás das costas, jogar para a frente e pegar	Mobilização e fortalecimento das articulações dos dedos Treinamento da reação Mobilização da articulação dos ombros, rotação interna Alongamento das laterais, adutores, porção posterior do deltóide Habilidade	Disposição em grande círculo	
	⇒Jogar a toalha para o vizinho, ambos jogam simultaneamente, alternadamente, atrás das costas, por debaixo da coxa etc.	Reagir ao parceiro	Parceiro	Sem palavras, comando somente ao segurar a toalha.
	- Segurar o final do pano do parceiro, passar com a perna direita/esquerda por cima e retornando à posição inicial	Treinamento do equilíbrio		
	- Os olhos dos parceiros são vendados, outra toalha de mão é colocado em volta da barriga como uma rédea e conduzido pelo ambiente. Após 2min., o parceiro deverá adivinhar onde se encontra no ambiente.	Orientação espacial, observar outros participantes Estimular sensibilidade de profundidade	Parceiros estão frente a frente com seus rostos, movimento livre pelo ambiente	Sem falar, comando somente através de condução/tração pela toalha
	- "Nó górdico": as toalhas são segurados pelo vizinho. Todos se amarram uns aos outros (passar sobre as toalhas, andar por debaixo). Depois retornar, de forma a estar na posição inicial	Trabalho em equipe, habilidade	Disposição em círculo de acordo com o tamanho do grupo, também 2/3 de círculo	A toalha de mão não deverá ser solta, senão o jogo não funciona Jogo também é possível com dois grupos enlaçados
2´	Medição da frequência cardíaca, registrar		Frequencímetro	

Tema da Aula: Ginástica com a toalha
Grupo: Grupo Avançado, Fase de Rotina
Objetivo da Aula: Aprendizagem de exercícios simples, treinamento da flexibilidade e coordenação
Local: Ginásio de Esportes
Duração da aula: 60min.

Tempo	Conteúdo/Exercício Proposta	Objetivo	Organização/Material	Observações
▪ Resistência				
10´	- Andar/caminhar. Variante: no ginásio, trotar na diagonal, andar nos lados curtos	Treinamento da resistência		
3´	- Medição freqüência cardíaca, registrar. Caminhar 1-2 min. calmamente		Frequencímetro	
▪ Jogo				
10´	- Pequeno jogo de quadrilha com a toalha - Vôlei de toalha: três pares por campo Cada grupo segura uma toalha de forma a poder colocar uma bola sobre ela. Divisão dos dois campos através de banco de ginástica Cada equipe toca duas vezes a bola, antes de ser lançada ao outro campo Encerramento, Despedida	Deixar a bola ao máximo em jogo, ao tocar o banco, ponto para a equipe oposta	Banco de ginástica, toalha, bola leve, campos	Primeiro jogo indireto, depois jogo direto

10.5 Treinamento de Mobilidade e Equilíbrio no Banco de Ginástica

M. Borcherding

Tema da Aula: Treinamento de Mobilidade e Equilíbrio no Banco de Ginástica *Grupo:* Grupo Avançado, Fase de Elaboração/Estabilização *Objetivo da Aula:* Melhora da mobilidade e do equilíbrio.			*Local:* Ginásio de Esportes *Duração da aula:* 60min.	
Tempo	**Conteúdo/Exercício Proposta**	**Objetivo**	**Organização/Material**	**Observações**
▪ Saudação, medição da frequência cardíaca, registro				Disponibilizar material de primeiros socorros
5´	Saudação/Consulta de estado	Introdução/Determinação do estado subjetivo	Disposição descontraída	
	Controle da frequência cardíaca	Medição da frequência cardíaca	Deixar o frequencímetro disponível	
▪ Aquecimento				
10´	Caminhar relaxado e com diversos movimentos dos braços Jogo de andar/caminhar	Aquecimento geral - Mobilidade - Ativação da circulação - Reação - Prazer	Disposição livre 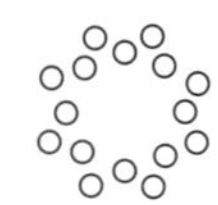 No círculo externo, uma pessoa a mais	Descrição do jogo, ver página 236

Tema da Aula: Treinamento de Mobilidade e Equilíbrio no Banco de Ginástica — *Local:* Ginásio de Esportes
Grupo: Grupo Avançado, Fase de Elaboração/Estabilização — *Duração da aula:* 60min.
Objetivo da Aula: Melhora da mobilidade e do equilíbrio.

Tempo	Conteúdo/Exercício Proposta	Objetivo	Organização/Material	Observações
▪ Parte principal				
25´	Andar/caminhar ao redor, sobre, os bancos de ginástica - Andar à esquerda ao redor do banco e tocá-lo com a mão esquerda - Andar à direita ao redor do banco e tocá-lo com a mão direita - Andar de pernas abertas - Andar de pernas abertas estender os braços pra frente - Passar sobre o banco - Andar sobre o banco, também lateralmente - Subir em pequenos obstáculos - Andar sobre o banco e alternadamente abaixar a perna direita e perna esquerda Ginástica e exercícios de alongamento sobre o banco Exercícios de ginástica sentado com braços, tronco e pernas Exercícios de alongamento sentado (tronco) e em pé (pernas)	Treinamento da mobilidade Força Equilíbrio Mobilidade Alongamento	Um ou mais bancos seqüencialmente Bancos em triângulo ou quadrado	Oferecer auxílio a participantes medrosos Alternar posição sentada: por exemplo como cavalgando Observação: Respiração
10´	Caminhada de resistência (2 x 4´com medição da frequência cardíaca e intervalo de caminhada)	Em geral, *endurance* aeróbica	Caminhada em círculo no ginásio	Medir freqüência cardíaca após 1. 4´ de caminhada, perguntar se frequência cardíaca está em batimento normal
5´	Jogo de bola em 2 ou 3 grupos	Efeito de brincadeira agradável	Banco com distância de 2m lado a lado Duas ou três Solftball	Descrição do jogo vide abaixo
5´	Registrar frequência cardíaca em lista, encerramento e despedida		Participantes estão em pé/sentados em círculo.	Deixar à mão lista para inclusão

Jogo de andar/caminhar:

- Aspectos sociais e organizacionais: jogo simples e engraçado de reação, em que os participantes assumem alternadamente o comando do grupo.
- Realização do jogo: os participantes formam um círculo interno e outro externo. No externo, há um participante a mais do que no interno. Esse assume o comando sobre o círculo externo e o coloca em movimento (andar, caminhar, trotar etc). Ao seu sinal alto de "stop!", cada participante do círculo externo posiciona-se diante de uma pessoa do círculo interno. Quem sobrar assume o comando sobre o novo círculo externo.
- Variante: alteração do sentido da caminhada. Tempo até o sinal de Stop (número de voltas) pode ser estipulado.

Lançar – assentar:

- Aspectos sociais e organizacionais: jogo de hierarquia de intensidade média.
- Realização do jogo: os membros dos dois ou três grupos (por grupo no máximo 6-7 pessoas) estão em pé, de pernas afastadas, sobre um banco de ginástica. Diante de cada equipe há um jogador com uma bola macia (jogador frontal), ela lança a bola para o primeiro jogador da equipe, esse joga de volta e senta-se rapidamente. A bola já está a caminho do segundo jogador. Qual grupo senta primeiro?
- Variantes:
- • Disposição como acima: o primeiro jogador ao pegar/devolver a bola, não se senta, porém vai até o jogador frontal e coloca-se atrás desse. Qual grupo fica primeiro atrás do jogador frontal?
- • Um processamento continuo é possível, colocando-se o último jogador como novo jogador frontal e o antigo jogador frontal torna-se o primeiro jogador da equipe.
- Material: bancos, uma bola macia.

10.6 Treinamento em Círculo, Fase de Elaboração

M. Borcherding

Tema da Aula: Treinamento em Círculo — *Local:* Ginásio de Esportes
Grupo: Grupo Avançado, Fase de Estruturação/ Estabilização — *Duração da aula:* 60min.
Objetivo da Aula: Melhora da resistência, mobilidade, coordenação

Tempo	Conteúdo/Exercício Proposta	Objetivo	Organização/Material	Observações
▪ Saudação				Disponibilizar material de primeiros socorros
5´	Saudação/consulta sobre estado geral	Introdução, determinação do estado subjetivo	Disposição descontraída	
	Controle da freqüência cardíaca	Medição da freqüência cardíaca	Deixar o freqüencímetro disponível	
▪ Aquecimento				
5´	Escola de andar Diversos formas de andar/caminhar alternadas	Aquecimento	Caminhar de uma extremidade da quadra a outra	Eventualmente com música Pergunta: Como os participantes sentem as diferentes formas de andar?
5´	Exercícios de alongamento	Alongamento dos grupos musculares principais do tronco e pernas	Disposição livre	Observação: respiração

Tema da Aula: Treinamento em Círculo
Grupo: Grupo Avançado, Fase de Estruturação/ Estabilização
Objetivo da Aula: Melhora da resistência, mobilidade, coordenação
Local: Ginásio de Esportes
Duração da aula: 60min.

Tempo	Conteúdo/Exercício Proposta	Objetivo	Organização/Material	Observações
▪ Parte principal: Treino em circuito				
30´	1. Estação: quicar bola em torno de obstáculos, por exemplo, em *slalom* 2. Estação: alternadamente, oscilar e circular os braços diante do corpo e lateralmente 3. Estação: equilibrar bastão sobre a mão, também ao caminhar 4. Estação: jogar a bola de uma determinada distância em alvos na parede 5. Estação: apoio sobre o bastão, circular perna esquerda/dieita adiante/e para trás 6. Estação: alternadamente deslocar o quadril e circular (rotação de quadril)	Melhora da resistência Mobilidade Coordenação	Montar seis estações no ginásio Placas de estações, relógio de pulso, pino, bolas, bastões, giz Tempo de esforço em cada estação 60s., após uma volta de caminhada de relaxamento na nova estação Após encerramento de todas as seis estações, medir freqüência cardíaca e perguntar Repetição	Montar as estações, de forma a deixar caminhada de relaxamento 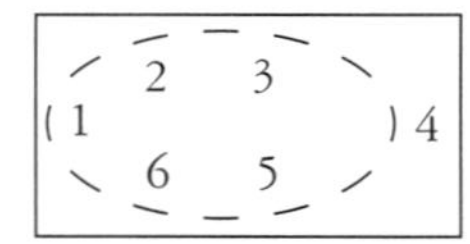 Observar intensidade individual de esforço Estação 5: após 30s trocar de perna
▪ Finalização				
10´	Chacoalhar os braços uns dos outros Massagear as costas uns dos outros com o massageador (porco-espinho) - Tocar de leve - Rolar em círculos - Circular em forma de pontos - Rolar para lá e para cá de cada lado das costas.	Descontração Relaxamento	Procurar parceiro	Com a massagem relaxar a coluna vertebral
5´	Controle da frequência cardíaca, encerramento e despedida Inclusão na lista		Participantes estão em pé/sentados em círculo	Deixar lista para inclusão à mão

10.7 Escola de Andar e Caminhar

H.D. Kempf

Tema da Aula: Escola de Andar e Caminhar — *Local:* Ginásio de Esportes
Grupo: Grupo Avançado, Fase de Rotina — *Duração da aula:* 60min.
Objetivo da Aula: Consciência do caminhar, mostrar exercício conhecido, consciência corpórea

Tempo	Conteúdo/Exercício Proposta	Objetivo	Organização/Material	Observações
▪ Saudação				
3´	Saudação/ Consulta sobre o estado/registrar	Introdução/Determinação do estado subjetivo	Disposição descontraída	
3´	Controle e registro freqüência cardíaca na lista	Medir freqüência cardíaca inicial	Disponibilizar freqüencímetro	Disponibilizar lista para registro
▪ Aquecimento/Parte principal				
15´	Escola de andar/caminhar - Elevar alternadamente calcanhares do chão - Desenrolar acentuado do pé, acentuar planta do pé (contraste) - Andar sobre calcanhares, sobre os dedos, dedos/calcanhares - Andar no sentido medial e lateral, cruzado e em torção - Andar a passos largos, passos curtos - Passada/passada diagonal, caminhar de ré, lateralmente - Caminhar com acentuação dos movimentos dos braços, em forma amortecida - Caminhar com palmas à frente e às costas, andar circulando os braços - Caminhar com palmas sobre a coxa - Andar rolando/desenrolando - Andar passos pequenos/passos grandes - Andar, cada 3°. passo maior - Andar com calcanhar, elevar os pés à frente - Andar quatro passos, caminhar quatro passos	Escola de caminhada Treinamento da coordenação	Em pé Participantes andam de todos os lados e de atravessado Eventualmente com uso de música (gravador, música)	Participantes andam por todo o ginásio Controle de frequência cardíaca durante e depois para avaliação de esforço

Tema da Aula: Escola de Andar e Caminhar — *Local:* Ginásio de Esportes
Grupo: Grupo Avançado, Fase de Rotina — *Duração da aula:* 60min.
Objetivo da Aula: Consciência do caminhar, mostrar exercício conhecido, consciência corpórea

Tempo	Conteúdo/Exercício Proposta	Objetivo	Organização/Material	Observações
4´	História do caminhar (“Uma história maravilhosa ...) (ver página 110) Os participantes são atribuídos a um dos seis grupos; quando a palavra-chave do grupo for mencionada, os participantes do grupo andam (caminham) em volta do círculo	Esforço cardiocirculatório	História do andar, participantes estão em pé (sentados) em círculo	
15´	Exercícios preferidos (exercícios conhecidos de ginástica) Cada participante se apresenta pelo nome e demonstra seu exercício de ginástica preferido, que também é realizado diversas vezes pelos outros participantes. Na segunda rodada, cada participante demonstra seu exercício, o respectivo nome é falado pelos membros do grupo	Conhecer os nomes	Participantes estão em círculo Cada participante tem uma esteira	Dar instruções quanto à respiração regular, dosagem individual, relaxar entre os exercícios professor aprende exercícios conhecidos (preferidos) dos participantes
9´	Exercícios para a consciência corpórea (vide página 131) - Brincadeira das costas como escrivaninha - Quatro estações do ano - Pontos de pressão	Treinamento da consciência corpórea	Participantes treinam aos pares ou em pequenos círculos uns atrás dos outros	
▪ Encerramento				
8´	“Relaxamento respiratório” (vide página 181)	Relaxamento/consciência corpórea	De costas, cada participante sobre uma esteira	
3´	Controle da frequência cardíaca, encerramento e despedida		Participantes sentados/em pé em círculo	Manter a lista em mãos

10.8 Formas de Movimentação com a Bexiga

H.D. Kempf

Tema da Aula: Formas de movimentação com a bexiga — *Local:* Ginásio de Esportes
Grupo: Grupo Avançado, Fase de Rotina — *Duração da aula:* 60min.
Objetivo da Aula: Experiência com um novo equipamento portátil, comunicação

Tempo	Conteúdo/Exercício Proposta	Objetivo	Organização/Material	Observações
▪ Saudação				Disponibilizar material de primeiros socorros
3´	Saudação/Consulta da situação/Registrar	Introdução	Disposição descontraída	
3´	Controle e registro frequência cardíaca na lista	Medição da frequência cardíaca inicial	Disponibilizar freqüencímetro	Disponibilizar lista para registro de freqüência cardíaca

Tema da Aula: Formas de movimentação com a bexiga — *Local:* Ginásio de Esportes
Grupo: Grupo Avançado, Fase de Rotina — *Duração da aula:* 60min.
Objetivo da Aula: Experiência com um novo equipamento portátil, comunicação

Tempo	Conteúdo/Exercício Proposta	Objetivo	Organização/Material	Observações
▪ Aquecimento / Parte principal				
15´	Formas de movimentação com bexiga (vide página 152):	Conhecimento do equipamento		Cada participante tem uma bexiga, dado o caso ajudar a encher, amarrar com um nó, cada um escreve seu nome na bexiga
	- Tocar em diversas partes do corpo		Participantes andam desordenadamente	
	- Equilibrar no dedo; nisso sentar, ajoelhar, deitar			
	- Trocar, em *Stop* procurar "sua" bexiga	Conhecer		
	- Deixar cair atrás do corpo e pegar às costas			
	- Tocar em diversos sentidos			Professor pode observar posturas de movimentos dos participantes, bexiga voa bastante devagar
	- Tocar com os pés (driblar)			
	- Fixar entre os pés (joelhos) e caminhar			
	- Tocar no chão; nisso abaixar toda vez de modo diferente			
	- Jogar bexigas entre si (variar distâncias)		Encontrar aos pares	Com a mão, pé ou cabeça
	- Fixar entre os ombros (quadris), andar para frente (e para trás)	Comunicação, resolver atividades juntos		
	- Massagear as costas entre si (subir e descer)	Fazer contato sem contato direto de pele	Ficar costa a costa	
	- Entre si girar em torno da bexiga (a bexiga não pode cair)	Divertimento, acerto	Ficar um atrás do outro	
	- Como "segmento vertebral" (coluna vertebral) caminhar pelo ginásio	Responsabilidade para com o parceiro	Ficar frente a frente, bexigas entre as mãos	Prender bexiga entre o corpo
	- Conduzir seguramente parceiros "cegos", por pressão na bexiga conduzir o parceiro			

Tema da Aula: Formas de movimentação com a bexiga — *Local:* Ginásio de Esportes
Grupo: Grupo Avançado, Fase de Rotina — *Duração da aula:* 60min.
Objetivo da Aula: Experiência com um novo equipamento portátil, comunicação

Tempo	Conteúdo/Exercício Proposta	Objetivo	Organização/Material	Observações
10´	Pequenos jogos com bexiga (ver página 152) - "Círculo móvel" - "Garantir a bexiga": tocar a própria bexiga para cima e garantir; tentar tocar para longe a bexiga do companheiro - "Tentativa de Recorde": participantes tentam o máximo possível manter as bexigas no ar sem que elas toquem o chão - Manter as bexigas com os pés no círculo; tocar	Mobilidade, prazer Prazer Trabalho em equipe Fortalecimento da musculatura abdominal	Quatro participantes formam um círculo interno, dando as mãos. Participantes estão próximos uns dos outros Participantes estão bem próximos uns dos outros Participantes estão sentados em um círculo, bexigas no meio	Atenção: Controle da frequência cardíaca! Parar o tempo, três tentativas Dado o caso elevar os pés
9´	Exercícios (ver página 124) - Com os cotovelos, afastar os ombros da parede - Flexionar e estender os braços - Elevar o quadril lateralmente - Flexionar as pernas e conduzir os braços estendidos para cima - Alternadamente, movimentar os braços estendidos frontal e posteriormente - Diante do corpo, movimentar para a direita e para a esquerda	Fortalecimento: - Musculatura da cintura escapular - Musculatura do braço e da cintura escapular - Musculatura do quadril - Musculatura das pernas e costas - Musculatura do tronco - Musculatura do tronco	Participantes estão em pé lado a lado Em pé, de costas para a parede (1 ½ pé) De pé, de costas para a parede De pé, lateralmente para parede, segurar De pé, afastado da parede Em pé, elevar uma perna Em pé, elevar uma perna	Instruções: - Respiração regular - Dosagem individual - Relaxar entre os exercícios
▪ Finalização				
15´	- Um participante toca em diversas partes do corpo do parceiro deitado de bruços, que tenta adivinhar essas partes - Relaxamento de parceiros com a bexiga (massageador): um parceiro massageia seu parceiro com a bexiga ou massageador	Consciência corpórea Relaxamento	Participante está deitado de olhos fechados sobre uma esteira Dado o caso, disponibilizar massageador	Dado o caso, variar a posição inicial, por exemplo, sentado No encerramento, os participantes recebem "sua" bexiga

10.9 Exercícios com o Bastão

H.D. Kempf

Tema da Aula: Formas de movimento com o bastão — *Local:* Ginásio de Esportes
Grupo: Grupo Avançado, Fase de Construção — *Duração da aula:* 60min.
Objetivo da Aula: Treinamento da resistência e da força muscular

Tempo	Conteúdo/Exercício Proposta	Objetivo	Organização/Material	Observações
▪ Saudação				Disponibilizar material de primeiros socorros
3´	Saudação/com perguntas sobre a situação atual/incluir	Introdução	Distribuição descontraída	
1´	Controle da freqüência cardíaca e anotação em lista	Medir freqüência cardíaca no início da atividade	Manter o cronômetro preparado	
▪ Aquecimento				
15´	- Em fila indiana – andar e correr - Olhar para cima, o indivíduo que está a frente comanda o deslocamento, sem perder o contato com a pessoa que está atrás. - Um de frente para o outro, realizar diferentes tarefas, por exemplo: caminhar lateralmente ou com passos laterais para fora ou para dentro, girar.	Aquecimento geral Treinamento da resistência	Aos pares, cada participante interligado com um bastão, utilizar música para correr ou andar. Os pares permanecem em círculos ou em linha	Trocar de parceiro após 2 minutos Após cerca de 3 minutos trocar de parceiro, medir freqüência cardíaca de forma pontual Os movimentos de caminhada e corrida podem, adicionalmente, serem associados a movimentos dos braços.

Tema da Aula: Formas de movimento com o bastão — *Local:* Ginásio de Esportes
Grupo: Grupo Avançado, Fase de Construção — *Duração da aula:* 60min.
Objetivo da Aula: Treinamento da resistência e da força muscular

Tempo	Conteúdo/Exercício Proposta	Objetivo	Organização/Material	Observações
▪ Parte Principal				
23´	Ginástica com o bastão (só ou em dupla, veja figura 147)			Dicas:
	- Balançar o bastão em movimento	Treinamento da coordenação	Cada participante com um bastão	- Respirar de forma regular - Dosagem individual
	- Lançar e apanhar com diferentes variações	Fortalecimento:		- Manter o tronco alto (levar caixa torácica)
	- Rotacionar o bastão a frente e para trás	- Musculatura do antebraço	Em pé	
	- Colocar o ombro para cima	- Musculatura do pescoço	Em pé	- Deslocar o tronco levemente para lateral
	- Flexionar e estender as pernas, colocar o tronco levemente para frente	- Musculatura da perna	Em pé	
	- Segurar os bastões em forma de U, estender os braços	- Musculatura do tronco	Em pé	
	- Tocar os pés alternadamente para frente e para trás, para direita e para a esquerda	- Musculatura abdominal	Sentado no solo, com auxílio das mãos	- Colocar o bastão lateralmente
	- Colocar o bastão sobre as costas, com o joelho levemente flexionado	- Musculatura de todo o corpo - Musculatura da perna e do dorso	Em quadrupedia	
	- Flexionar as pernas e lançar o bastão para frente e para cima	- Musculatura lombar	Em pé	- Estabilizar o tronco
	- Colocar o bastão na transversal e tracionar o parceiro	- Bíceps e tríceps	Aos pares, um de frente para o outro	
	- Colocar o bastão na transversal, flexionar e estender alternadamente	Objetivo - Alongamento:	Um participante segura por baixo e o outro por cima	- Segurar no final do implemento
	- Segurar o bastão com as duas mãos e levar os braços para trás	- Alongamento da musculatura peitoral	Em pé	
	- Segurar o bastão com as duas mãos e inclinar-se lateralmente	- Alongamento da musculatura estabilizadora da coluna	Em pé	
	- Colocar o bastão no solo e rolá-lo para frente - Rolar o bastão a frente sobre as pernas estendidas	- Alongamento da musculatura da coluna, ombro, isquiocrurais	De joelhos Sentado	
▪ Finalização				

Tema da Aula: Formas de movimento com o bastão — *Local:* Ginásio de Esportes
Grupo: Grupo Avançado, Fase de Construção — *Duração da aula:* 60min.
Objetivo da Aula: Treinamento da resistência e da força muscular

Tempo	Conteúdo/Exercício Proposta	Objetivo	Organização/Material	Observações
15´	Revezamento de bastões - Um bastão colocado no chão é empurrado por um participante, que segura dois bastões, até que ele passe o bastão que está no chão para o próximo participante, colocado na linha de chegada - Passar o bastão a frente: o bastão deve ser dado ao jogador que estiver à esquerda - Segurar o bastão, tocando com a ponta no solo; ao sinal, trocar de lugar com o companheiro da esquerda (direita) - Hóquei com anel	- Diversão - Diversão e capacidade de reação	Várias equipes (de 3 a 4 jogadores) Posicionamento em círculo com o bastão na mão esquerda Dois gols, anéis e bastões, além das marcações	Não escolher um percurso muito extenso Duas voltas Os jogadores que detém os anéis não devem correr

10.10 Exercícos com a Thera-band

Tema da Aula: Formas de exercícios com thera-band *Grupo:* Grupo Avançado, Fase de Construção *Objetivo da Aula:* Treinamento da resistência de força		*Local:* Ginásio de Esportes *Duração da aula:* 60min.		
Tempo	**Conteúdo/Exercício Proposta**	**Objetivo**	**Organização/Material**	**Observações**
▪ Saudação				Disponibilizar material de primeiros socorros
4´	Saudação/com perguntas sobre a situação atual/ incluir	Introdução	Distribuição descontraída	
	Controle e anotação da freqüência cardíaca em lista	Medir freqüência cardíaca no início da atividade	Manter o cronômetro preparado	
▪ Aquecimento				
4´	História "caminhada" – era uma vez... (veja página 107)	Treinamento da marcha Aquecimento geral	Os participantes nadam aleatoriamente História	Pergunta: como vocês se sentem em relação as diferentes formas de andar?
5´	Procurar números: cada grupo tem que alcançar o número 60. Após o primeiro lançamento, o grupo procurar perfarzer o número pedido, por exemplo, o número 5, e lança lá o próximo número. Esse (por exemplo, o 4) é adicionado ao número tirado anteriormente (5+4=9). Os grupos procuram então este número. Aí o dado é novamente lançado.	Divertimento Trabalho em grupo	60 pequenos cartões são espalhados pela quadra. Eles possuem números 1, 2 .... 60 l são colocado para cima A turma é dividida em grupos de 3 e 4 pessoas, sendo que cada grupo tem um dado	Trocar de parceiro após 2 minutos Após cerca de 3 minutos, trocar de parceiro, medir freqüência cardíaca de forma pontual Os movimentos de caminhada e corrida podem adicionalmente ser associados a movimentos dos braços
▪ Parte Principal				
8´	Trabalho de marcha e corrida com a thera-band. Exemplo: - Correr ao redor da thera-band - Correr um atrás do outro, os pares se cumprimentam por meio da batida de mãos - Ir contra a resistência e voltar - Andar lateralmente contra o thera-band - Flexionar e estender as pernas com passos laterais para a direita e para a esquerda	Treinamento da resistência	Cada par tem uma ou duas thera-band, os pares correm a vontade Os pares se colocam em círculo: de mãos dadas, correndo e olhando um para o outro, um ao lado do outro, ambos seguram a thera-band nas mãos	Utilizar as thera-band com maior capacidade de tração Os participantes que estão atrás devem prestar atenção a uma posição estável, os ombros bem posicionados e o peito a frente Controlar a freqüência cardíaca ao longo do exercício

Tema da Aula: Formas de exercícios com thera-band *Grupo:* Grupo Avançado, Fase de Construção *Objetivo da Aula:* Treinamento da resistência de força			*Local:* Ginásio de Esportes *Duração da aula:* 60min.	
Tempo	**Conteúdo/Exercício Proposta**	**Objetivo**	**Organização/Material**	**Observações**
1´	Controle da freqüência cardíaca	Comprovação da carga utilizada		
18´	Exercícios de fortalecimento com a thera-band (veja na página 135) - Esclarecimento e repetição das dicas mais importantes - Levar o braço estendido lateralmente para cima - Cotovelo colado ao corpo, deve ser tracionado para trás e para cima - Flexionar e estender as pernas, mantendo os braços estendidos - Flexionar os braços, manter os cotovelos colados no corpo - Estender os antebraços com os braços atrás da coluna - Realizar rotação do antebraço, mantendo os cotovelos ao lado do corpo - Deslocar o tronco lateralmente, manter o quadril fixo - Flexionar os joelhos, tracionar a thera-band com a mão para trás - Levar uma perna para trás e flexionar levemente a perna de apoio Exercícios de alongamento - Flexionar a palma da mão - Movimentar ambos braços lateralmente e para trás - Estender o braço para cima e flexionar o cotovelo - Flexionar a coluna lentamente - Levar a cabeça lateralmente	Fortalecimento: - Cintura escapular - Músculos fixadores da escápula - Extensores das pernas - Flexores do cotovelo - Extensores do cotovelo - Rotadores externos do ombro - Musculatura abdominal - Musculatura lombar - Musculatura glútea Alongamento : Dos flexores do punho Do peitoral e dos flexores do antebraço Da musculatura da coluna Da musculatura do pescoço	Cada participante com uma thera-band amarela/vermelha Um colchonete Em pé Em pé, joelhos levemente flexionados Em pé Em pé Em pé Em pé, aos pares Em pé, aos pares Em pé, aos pares Em pé Em pé Em pé Em pé Em pé	Indicações: - respiração controlada - dosagem individual - posicionamento reto - descontração entre os exercícios - todos os exercícios devem ser realizados com aproximadamente 15 repetições - utilização de música (cerca de 100 batidas por minuto) Realizar alongamento com duração de 15 segundos, atenção à respiração; utilizar música

Tema da Aula: Formas de exercícios com thera-band *Grupo:* Grupo Avançado, Fase de Construção *Objetivo da Aula:* Treinamento da resistência de força		*Local:* Ginásio de Esportes *Duração da aula:* 60min.		
Tempo	**Conteúdo/Exercício Proposta**	**Objetivo**	**Organização/Material**	**Observações**
▪ Finalização				
10´	Viagem através do corpo (veja página 180) Controle da freqüência cardíaca, fechamento da aula e despedida	- Descontração/percepção corporal	Todos os participantes em decúbito dorsal Os participantes se colocam em círculo	Manter a lista a mão

10.11 Treinamento em Circuito – Fase de Estabilização

Tema da Aula: Treinamento em Circuito — *Local:* Ginásio de Esportes
Grupo: Grupo Avançado, Fase de Estabilização — *Duração da aula:* 60min.
Objetivo da Aula: Treinamento da resistência e da força muscular

Tempo	Conteúdo/Exercício Proposta	Objetivo	Organização/Material	Observações
▪ Saudação				Disponibilizar material de primeiros socorros
4´	Saudação/com perguntas sobre a situação atual/incluir	Introdução	Distribuição descontraída	Deixar lista de inscrições pronta
5´	Controle da freqüência cardíaca e anotação da freqüência em lista	Medir freqüência cardíaca no início da atividade	Manter o cronômetro preparado Estações montadas	
▪ Aquecimento				
10´	Aeróbios (veja página 96) Diversas movimentações e combinações com utilização de passadas e movimentação dos braços - Marcha - 4 passos para frente, 4 passos para trás com palmas - Passos normais junto com movimentação de braços - Passos em V, levar os braços lateralmente para cima - Passadas laterais - Saltos duplos	Aquecimento geral Treinamento da resistência	Organização de um círculo ou linha Utilização de música	Como alternativa ao trabalho aeróbio, podemos utilizar o treinamento de corrida. Por exemplo: andar: 30", 60", 90",60", 30" Correr: 30", 45", 60",45", 30" Pausa com a mesma medida do esforço. Outro trabalho é o de caminhar e correr (de diferentes formas) acompanhado de música

Tema da Aula: Treinamento em Circuito *Grupo:* Grupo Avançado, Fase de Estabilização *Objetivo da Aula:* Treinamento da resistência e da força muscular		*Local:* Ginásio de Esportes *Duração da aula:* 60min.		
Tempo	**Conteúdo/Exercício Proposta**	**Objetivo**	**Organização/Material**	**Observações**
▪ Parte Principal				
26´	Explicação das estações (veja pagina 159) Estação 1 – empurrar os ombros para longe da parede Estação 2 – rotacionar o corpo lateralmente Estação 3 – levar a perna de jogo para trás Estação 4 – agarrar com a porção superior do corpo levemente para frente Estação 5 – flexão e extensão de braços Estação 6 – rotação do antebraço Estação 7 – flexão e extensão das pernas com um bastão nas costas Estação 8 – flexão de pernas movimentando os braços Exercícios aeróbios simples – combinações simples	Fortalecimento - Musculatura da escápula - Musculatura abdominal - Musculatura do quadril - Musculatura do tronco - Musculaturas do braço e do ombro - Rotadores externos dos ombros - Musculatura das pernas - Musculatura do dorso	De pé, de costas para parede De pé, de lado, utilizando a thera band De pé, paralelo ao bastão De pé, tração contra os calcanhares De pé, lateralmente ao espaldar Em outra parte da quadra, montar o circuito	Fixar a thera band no espaldar Fixar a thera band Duas rodadas: 30 segundos de atividade por 45 segundos de pausa, mudar para próxima estação Os exercícios são conhecidos, dois participantes por estação com acompanhamento musical Após a primeira passagem pelo circuito, realizar trabalho aeróbio
5´		Exercícios de soltura e treinamento da resistência		
▪ Finalização				
9´	Exercícios de alongamento (veja página 117) – Estender uma perna – Levar as pernas para trás, fazendo que o calcanhar toque os glúteos – Levar o quadril à frente – Pressionar uma mão contra a outra e levar os barcos lateralmente – Levar os braços estendidos para trás e para cima – Voltar lentamente para a posição ereta – Levar a cabeça lentamente para um lado e para o outro	Alongamento – Alongamento da porção posterior da musculatura da perna – Alongamento do quadríceps – Alongamento dos flexores do quadril – Alongamento a musculatura peitoral – Alongamento da musculatura do pescoço	Em pé, sentado Em pé, sentado tocar o tornozelo Sentado, de joelhos Em pé Em pé Em pé Em pé	Realizar alongamento de 15 segundos. Prestar atenção a respiração Utilizar música

10.12 Formas de Movimento com o Companheiro

Tema da Aula: Formas de movimento com o parceiro
Grupo: Grupo Avançado, Fase de Estabilização
Objetivo da Aula: melhoria das capacidades motorase da comunicação
Local: Ginásio de Esportes
Duração da aula: 60min.

Tempo	Conteúdo/Exercício Proposta	Objetivo	Organização/Material	Observações
▪ Saudação				Disponibilizar material de primeiros socorros
4´	Saudação/com perguntas sobre a situação atual/incluir	Introdução	Distribuição descontraída	Deixar lista de inscrições pronta
5´	Controle da freqüência cardíaca e anotação da freqüência em lista	Medir freqüência cardíaca no início da atividade	Manter o cronômetro preparado Estações montadas	
▪ Aquecimento e parte principal				
30'	Combinações de formas de marcha e corrida na forma de exercícios com parceiros (veja página 131) – Saudações de formas variadas (mãos, pés, joelhos...) – Jogo de estátua – Jogo de duro ou mole – Corrida em linha Jogos com diferentes atividades para cada um dos parceiros – Sombra, perseguir o chefe Construção de túnel – Locomotiva, luta de anéis com os pés Diferentes exercícios de estabilização – O parceiro empurra com os dedos e o outro tenta se estabilizar – Parceiro faz pressão com as mãos nos ombros do companheiro que tenta estabilizar o corpo – Briga de galo em pé – Empurrar o parceiro – Puxar o parceiro – Briga de galo em semi-agachamento	Aquecimento e treinamento da resistência, coordenação e resistência de força, elevação da confiança, cooperação e diversão	A cada parte, da música, um par diferente tenta realizar o exercício (formas de movimento) Ir um atrás do outro (correr) Segurar o parceiro por uma mão O parceiro que está atrás segura pelo ombro Um de frente para o outro tocar as mãos Ficar um atrás do outro Ficar um de frente para o outro 2 participantes se empurram com um lado do corpo, enquanto com o outro lado se puxam Parceiros um de lado para o outro	Dicas: – Respiração regular – Prescrição individual – Manter a coluna ereta O que está atrás fecha o olho Em pé, em pé em uma perna Os parceiros tem que ter altura e peso semelhante Os exercícios de estabilização devem durar de 5 a 10 segundos

Tema da Aula: Formas de movimento com o parceiro — *Local:* Ginásio de Esportes

Grupo: Grupo Avançado, Fase de Estabilização — *Duração da aula:* 60min.

Objetivo da Aula: melhoria das capacidades motorase da comunicação

Tempo	Conteúdo/Exercício Proposta	Objetivo	Organização/Material	Observações
▪ Finalização				
10'	Alongamento individual ou em duplas ▪ Tracionar o parceiro cuidadosamente para frente ▪ Flexionar os joelhos, colocar o tronco a frente e se movimentar para trás	Musculatura peitoral e abdominal Musculatura dos ísquios e abdutora Musculatura peitoral e dos ombros	De costas um para o outro, tocar a cabeça Um de frente para o outro, com afastamento lateral das pernas Um de lado para o outro, tocando os ombros	
13'	Descontração com parceiro	Descontração e percepção corporal	Um participante em decúbito dorsal e o outro fica ao lado Duração de cerca de 5 minutos	
3'	Controle da freqüência cardíaca, finalização da sessão		Os participantes se sentam em círculo	Manter a lista preparada

10.13 Introdução ao Treinamento de Movimentos

Tema da Aula: Introdução ao treinamento dos movimentos
Grupo: Grupo Avançado em Grupo, Fase de Aclimatação
Objetivo da Aula: percepção corporal e aferição da freqüência cardíaca

Local: Ginásio de Esportes
Duração da aula: 60min.

Tempo	Conteúdo/Exercício Proposta	Objetivo	Organização/Material	Observações
▪ Saudação				Disponibilizar material de primeiros socorros
10´	Saudação/com perguntas sobre a situação atual/incluir	Introdução	Distribuição descontraída	Deixar lista de inscrições pronta
	Controle da freqüência cardíaca e anotação da freqüência em lista	Medir freqüência cardíaca no início da atividade	Manter o cronômetro preparado Estações montadas	
▪ Aquecimento				
10´	Andar com ou sem tênis sobre a porção anterior dos pés, calcanhares, porções lateral e medial Movimentar os braços para frente e para trás em relação ao corpo	Percepção dos pontos de pressão; reconhecer a influência da movimentação de braços	Movimentação livre em local demarcado	Descalço somente no verão sobre a grama ou areia
▪ Parte Principal				
15'	Passeio; aferir a freqüência cardíaca, não conversar, aferir freqüência cardíaca novamente, comunicação curta com o companheiro	Reconhecer os sinais corporais	Circuito	Cada participante escolhe o seu ritmo
15'	Ginástica e exercícios de mobilidade, como no capítulo 7	Treinamento da flexibilidade	Posicionamento livre	
	Jogo de contato com o parceiro; manter o parceiro sem visão com as mãos sobre os olhos ou venda	Percepção do contato corporal	Uma venda para cada par	Jogar primeiro com os olhos abertos e depois com os olhos vendados
▪ Finalização				
10'	Frisbee em grupo: quem joga o implemento mais próximo do alvo? Controle da freqüência cardíaca	Jogos cooperativos	Cada participante com um frisbee Os participantes sentam em círculo	Possíveis alvos: bancos, baldes, árvores etc. Manter a lista preparada

10.14 Treinamento de Corrida

Tema da Aula: Introdução ao treinamento de corrida — *Local:* Praça de esportes
Grupo: Grupo Avançado em Grupo, Fase de Construção — *Duração da aula:* 60min.
Objetivo da Aula: introdução ao treinamento de resistência cardíaca

Tempo	Conteúdo/Exercício Proposta	Objetivo	Organização/Material	Observações
▪ Saudação				Disponibilizar material de primeiros socorros
10´	Saudação/com perguntas sobre a situação atual/incluir	Introdução	Distribuição descontraída	Deixar lista de inscrições pronta
	Controle e anotação da freqüência cardíaca em lista	Medir freqüência cardíaca no início da atividade	Manter o cronômetro preparado Estações montadas	
▪ Aquecimento				
10´	Andar e correr aletrnadamente com diferentes movimentações de braços Treinamento da técnica de corrida	Mobilização da freqüência cardíaca Formação da técnica individual de corrida	Movimentação livre em um local demarcado A 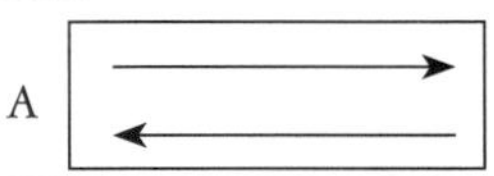 B	Para que se observe melhor a técnica de corrida, é preciso organizar os corredores
▪ Parte Principal				
25'	Introdução à corrida Organização e demonstração do circuito de corrida Divisão em três grupos Primeira rodada Pausa da primeira rodada Segunda rodada Pausa da segunda rodada	Conhecer o percurso Estabelecer velocidade de corrida individual e comparar com a freqüência cardiaca	x------50m = 100m primeiro grupo x------60m = 120m segundo grupo x------70m= 140m terceiro grupo Ao final, verificar freqüência cardíaca	O professor precisa testar a capacidade de suportar sobrecargas por meio do teste de níveis com nomograma para fixar carga e distâncias a serem percorridas
▪ Finalização				
10'	Jogo de bola em direção aleatória Alongamento Exercícios, como no capítulo 7	Velocidade de reação, divertimento Descontração, volta a calma	Formação em círculo; quando trabalhar com grandes grupos, montar 2 círculos	Bolas moles e leves de diferentes tamanhos e cores
	Controle da freqüência cardíaca		Os participantes sentam ou permanecem em círculos	Manter a lista preparada

10.15 Treinamento Geral *Outdoor*

P. Reuß

Tema da Aula: Treinamento geral ao ar livre *Grupo:* Grupo Avançado em Grupo, Fase de Construção *Objetivo da Aula:* introdução as atividaades ao ar livre		*Local:* Praça de esportes, parque, floresta *Duração da aula:* 60min.		
Tempo	**Conteúdo/Exercício Proposta**	**Objetivo**	**Organização/Material**	**Observações**
▪ Saudação				Disponibilizar material de primeiros socorros
10´	Saudação/com perguntas sobre a situação atual/incluir	Introdução	Distribuição descontraída	Deixar lista de inscrições pronta
	Controle e anotação da freqüência cardíaca em lista	Medir freqüência cardíaca no início da atividade	Manter o cronômetro preparado Estações montadas	
▪ Aquecimento				
10´	Andar e correr alternadamente com diferentes movimentações de braços Treinamento da técnica de corrida	Aquecimento físico Incitar ao exercício Aprendizado da coordenação de corrida	Movimentação livre Demarcar limites	Variar os exercícios para que se possa melhorar a coordenação
▪ Parte Principal				
15' 5' 15' 5'	Objetivo 1: ginástica com apoio em árvores – Exercícios de alongamento – Exercícios de mobilidade Objetivo 2: – Controle da freqüência cardíaca – Ao correr e andar, respirar de forma controlada – Andar e correr obedecendo aos comandos – Andar e correr com velocidade estabelecida	– Flexibilidade geral – Alongamento da musculatura da perna – Percepção corporal – Resistência aeróbia dinâmica geral	– Dois participantes em cada árvore – Formar grupos – Percurso de corrida que se possa observar	Executar vários exercícios com auxílio do apoio da árvore Observar freqüência cardíaca de treinamento e técnica de respiração
▪ Finalização				
5'	Controle da freqüência cardíaca Alongamento independente Finalização	Autonomia Volta a calma, relaxamento	Realização livre	Para exercitar a autonomia, os participantes devem realizar alguns elementos da aula sozinhos

11. PROGRAMAS COMPLEMENTARES

P. Reuß / H.D. Kempf

11.1 Treinamento em Casa

Treinamento em grupo realizado uma vez por semana não é suficiente para se alcançar efeitos do treinamento e reduzir os fatores de risco, de acordo com a medicina do esporte e a fisiologia do exercício. Por motivos, por exemplo financeiros a maioria dos grupos de cardiopatas não podem se encontrar mais vezes por semana para o treino com supervisão de um professor e consulta médica, os participantes do grupo deveriam ser motivados e capacitados para realizar atividades físicas complementares (Ilker, 1999).

Agora podemos ver se a exigência da conseqüência do treino, sobretudo os princípios da autonomia e da regularidade, também podem ser realizados no dia-a-dia.

Primeiramente, o professor de educação física e o médico devem instruir os participantes sobre quais são as oportunidades de atividades complementares à disposição e como se deve elaborar o treinamento em casa. Após essa etapa e durante o processo, deve-se apoiar cada integrante do grupo a seguir o programa de treinamento regularmente. A assessoria de treinamento pode ser feita como discussões ou rápidos seminários durante os encontros. Planilhas personalizadas, conselhos de treinamento, planilhas de exercícios etc. aprofundam a assessoria. A motivação para os acordos aumenta, quando o treino não está voltado apenas para o tratamento, mas também para o lazer.

Os fundamentos para se realizar uma discussão de assessoramento pode estar orientado nos seguintes itens.

Quem?

Cada integrante do grupo pode realizar um treinamento em casa, desde que não haja indicação contrária do seu cardiologista.

O que?

O treinamento em casa compreende programas de ginástica e natação, assim como atividades diárias como caminhadas, passeios, pequenas trilhas, subir escadas, pedalar e trabalhos de jardinagem.

Com qual freqüência?

Com o treinamento em casa específico, deve-se preferencialmente começar na fase de estabilização. Além disso, para o treinamento em grupo, um treino realizado duas vezes por semana, 30 a 60 minutos de duração é suficiente.

Quando?

Determinar um horário de treinamento fixo no decorrer do dia, desde que não seja logo após as refeições.

Como?

O treinamento é realizado de acordo com as regras conhecidas de treinamento em grupo. Programas de ginástica podem ser introduzidos durante a aula de treinamento do grupo e ser repetidos para melhor associação dos movimentos pelos integrantes.

Sugere-se seguir uma agenda diária de treinamento até que o movimento do treino esteja estabilizado e natural. Entradas na agenda que fazem sentido aumentam o valor das anotações (quantidade de repetições, duração da concentração, valores de batimentos cardíacos, peso corporal, estado psíquico e físico, condições climáticas). O autocontrole resultante possibilita uma diferenciação cognitiva com a próprio-cepção e o processo total do treinamento. Por fim, possibilitam-nos os resultados documentados ter uma influência positiva no estilo de vida.

Também podem ser esclarecidas condutas em casos de emergência. Não devemos, entretanto, esquecer o caráter recreativo durante a seriedade do treino.

11.1.1 Programas de Ginástica para Serem Realizados em Casa

Os exercícios gímnicos são um item importante de cada programa de exercício e treinamento. Com os exercícios, não podemos apenas melhorar a resistência localizada; eles são importantes para todas as pessoas que não podem mais absorver um treinamento de resistência geral, mas querem desenvolver as importantes capacidades de coordenação, mobilidade e força.

Ao mesmo tempo, é treinada a próprio-cepção e ajuda no desenvolvimento de um "novo" nível de estímulo de movimento e carga. Através da variação dos exercícios, por exemplo em combinação com música ou equipamentos manuais, podemos acrescentar novas experiências de movimento diferentes. Em geral, com essa atitude, melhoramos também a postura, a segurança de movimento e as habilidades motoras usadas no dia-a-dia, o que ajuda, por outro lado, o cardiopata na fadiga diária causada pela sobrecarga. A seguir, estão montados alguns programas curtos (4 exercícios cada), que podem ser realizados sem problemas pelo aluno no programa diário.

- Alongamento da musculatura dos membros inferiores.
- Alongamento da musculatura dos quadris e das costas.
- Alongamento da musculatura do ombro.
- Treinamento de força para a musculatura do ombro e dos membros superiores.
- Treinamento de força para a musculatura torácica.
- Aquecimento e treinamento de força para a musculatura dos membros inferiores.
- Treinamento de força com a tira elástica.

Dicas para os exercícios – atenção para essas dicas

- Iniciar os exercícios com um rápido programa de aquecimento.
- Os exercícios devem ser realizados de maneira responsável, controlada e ininterrupta e no mesmo tempo, e deve-se evitar movimentos bruscos.
- Observar para uma correta realização do exercício – qualidade vem antes da quantidade. No início, pode-se realizar os exercícios diante de um espelho para, assim, poder controlar melhor sua realização e criar uma adaptação neural. Exercícios unilaterais devem ser realiza dos sempre dos dois lados do corpo.
- Observar, durante os exercícios, uma postura correta. Para exercícios em pé, valem os seguintes critérios a serem observados:
  - O queixo deve ficar levemente para frente, a coluna cervical deve estar esticada.
  - Os ombros estão em posição neutra e soltos.
  - Peito elevado.
  - A bacia deve estar levemente para frente (lordose lombar fisiológica).
  - Joelhos levemente flexionados.
  - Pernas levemente abertas, toda a palma do pé deve estar no chão, distribuir o peso do corpo.
- A carga deverá ser escolhida individualmente. Preferencialmente, deve-se aumentar o número de repetições ao invés da carga.
- Sempre observar uma respiração uniforme. A respiração presa pode ser evitada ao se respirar alto ou contar audivelmente as respirações.
- A presença de dor é um sinal do organismo! Quando aparecem as dores, respiração curta, mal estar, cansaço fora do normal ou vermelhidão na cabeça, deve-se interromper o exercício. Caso haja reincidência, procurar um médico ou fisioterapeuta.

Programa de exercícios para serem realizados em casa

Seqüência para Alongamento da Musculatura dos Membros Inferiores

1 Alongamento dos Músculos da Panturrilha

Na posição com as pernas antero-posterior, apoiar-se na parede ou no encosto de uma cadeira. Ambos os pés estão apontados para frente. Movimentar o corpo para frente, flexionando, ao mesmo tempo, a perna dianteira. Ao mesmo tempo, pressionar o calcanhar da perna traseira para o chão, até ser possível sentir um alongamento na parte posterior da perna. Segurar o estiramento por aproximadamente 20s e inverter a posição.

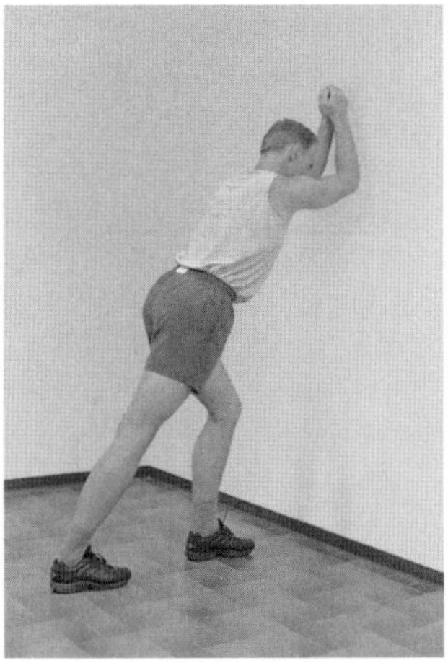

2 Alongamento dos Músculos Posteriores da Coxa

Posicionar uma perna para frente, no chão ou em pé, em uma cadeira. A outra perna deverá permanecer levemente flexionada. Flexionar o tronco "ereto" para frente (posicionar os músculos isquiotibiais para trás), até que seja sentido o alongamento da parte posterior da coxa. Segurar o estiramento por aproximadamente 20s e inverter a posição.

3 Alongamento dos Músculos Anteriores da Coxa

Sentado (ou em pé) na cadeira (ou na parede), pegar no tornozelo. Puxar a perna para trás e contrair levemente a musculatura abdominal. Puxar o calcanhar com cuidado em direção ao glúteo, até que se note o alongamento na parte anterior da coxa. Segurar o alongamento por aproximadamente 20s e inverter a posição.

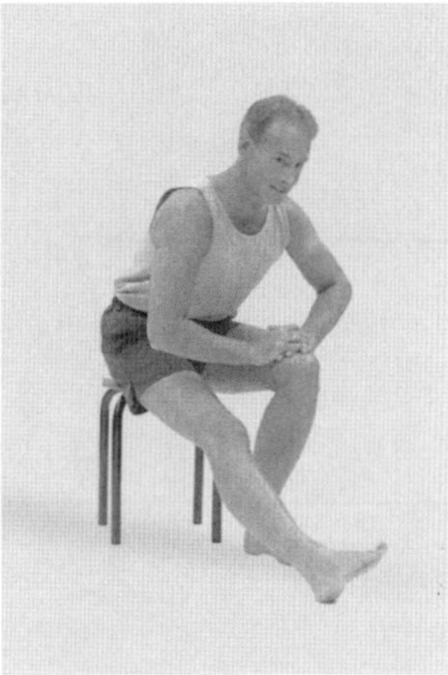

4 Alongamento dos Músculos Abdutores da Coxa

Na posição sentada, abduzir as pernas o máximo possível. Colocar a face dorsal das mãos na coxa, fazer força e abrir as pernas, até que se sinta um alongamento na parte inferior da coxa. Segurar o alongamento por aproximadamente 20s.

Seqüência para Alongamento da Musculatura dos Quadris e das Costas

5 Alongamento dos Músculos Flexores do Quadril

Sentado, posicionar uma perna para trás. Contrair a musculatura glútea e puxar o quadril para frente e para baixo, até que seja sentido um alongamento na parte anterior do quadril. Segurar o alongamento por aproximadamente 20s e inverter a posição.

6 Alongamento dos Músculos Posteriores do Quadril

Sentado, colocar um pé sobre o outro joelho. Elevar o tronco e flexioná-lo cuidadosamente para frente, até ser possível sentir um alongamento na parte lateral do quadril. Segurar o alongamento por aproximadamente 20s e inverter a posição.

7 Alongamento dos Músculos das Costas

Sentado, dobrar uma perna (esquerda), colocar sobre a outra (direita) e prender com a mão adjacente (direita). Puxar com cuidado a perna esquerda para o lado. Girar a cabeça, os ombros e o tronco para a esquerda, até sentir um alongamento na parte lateral do quadril na musculatura das costas. Segurar o alongamento por aproximadamente 20s, e inverter a posição.

8 Alongamento dos Músculos das Costas

Sentado (se em pé, flexionar levemente o joelho), desenrolar com cuidado a coluna vertebral para baixo – vértebra por vértebra. Eventualmente, pode-se encostar o tronco na coxa.

Seqüência para Alongamento da Musculatura do Ombro

9 Alongamento dos Músculos Laterais Cervicais

Incline a cabeça lateralmente em direção ao ombro e fixe-a com a mão do mesmo lado. Empurrar a mão e o ombro oposto para baixo, até que seja possível perceber um alongamento na musculatura lateral ombro cervical. Segurar o alongamento por aproximadamente 20s, e inverter a posição.

10 Alongamento dos Músculos Peitorais

Em pé, segurar uma corda (cinto, toalha), com ambas as mãos, por cima da cabeça. Os polegares estão apontados um para o outro. Levar as mãos por cima da cabeça para trás, até que se sinta um alongamento na parte peitoral. Segurar o alongamento por aproximadamente 20s.

11 Alongamento do Músculo Grande Dorsal

Posicionar-se em pé, na posição de passada em frente de uma parede (armário, estante), e colocar a mãos abertas na altura dos ombros com os braços estendidos na parede. Puxar o queixo para frente e contrair a musculatura abdominal. Puxar o esterno para frente e para baixo, até que seja possível sentir um alongamento na parte lateral das costas. Segurar o alongamento por aproximadamente 20s.

12 Alongamento da Musculatura Escapular

Segurar os braços estendidos para frente e colocar as faces das mãos unidas. Estender os braços para frente, até que seja possível sentir um estiramento na musculatura intraescapular. Segurar o alongamento por aproximadamente 20s.

Seqüência para o Fortalecimento da Musculatura do Ombro e dos Membros Superiores

13 Fortalecimento da Musculatura Escapular

Com uma distância de aproximadamente dois comprimentos dos pés, encostar-se na parede. Formar um ângulo de 90° do antebraço com o braço e encostar o braço levemente abduzido na parede. Apertar os cotovelos contra a parede, para que as escápulas desencostem da parede. Puxar o esterno para fora. Repetir o exercício de 15 a 25 vezes.

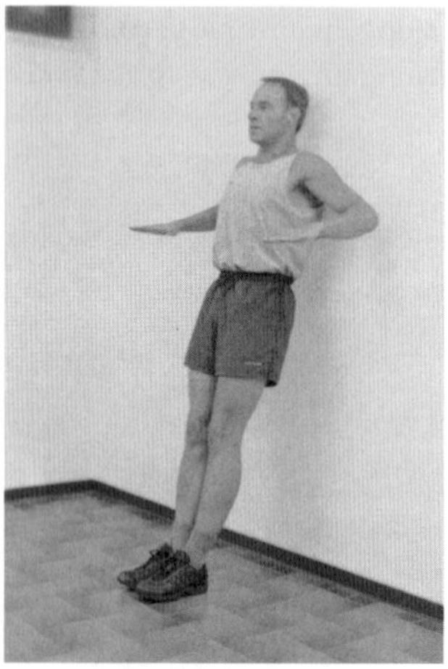

14 Fortalecimento da Musculatura Extensora dos Braços e do Ombro

Ficar de frente para a parede com as pernas fechadas. Encostar as mãos na altura dos ombros na parede. Contrair a musculatura torácica, flexionar e estender os braços. Repetir o exercício de 15 a 25 vezes.

15 Fortalecimento da Musculatura das Costas e do Ombro

Em pé, flexionar levemente as pernas. Flexionar o tronco levemente para frente. Elevar um braço ao longo do corpo e manter o outro abaixado. Repetir o exercício de 15 a 20 vezes de cada lado.

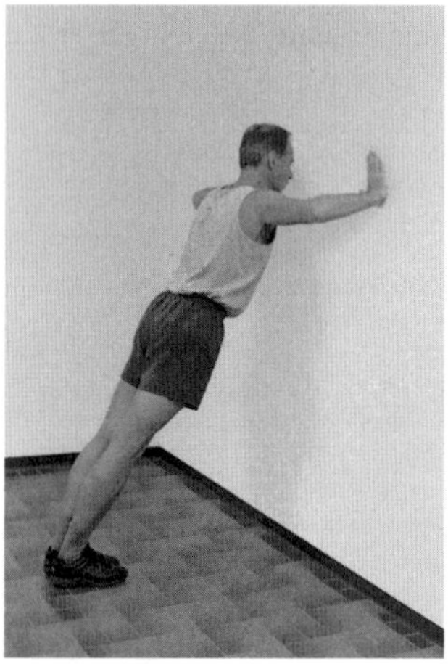

16 Fortalecimento da Musculatura do Ombro e Peitoral

Unir os dedos das mãos e tentar unir as escapulas fazendo forca. Depois, unir as palmas das mãos na altura dos ombros e fazer pressão. Segurar por aproximadamente 5s, cada exercício.

Seqüência para o Fortalecimento da Musculatura Torácica

17 Fortalecimento da Musculatura Torácica

Na posição anatômica, movimentar os braços ao longo do corpo alternada e rapidamente. Tentar manter o corpo estabilizado. Fazer o exercício durante 15 a 20s e repetir 3 vezes.

18 Fortalecimento da Musculatura das Costas

Com as pernas levemente flexionadas, colocar uma das mãos sobre o mesmo joelho. Com a outra mão, fazer uma rotação lateral do tronco em conjunto com a cabeça e os ombros. Levar a mão junto com a cabeça. Manter o quadril estável na rotação. Repetir o exercício de 10 a 15 vezes de cada lado.

19 Fortalecimento dos Músculos Estabilizadores Laterais do Tórax

Na posição sentada, elevar ambos os braços. Alternadamente, elevar um braço mais um pouco e, ao mesmo tempo, elevar um pouco a parte lateral do quadril oposto. Repetir o exercício 15 vezes de cada lado

20 Fortalecimento dos Músculos Abdominais

Sentado, elevar um joelho diagonalmente e encostar com o cotovelo oposto. Repetir o exercício de 10 a 15 vezes de cada lado.

Seqüência para Aquecimento e Fortalecimento da Musculatura dos Membros Inferiores

21 Aquecimento e Treinamento do Movimento Rítmico

Marchar na posição. Balançar os braços e desenrolar os pés do calcanhar até os dedos. Uma música rápida (com aproximadamente de 128 a 144 batidas por minuto) pode determinar o ritmo. Alternadamente, elevar os joelhos (até no máximo a bacia).

Executar com as pernas diferentes combinações de passos: por exemplo passo básico: 1 pé vai para frente, 2 pé vai para frente, 1 pé vai para trás, 2 pé vai para trás.

22 Fortalecimento da Musculatura do Quadril

Na posição anatômica, jogar o peso do corpo sobre uma perna e flexioná-la levemente. Puxar o quadril da outra perna para cima e para baixo. Repetir o exercício 10 vezes de cada lado.

23 Fortalecimento da Musculatura dos Membros Inferiores e das Costas

Na posição anatômica, flexionar o joelho 90° e esticar, ao mesmo tempo, ambos os braços para cima. Manter o esterno para frente. Repetir o exercício de 10 a 15 vezes.

24 Fortalecimento da Musculatura dos Membros Inferiores e das Costas e Treinamento da Coordenação

Ficar equilibrado em uma perna e flexionar o joelho da outra perna. Como na caminhada, movimentar esta perna e o braço oposto para frente, o outro braço para trás. Repetir o exercício dinâmico várias vezes.

Seqüência para o Fortalecimento com a Tira Elástica

25 Fortalecimento da Musculatura do Ombro

Posicionar a tira na parte interna da mão. Manter os cotovelos junto ao corpo. Estender os dedos das mãos e rodar os antebraços para fora. Repetir o exercício de 10 a 15 vezes.

26 Fortalecimento da Extensão dos Braços

Na posição anatômica, pegar ambas as extremidades da tira por trás das costas. Ao mesmo tempo, estender e flexionar ambos os braços. Repetir o exercício de 10 a 15 vezes.

27 Fortalecimento da Flexão dos Braços

As pernas estão na posição antero-posterior, fixar a tira debaixo do pé anterior. Flexionar e estender ambos os braços ao mesmo tempo.

28 Fortalecimento do Grupo Eretor da Coluna Vertebral (GEC)

Fixar a tira debaixo de um pé na altura do quadril e pegar a outra extremidade. Puxar a tira com os braços estendidos a partir do joelho, na diagonal, para cima e acompanhar com os olhos a mão. Repetir 10 vezes para cada lado.

11.1.2 Natação

A natação figura entre as atividades físicas recreativas preferidas e mais saudáveis. O valor da saúde é explicado pelo meio '*água*', cujas propriedades terapêuticas são conhecidas há milênios. Também, na reabilitação clínica de cardiopatias, a hidroginástica e a natação têm um lugar cativo. A natação, por razões de natureza organizacionais, tem um papel secundário, e só aparece como treinamento complementar para aqueles pacientes que dominam as suas técnicas.

Antes que um cardiopata comece com a atividade de natação, deve-se discutir e solucionar, também em conjunto com seu médico, suas particularidades. As particularidades, que representam momentos de perigo a saúde, originam-se na pressão hidrostática, o reflexo do mergulho e a temperatura da água (Lagerstrom, 1999; Rost, 1994).

Particularidades

- Cardiopatas com alto grau de arritmia ou que apresentem um aneurisma considerável deveriam, em princípio, não nadar. Também em casos de pressão alta recomenda-se cautela, uma vez que na água a pressão hidrostática desloca o sangue das extremidades em direção ao tórax, resultando em complicações cardíacas (Rost, 1994).
- Tanto temperaturas da água abaixo de 20°C como também acima de 28°C sobrecarregam sistema circulatório através de liberação de calor muito alta e muito baixa, respectivamente. Uma temperatura da água entre 24°C e 28°C é, na visão da saúde, a mais recomendada (Lagertrom, 1999).
- Um treinamento de natação só é recomendado para nadadores experientes que dominem uma boa técnica de natação e respiração (que não tenham uma respiração forçada). Além disso, há uma sobrecarga de 1 Watt por quilograma de massa corporal (Völker 1986).
- A natação é bastante recomendada para pacientes com grande sobrepeso ou adaptações degenerativas das articulações, devido à capacidade de sustentação da água. Nadadores menos experientes melhoram sua técnica de natação com professores qualificados.
- Um programa de treinamento de natação orienta-se, assim como o treinamento de corrida, nas regras e princípios da teoria do treinamento. No começo do método intervalado extensivo, deve preconizar, devido aos efeitos favoráveis da circulação, o método de treinamento longo após algumas unidades de treinamento.
- Para a intensidade da carga, deve-se usar a freqüência cardíaca individual. Esse valor deverá ser reduzido em 10 batimentos, uma vez que a freqüência cardíaca cai com a pressão hidrostática e o reflexo do mergulho (Völker, 1986).
- Por medidas de segurança, o cardiopata nunca deverá nadar sozinho e desistir completamente de mergulhar.

11.1.3 Atividades diárias

Acrescentando ao treino planejado, o dia-a-dia nos oferece várias oportunidades para se fazer algo contra o fator de risco da falta de movimento. Como a vida moderna reduz cada vez mais o movimento diário, deve-se agir, responsavelmente, na direção contrária e usar as oportunidades de movimento para um estilo ativo corporalmente.

Estudos científicos comprovam que as sobrecargas diárias, quando são empregadas de forma correta, atuam no cardiopata como efeitos de treinamento (Lagerstrom,1986). Assim, uma caminhada forçada ao supermercado pode não apenas mobilizar o sistema cardio-circulatório, mas também ter efeitos de adaptações orgânicas, quando a duração da sobrecarga for de 10min ou mais. Não deveria ser nenhum problema escolher o caminho até o supermercado de tal forma que seja alcançado uma sobrecarga ótima de treinamento. Também para a melhoria da força e mobilidade, o dia-a-dia nos oferece várias oportunidades de movimento. Como a maioria das sobrecargas corporais diárias, mesmo em durações maiores, ficam abaixo de 1 Watt por quilograma de massa corporal (Lagerstrom, 1986), não há sérios riscos cardíacos para cardiopatas treinados. Mesmo assim, eles devem ser alertados para o perigo de algumas atividades (por exemplo, carregar sacolas pesada) e também para ansiedades muito grandes.

As possibilidades e limites das atividades diárias para a saúde e o bem-estar são apresentáveis e podem ser trabalhados em conjunto com o grupo.

A seguinte compilação lista aspectos e particularidades importantes.

Particularidades e dicas de caminhadas

Percursos transcorridos regularmente até o ponto de ônibus, até o local de trabalho ou para o supermercado devem ser aumentados por rotas alternativas e serem caminhados com passo forçado.

Passeios

Devido às condições melhores de poluição, deve-se priorizar passeios em parques ou bosques. Conscientemente manter a respiração constante e alternar o tempo da caminhada. Levar um cachorro para passear obriga a manter uma regularidade nos passeios. No passeio, deve-se priorizar o relaxamento e a recuperação do estresse diário.

Trilhas

Na realização de trilhas, a convivência com a natureza e a socialização têm um papel importante. Os efeitos de treinamento são pequenos em trilhas feitas no plano, mas aumentam em terreno montanhoso e com o uso de bastões de caminhada. O gasto calórico é considerável em trilhas mais compridas, especialmente em pessoas com sobrepeso corporal e diabéticos (Rost, 1994). Longos trajetos de ida e vinda de carro, associados ao estresse, diminuem os efeitos benéficos da saúde da trilha.

Subida de Escadas

Uma antiga e conhecida máxima é preferir o uso de escadas ao elevador. Entretanto, um ritmo muito elevado de subida e uma sobrecarga grande levam a uma deficiência no ritmo respiratório e eventuais problemas circulatórios.

Ciclismo

O uso da bicicleta como meio de transporte diário leva também a uma melhora da saúde, caso seja usado suficientemente. A bicicleta é principalmente útil para pessoas com sobrepeso corporal e artrose. Em trajetos com subidas leves, consegue-se um efeito de treinamento positivo. A freqüência cardíaca de treinamento não deve ser ultrapassada. Como em subidas mais íngremes o uso de força aumenta consideravelmente, deveria ser evitado esse tipo de trajeto ou a bicicleta ser empurrada.

Atividades Domésticas e Jardinagem

Muitas atividades caseiras e de jardinagem exigem o uso de força e mobilidade que podem criar e manter a forma física. No emprego de forças maiores, como erguer e levar objetos pesados, trabalho na terra etc., os principais fatores de sobrecarga são peso, uso da força e ritmo de trabalho.

Para se evitar riscos de lesões, a intensidade de sobrecarga individual para exercício de força deveria ser conhecida. Deve-se cuidar para uma respiração correta (sem respiração forçada) e uma postura ereta.

11.2 Férias Ativas

É muito importante para a saúde um período férias em altitudes de até 2500m (Berghold, 1997). Férias deste tipo devem durar, no mínimo, 8 dias, devido a adaptação do corpo ao clima de altitude (a aclimatação no sentido de uma adaptação à altitude tem início a partir dos 1500m. Férias de inverno de 8 dias correspondem a férias de verão, na praia, de 14 dias (Strauzenberg, 1982).

Do ponto de vista da saúde, as férias ativas servem para a recuperação geral e descontração física, não sendo apropriadas para o desenvolvimento de atividades relacionadas a elevação do condicionamento físico.

O importante é treinar a condição física em casa para poder realizar atividades em altitudes mais elevadas sem problema nenhum.

As férias nas montanhas, quando compartilhadas por um grupo de reabilitação cardíaca, podem ser utilizadas para a introdução a diferentes atividades esportivas. As caminhadas, com suas variantes, são muito solicitadas pelas pessoas idosas. Além de ser extremamente válidas do ponto de vista médico preventivo. Portanto, elas também devem ser levadas em consideração pelas pessoas que participam de grupos de reabilitação cardíaca.

Como vários pacientes praticam esportes sem ter orientação prévia, é pertinente haver uma introdução e um acompanhamento, devido às particularidades que apresentam estes indivíduos. Tal introdução não deve atrapalhar o descanso, que é o principal, e nem outros aspectos caros aos participantes, como a interação do grupo e o contato com a natureza. A experiência conjunta de atividades variadas durante um longo tempo ajuda a manter os membros do grupo unidos. Compreensão em relação aos outros, motivação recíproca e apoio podem ser manifestações positivas de alterações no comportamento dos participantes, no sentido de construir um estilo de vida mais saudável.

Mas a internalização da observação da natureza, dos animais, da temperatura, do vento, do sol e da chuva trazem a elevação do bem-estar. Não se deve abrir mão destes fatores

Particularidades

- As atividades em altitude não estão isentas de risco. Mas os fatores positivos pertinentes à saúde são tão elevados que se pode correr um risco calculado, quando as particularidades da estada em clima de montanha forem observadas e seguidas.
- Para cada atividade esportiva realizada nas férias, é preciso que o condicionamento físico seja realizado antes em casa. Só quem se prepara regularmente pode aproveitar, na sua plenitude, a prática de um esporte e ter satisfação com ela.
- A terapia para distúrbios cardíacos e de circulação foi pesquisada e proposta por Oertel em 1884, sendo denominada de tratamento da terra. Férias em altitudes de 800m a 1500m são preciosas do ponto de vista terapêutico, devido aos estímulos climáticos (Berghold, 1987). Medidas preparatórias para a estada em tal altitude muitas vezes não podem ser implementadas. Então se sugere que os participantes não se desgastem nos primeiros dias da estada em altitude. Para caminhadas com pouca inclinação, recomenda-se a utilização de 0,5 a 0,75Watt/kg de peso corporal, e para caminhadas montanha acima não mais do que 1Watt/kg de peso corporal (Wichartz, 1986). No aprendizado

de corrida/caminhada, esquis e o frio são sobrecargas adicionais; recomenda-se uma carga de 1Watt/kg a 1,5b Watt/kg (Lagerstrom, 1988)

- Após três dias, participantes que têm boa capacidade para agüentar a sobrecarga podem realizar passeios de até 2500m de altitude (Schmagold, 1999). A altitude e a duração de cada atividade se orientam sempre pela capacidade do participante de agüentar sobrecargas.
- Períodos longos acima dos 2000m (clube de montanha) não devem ser realizados por pacientes com problemas cardíacos, pois é necessário que eles passem por uma aclimatização sem riscos. É preciso saber que em passeios em teleféricos em altitudes superiores a 2500m podem ocorrem sintomas negativos devido à altitude (Rost, 1994). Falta de ar, tontura e dores de cabeça apontam para uma queda do fornecimento de oxigênio originado da diminuição da pressão parcial do oxigênio. Para que não se corra nenhum risco, é melhor renunciar a esse tipo de atividade.
- A caminhada pela montanha com dois apoios, como aqueles utilizados no esqui, deve ser aprendida, pois os apoios servem tanto como auxílio no terreno acidentado como para aliviar a sobrecarga corporal (Beckmann, 1989)
- Para atividades como caminhadas com esqui e corridas com esqui, o frio é um fator que sobrecarrega adicionalmente o sistema cardiocirculatório. Temperaturas congelantes sobrecarregam o sistema circulatório e induzem a uma elevação da pressão arterial. Medidas preparatórias contra o frio por meio de exercícios de aquecimento e vestuário adequado são imprescindíveis.
- Antes e durante os passeios é preciso estar atento ao fornecimento de alimentação adequada. A ingestão de eletrólitos deve ocorrer o mais cedo possível, mesmo quando as pessoas não sentem sede.
- O professor e o médico precisam alertar os participantes sobre as medidas de primeiros socorros necessárias para pacientes com problemas cardíacos e casos típicos de perigo em ambiente montanhoso. É preciso levar em consideração a possibilidade de resgate em casos mais graves. É recomendável que o responsável pelo grupo faça o passeio. No início das atividades, é preciso avisar os salva-vidas e guardar no celular o número para casos de emergência.

Aspectos Metodológicos e de Organização

Juntamente com as particularidades gerais, o professor deverá estar familiarizado com a teoria e prática das atividades recreativas escolhidas. Ele precisa entender de fundamentos relevantes (particularidades da medicina do esporte, equipamento, técnicas etc.) aos pacientes cardiopatas e precisa dominar os processos de relacionamento inerentes a diferenças de idade. A organização de férias ativas com um grupo de cardiopatas requer um planejamento e sua execução passo-a-passo.

Fase da Informação

Informar e motivar os participantes do evento através de seminários, apresentações ou comunicados. O professor deverá se informar das necessidades e interesses dos participantes, e levá-los em consideração no planejamento.

Fase do Planejamento

- Incluir no planejamento integrantes aptos e delegá-lhes tarefas de planejamento. Escolher a região das férias e definir o local. Pegar e analisar informações sobre as condições geográficas e climáticas. Escolher hospedagem de acordo com o grupo e solucionar a questão do abastecimento especial. Trabalhar o programa semanal existente e checar as alternativas para tempo ruim.

- Planejar a chegada e a saída (trem, ônibus, companhias de táxi).
- Calcular os custos totais.
- Fazer um esboço da viagem e, caso seja necessário, agendar uma reunião com os participantes.

Fase da Execução

Exemplo para uma semana de caminhada nas montanhas

1º dia – chegada
- saudação e apresentação do programa de caminhada
- noite da confraternização

2º dia – checar o equipamento
- visita à cidade e exploração da região adjacente
- ginástica de relaxamento e alongamento
- aspectos inerentes à saúde durante a caminhada; regras da caminhada

3º dia – caminhada com subida leve
- treinamento da técnica da caminhada com bastão de caminhada
- ginástica de relaxamento e alongamento
- procedimentos em casos de perigo e acidentes

4º dia – passeio exploratório na região
- pequeno passeio noturno com tochas e observação astronômica

5º dia – caminhada em altitudes intermediárias (trilha panorâmica)
- ginástica de relaxamento e alongamento
- instrução sobre perigos nas montanhas

6º dia – caminhada e altitudes elevadas (pode ter uma subida com bondinho, carro etc.)
- ginástica de relaxamento e alongamento
- noite de entretenimento (filme, apresentação de fotos etc.)

7º dia – caminhada leve até um pico (com ajuda mecânica na subida)
- ginástica de relaxamento e alongamento
- noite de encerramento

8º dia – despedida e retorno

Exemplo para uma semana de Esqui

1º dia – chegada
- saudação e apresentação do programa de caminhada
- noite da confraternização

2º dia – checar o equipamento e os esquis
- adaptação ao esqui, segurança nas quedas, levantar
- introdução na técnica de andar
- regras de comportamento para se andar de esqui

3º dia – informar-se sobre as condições da neve
- passo na diagonal, impulso com dois bastões, mudança de trilha, mudança de direção
- pequena caminhada com esqui
- aspectos inerentes à saúde durante a caminhada com esqui

4º dia – repetição das técnicas de caminhadas sob condições especiais
- tarde livre
- pequeno passeio noturno com tochas e observação astronômica

5º dia – subida, saídas, formas de paradas
- caminhada de esqui
- noite livre

6º dia – efetuar um percurso de esqui ou uma caminhada descontraída
- caminhada de esqui
- noite de encerramento

7º dia – despedida e retorno

Esse modelo geral de uma seqüência de um programa é flexível e tem que ser ajustado caso-a-caso, com as capacidades dos integrantes, as condições locais e as condições climáticas da ocasião.

Fase da Preparação

Nenhum trabalho com um grupo – especialmente com hospedagem, em conjunto mais comprido – transcorre sem problemas. Ocasionalmente acontecem problemas/dificuldades com relacionamentos entre os participantes, mas também com referência a organização, hospedagem etc. Aqui, como também em casa, o professor responsável é especialmente requisitado como intermediador e moderador durante a estadia. Críticas, sugestões para mudanças e melhorias devem ser discutidas de maneira construtiva. Um encontro posterior ao evento, com uma apresentação de fotos ou filme, termina o evento das férias ativas e motiva para outros.

Literatura

BECKMANN P. *Ganzheitliche Bewegungstherapie in der kardiologischen Prävention und Rehabilitation*. Erlangen: perimed Verlag; 1989.

BERGHOLD F. *Brgmedizin heute*. München: Bruckmann; 1987.

HARDER G. *Bergwandern*. Reinbek: Rowohlt; 1990.

ILKER HG. *Rehabilitation am Wohnort*. In: Brusis AO, Weber-Falkensammer H. (Hrsg.) *Handbuch der Herzgruppenbetreuung*. 290-294, Balingen: Spitta Verlag; 1999.

LAGERSTROM D, VÖLKER K. *Sport und Bewegung bei koronarer Herzkrankheit*. Köln: Ärzteverlag; 1986.

LAGERSTROM D, VÖLKER K. *Freizeitsport*. Köln: Ärzteverlag; 1983.

ROST R. *Sport und Gesundheit*. Berlin, Heidelberg: Springer Verlag; 1994.

SCHNEIDER A, RAOUL V. *Skilauf lernen*. Bern: Lobsiger u. Sohn; 1995.

SCHMAGOLD J, BRUSIS AO. *Freizeit und Freizeitsportarten*. In: Brusis AO, Weber-FALKENSAMMER H. (Hrsg.) *Handbuch der Herzgruppenbereuung*. 275-286, Balingen: Spitta Vrlag; 1999.

STRAUZENBERG SE. *Gesundheitstraining*. Berlin: Volk u. Gesundheit; 1982.

WICHARZ J. *Wandern*. In: LAGERSTRÖM D, VÖLKER K. *Sport und Bewegung bei koronarer Herzkrankheit*, 115-124. Köln: Ärzte Verlag; 1986.

ANOTAÇÕES

ANOTAÇÕES

ANOTAÇÕES

ANOTAÇÕES